しあわせな明日を信じて

作文集

乳児院・児童養護施設の子どもたち

●監修

長谷川眞人

●編

日本福祉大学長谷川ゼミナール

ＮＰＯ法人「こどもサポートネットあいち」

福村出版

はじめに

しあわせな、
明日を信じて、
いうことなし。
陽よ、強く照れ、
風よ、時に吹け。

惟勝

七七年の生涯を、子どもを愛し、短歌と酒を愛した故積惟勝《せきこれかつ》先生の自筆の短歌の一部です。積先生のお言葉に強く共感し、作文集のタイトルにも使わせていただきました。積先生は一九〇六年に熊本で生まれ、小学校教員を一〇年間勤められましたが、その間、生活綴方運動に没頭されました。一九三八年に東京市立沼津養護学園（我入道）に着任され、その後、児童養護施設「松風荘」の園長となられました。一九六四年に「集団のもつ優位性を最大限に生かし、家庭に優るとも劣らぬ施設づくりこそが生きる道である」と考え、実践を踏まえて「集団主義養護」論を提唱。一九七〇年に日本福祉大学教授となられ、一九七二年には全国児童養護問題研究会（以下、養問研）を組織し、初代会長になられました。

もうお一人、ここでご紹介したい方は、養問研副会長を長年務めていただき、教育福祉論を提唱され、特に学校教師に養護問題の大切さを伝えられた故小川利夫先生（日本社会事業大学から名古屋大学教授になられた）です。先生は昨年夏にこの世を去られました。小川先生には、一九九二年に養護施設卒園児による『養護施設からの旅立ち』の本を出版した時に序文を書いていただきましたが、今回の作文集も先生の思いがそのまま伝わる内容であり、ご紹介させていただきます。

「本書は養護施設児童の生活記録、とりわけ施設を巣立ってからの波乱に満ちた人生の証言の書である。……ともすれば私たちが見失いがちな人と人とのふれあいの大切さが、さまざまな場面や局面を通して浮き彫りにされている。……それらの生きた生活の記録、その人生の軌跡には、私たちには欠けているものが、むしろ、豊かに深く蓄積されているように思われる。生まれ落ちてからこの世で彼らがまず見てきたものは、悲しみの対象のみであった。貧困な家庭、父母や家族の離散等々、どれひとつとってみても地獄の日々であった。反抗なしには生きられなかった。しかし、彼らにも彼らをつつみこんでくれる人々がいた。生きる意欲と暖かい思いやりの大切さを思い知らせてくれる人々がいた。それはいまの世にはびこる金や虚栄とは無縁なものであったが、彼らの自立と生きる夢をささえる糧となった」

積先生と小川先生には、私たちが乳児院、児童養護施設に関わって仕事をさせていただいたなかで、多くの示唆をいただきました。今回の作文集はお二人の遺志を引き継ぐ気持ちで、日頃、児童養護問題を勉強している日本福祉大学長谷川ゼミナールの四年生一六名が中心となり、現場職員、元職員、現場経験をされ、現在大学で学生を指導している研究者の方、児童養護問題に関心をおもちの研究者のご協力をいただきました。現在施設現場で働いている職員の方、これから施設現場で働く学生や学校の先生、家庭生活で悩んでいる子どもや親御さんをはじめ、すべての人に是非、本書を手にとって読んでほしいと思います。きっと今の悩みが吹っ切れ、生きる力が湧いてくると思います。

本企画は、これまで出版された他の作文集と異なり、乳幼児から青年期の子どもたち、施設生活経験者を含めて施設生活を余儀なくされた子どもたちに、生い立ち、施設生活、親への思い、現在の思い、そして将来の展望などを書いていただきました。また、単に作文を掲載するだけではなく、書いていただいた乳児・幼児・児童及び卒園生に関わった職員から、入所までの経緯、家族状況、児童の気持ち、変化、発達等についてコメントをいただき、さらに、子どもの作文と職員のコメントを読んで研究者や経験豊かな現場職員の方からコメントをいただきました。さまざまな視点から読み取れる子どもの心の変化、家族への思い、発達、将来の自立等、施設で暮らす子どもの思い、卒園後の生活実態が浮き彫りになっています。

さらに、今回本を出版するに際し、一つの試みを考えています。従来の本のように一冊完結の方法をとらないで、三年後に作文を書いた子どもたちがどんな生活をし、その後どのように成長し、発達したかという追跡調査ともいえるその後のあゆみを、本を書いていただいた人全員に引き続き書いていただくという企画です。できれば三年毎に継続発行をしていきたいと考えています。

長期的・継続的企画となりますが、今までにない新しい形で施設における子どもたちの成長・発達に寄与できる本にしたいと、ゼミ学生全員で議論を重ねて取り組んでまいりました。多くの皆さまからご意見・ご感想等をいただけましたら幸いです。

編者を代表して　長谷川眞人《はせがわまさと》

目次

第二章　児童養護施設の子どもたち

第三章　羽ばたいていった子どもたち

第一章

乳児院の子どもたち

ゆうきくんとの二年間

曽根ゆうき（二歳・男児）
※まとめ　山本　楓

ゆうきにはたくさんの兄弟がいるが、父親に働こうという気持ちがないため、母親が育児をしながら一人でがんばって働いていた。兄弟は手のかかる子どもたちで、忙しさに追われてつい手が出てしまうこともあった。母親自身、子どもの頃、父親から暴力を受けていた。そうしたなか、母親はゆうきを出産したものの、これ以上肉体的にも精神的にもがんばれない状態に陥ってしまったため、ゆうきは乳児院に入ることになった。

乳児院に入所した時、ゆうきくんは生後四カ月になる少し手前の赤ちゃんでした。その日、私は夜勤でした。出勤するとさっそく日勤の知子さんが、「この子、楓さんが抱き上げた後で私が抱き上げると、私の顔をじっと見て泣くの。それが私にだけでなくみんなにもそうなの。もう相手の顔がわかっているようね。しっかりした赤ちゃんだわ」と、ゆうきくんの様子を話してくれました。

私はゆうきくんを担当することになり、仕事に入る前に、「担当になったよ。よろしくね」とあいさつに行ったのですが、やはり話に聞いていたとおり、じっと私の顔を見た後で泣かれてしまいました。

最初の授乳も、顔を見合わせて視線が合うだけで泣き出してしまうほどでした。しかし、それではミルクが飲めないので、視線を合わせないようにしてやっと飲ませていました。それでも夜勤の後半には、視線が合うとニコッと笑ってくれるようになり、ホッとしたのを覚えています。これが私とゆうきくんの出会った頃の様子です。みんなも「視線が合うと泣き出してミルクを飲むことができなくなるので、視線を合わせないようにしてミルクを飲ませたよ」と、言っていました。

そんなゆうきくんでしたが、しばらくしてだんだんと乳児院の生活や職員に慣れてくると、今度は職員の姿が見えなくなると大泣きするようになりました。しかし、職員に話しかけられるとニコニコと嬉しそうな表情をし、やがて自分の方から職員に向かって笑顔を見せてくれるようになりました。人が大好きで、一人でいるのが嫌いな子どもでした。

お母さんの気持ち

お母さんの洋子さんは、乳児院にゆうきくんを預けてから半年ほどは、月に三、四回、一時間程度の面会を欠かさず、洋子さんなりに努力している様子が見られました。しかし、だんだん月に一回程度になり、まったく面会に来ない月も増えていきました。ゆうきくんが乳児院の生活に慣れてきたため心配しなくなったことや、だんだん人見知りが出てきたため、会いづらくなったのかもしれません。しかし同じ頃、洋子さんはご主人とは違う男の人と一緒に面会に来るようになったので、そんなことも関係していたのかもしれません。

ある日、ゆうきくんが手術を受けなければならなくなったことがありました。その時、洋子さんは手術室の前でゆうきくんの手術が終わるのを待っていたのですが、いつもの男の人がタバコを吸いに部屋の外に出ていくと、「私もタバコ」と、洋子さんも出て行ってしまったのです。ほんとうに心配しているのかと、大変驚きました。

また、乳児院のお出かけ行事に誘った時のことです。車中で隣に座っている時にはゆうきくんに声をかけていたのですが、着替えや食事場面ではただ見ているだけで、携帯で写真を撮っては「ゆうきくん、かわいい」とはしゃいでいるのです。どうしていいのかわからず戸惑っていたのだと思いましたが、最近では、行事などでお誘いした時くらいしか面会に来ません。ゆうきくんはかわいい子なので、会えば「かわいい」と思うのでしょうが、今は自分の都合を優先してしまうのでしょうか？

夜泣き

そんなゆうきくんも離乳食を食べられるまでに大きくなりました。みんな夕ご飯が終わるとミルクを飲んで寝入るのですが、ゆうきくんはそれから朝起きるまでに二度は夜泣きをします。そんな時はミルクがないと眠れませんでした。

また、だいたい一歳を過ぎると幼児食というおとなの食事より少しやわらかいくらいの食事に移行して、食後のミルクも自然に外れていきますが、その移行期でも、ゆうきくんは哺乳ビンの卒業に苦労しました。

一歳半まではそのような感じで、「タオルをかけたら寝れるね」と声をかけ、タオルをかけてしばらくついていてあげる日が続きました。しかし次第にゆうきくんは自分から「ネンネ」と、言葉で要求できるようになりました。それからだんだん一人で寝入ることができるようになり、やがて傍にいる職員やお友だちとおしゃべりしながら静かに寝入る姿が見られるようになりました。最近は他の職員の夜勤の時にも泣かなくなったと聞き、ホッとしています。

後追い

ゆうきくんと関わるなかで、彼はその都度、相手の反応を見ながら自分の気持ちを伝えようとしている印象を受けました。そのため、私はゆうきくんと関わるなかで一つだけ心がけたことがあります。それは、彼とのやり取りのなかで自分が一度出した返事は絶対に変えないということです。私の態度がぶれることがなければゆうきくんの気持ちもぶれないのでは、という気がしたのです。

その心がけによってか、ゆうきくんの行動に変化が見られました。私は出勤した時、まずゆうきくんにあいさつすることにしているのですが、私を担当と覚えてくれてからは、私があいさつをして仕事に戻ろうとすると、激しく泣いて後追いをするようになりました。しかし、私は、「これからお仕事だから待っててね」と声をかけて戻らないことと決めて関わるようにしました。そんなことを繰り返していくと、一歳半を過ぎる頃には、「これから赤ちゃんのところに行ってくるから待っててね」とか、「じーじかいてくるね」と説明すると、「バイバイ、センセイアカチャン」という言葉を返して、それまでの遊びに戻ってくれるようになりました。

歌が大好きなゆうきくん

ゆうきくんは歌が大好きで、そこに彼の成長・発達の特徴がとてもよく現れていると思います。

ゆうきくんは乳児クラスにいる時から、泣いていても音楽が流れたり『おかあさんといっしょ』や『いないいないばあっ！』などのＤＶＤが流れると泣き止み、嬉しそうにしていました。一歳ぐらいになると、音楽が流れるとリズムに合わせてお尻を叩いたり、大好きな手遊び『トントントン・アンパンマン』などを歌う時には「ふり」を付けるようになりました。一歳六カ月頃になるとお気に入りの歌や手遊びができるようになり、何回も歌ってほしい時には人差し指を一本立てて「もう一回」と言っていました。

一歳一〇カ月の時のことです。私の乳児院では、おやつを食べる前に絵本を読んだり歌をうたったり手遊びをしてから「いただきます」をするのですが、ある日、私たちが手遊びをしていた時のことです。「次は何がいいかな？」とみんなに聞いたら、ゆうきくんが「カニサン」と元気よく答えました。以前、おやつの時間にやってもらったものだったのでしょう。でも、その時に職員が歌ってみせた歌ではなかったので、私の頭のなかは「？」でいっぱいでした。私はゆうきくんに、「かにさんってどんな歌？」と聞いてみたのですが、何度聞いても「カニサン」とだけ答えるのです。その場にいた職員と何だろうと話していると、ゆうきくんは「カニサン～」と、涙を流しながら伝わらないくやしさを訴えていました。

私がゆうきくんの手遊びを一つ一つ尋ねながら聞いていくと、『ぐーちょきぱぁー』であることがわかり、みんなで何回も「ぐーちょきぱぁー」の手遊びをしました。「ぐーちょきぱぁー」と相手にわかってもらえて大はしゃぎをしながら喜ぶゆうきくんの笑顔が見られた時は、本当に嬉しかったです。私の乳児院では毎朝、月ごとに決まった歌遊びや体操をやっているのですが、今はそれを職員よりもしっかりと覚えてじょうずにやってくれます。

おともだち

ゆうきくんには、彼より二カ月半くらい早く生まれたかすみちゃんという仲良しのお友だちがいます。小さな赤ちゃんには時々あることなのですが、かすみちゃんはゆうきくんと同じ時期に喘息性気管支炎で二度病院に入院しています。現在でもゆうきくんと同じように吸入し、食事もいつも隣、散歩も一緒です。

かすみちゃんが泣いているとおもちゃを持っていってあげたり、かすみちゃんがいないと「カスミチャーン」と大きな声で呼んだり、「イナイネー」と、私に教えに来たりします。かすみちゃんも、自分が持っているおもちゃを他の子が欲しがっても決して渡さないのに、ゆうきくんが欲しがって泣くと、「ハイ、ドーゾ」と言って素直に渡します。

ゆうきくんは、朝やお昼寝から起きた時に私の姿が見えると、まず、「ユウキクンセンセイ～」と呼び、私が「おはよー」と行くと、「オハヨー、ダッコ」と、両手を広げ、とてもいい顔をします。その後、着替えて少しおしゃべりをして、他の子を起こしてから「ベッドにいてね」と声をかけると、必ず、「カスミチャンノトコロ」と、彼女と一緒にいることを要求します。かすみちゃんは寝ぼすけさんで、起きるのがいつも遅いので、職員に起こされると不機嫌なことがよくあるのですが、ゆうきくんが「カスミチャン、オキテー」と起こしてあげると寝起きもよく、ゆうきくんも「カスミチャン、オキター」と、傍にいる職員に嬉しそうに教えます。その後、食事やおやつの時間まで同じベッドでまねっこ遊びをしたり、二人で歌ったり踊ったりとご機嫌でいます。

最近驚いたことは、かすみちゃんが咳をした時にゆうきくんが、「ダイジョウブ?」と言いながらかすみちゃんの背中をさすったことです。同じような場面で、職員が背中をさすっていたのを見ていたのでしょう。ゆうきくんとかすみちゃんの仲良しぶりに驚いたし、ゆうきくんが職員のすることをいかに細かく見ているのかと驚きました。

ゆうきくんと出会ってもう二年

笑顔、泣き顔、びっくり顔など、表情が豊かで感情もストレートなゆうきくん。毎日とっても楽しそうにしているので、彼の笑顔を見ていると私も嬉しくなります。初めてゆうきくんと出会ったとき、「この子はどんな二歳児になるのかな? どう関わっていこうかな?」と考えた日々がなつかしいです。これからもその表情豊かな笑顔でがんばっていってほしいと思います。ゆうきくんと関わった二年間で学んだことはたくさんあるのですが、ゆうきくんが私をどう見ていたのかということを、いつか聞ける日が来るといいなと思います。

共に学びあい、育ちあうなかで培われる愛着

谷口　篤（名古屋学院大学教員）

「ゆうきくんとの二年間」を読ませてもらって、保育者とゆうき君との間には良好な愛着関係が育ってきたなと思いました。その一方で母親との愛着関係はうまく育っていないことが気にかかりました。私はここ数年、乳児院に関わりながら、子どもたちと保育者や実親との愛着がどのように育っていくのか、どのように愛着を付けていくと良いのかをずっと考えてきました。そこで、ここでは、愛着の発達という視点からコメントしてみたいと思います。

愛着とその重要性

愛着とは、乳幼児が特定の人に対して「自分の欲求や気持ちを理解してくれ、この人といれば安心」という認識をもち、その人が大好きになることです。またそうした愛着の気持ちは乳幼児が一方的にもつものではなく、養育者もその特定の乳幼児に対して特別に大切な存在として、徐々に意識するようになっていきます。この愛着の考え方は、第二次世界大戦後の戦災孤児たちを収容した施設の観察をもとに、ボウルビー（Bowlby 1969/1982）が提唱し、広まってきた概念です。その後、愛着の考え方が広まるとともに、良好な親子関係の形成重視の考え方や、乳幼児は施設ではなく密な関係を築ける里親養育の方が良いのではないかという考え方、施設の養育の改善などへとつながってきました。

乳幼児は、泣いたり笑ったり目を合わせたりして接近・接触を求めた時、それに最も密に応えてくれた人を特定の愛着の対象として選びます。ですから、通常、家庭内で育てられれば、乳幼児がもっとも強く愛着を感じる養育者は母親ですが、母親だけが愛着の対象となるわけではありません。その乳幼児と最も長い時間を過ごし、そしてその子どもに適切に反応してくれるならば、里親や施設職員も強い愛着の対象となります。安定した愛着関係ができることで、乳幼児はその人と一緒にいて安心でき、ゆったりと人とのやりとりを楽しむことができるようになります。安心が深まることで、積極的にさまざまなことに興味をもてるようになり、新しいことや変わったことにもチャレンジするようになります。

子どもの養育や発達をとらえる上で、愛着が重視される理由は、良好な愛着の形成が母親的な存在との良好な関係において重要なだけでなく、自己の理解やその他の人々との関係性の形成にとっても重要であり、さらにそれは生涯にわたって影響し続けると考えられるからなのです。すなわち、養育者が支持的で応答的である時、子どもは養育者を良いもの、安定したものと考えるようになり、「養育者が自分を受容してくれるのかどうか、自分の要求に応答してくれるのかどうか」といった愛着対象への期待とともに、「自分を保護や注意を払ってもらえるだけの価値ある存在、愛され、助けられるに値する存在」と思うようになります。反対に、養育者が非応答的であったり、拒絶的であったりするような場合には、子どもは養育者を悪いもの、不安定なものと考えるようになり、それに応じて「自分が愛され、助けられるに値しない存在」であると思うようになってしまうのです。そして、このように乳幼児期に形成された愛着は、その後ずっとその人の信念となって続いていくといわれています（数井・遠藤 2005）。

このように愛着の形成を捉えるならば、母性的養育が充分ではなかったり、母性的な存在の連続性や一貫性に欠けたりする可能性が大きいという特性をもたざるを得ない乳児院において、愛着の形成をその養育の中心的課題として捉えることは重要な課題といえましょう。

ゆうき君の愛着の発達

乳幼児の愛着は、最初、だれにでも近づこうとするところから始まります。その後、だんだん家族などいつも接する人とそうでない人を区別するようになり、七、八カ月頃からは、特に強く愛着をもった相手以外には、接近した時だけでなく顔を合わせるだけでも怖がったり拒否したりするようになっていきます。これがいわゆる人見知りの始まりです。つまり、人見知りが始まった頃、乳幼児は特に自分を守ってくれたり自分の欲求を満たしてくれたりする特定の人に対して、強い信頼と安心を示したりするようになるのです。ゆうき君が四カ月頃、保育者と視線を合わせると泣き出してしまったのは、ちょうど、よく見知った人とそうでない人を区分できるようになって、人見知りが始まりかけていたことを示しています。その後、ゆうき君は保育者に話しかけられてニコニコするようになったり、保育者の姿が見えなくなると大泣きするようになりますが、それは園の生活に慣れてきただけではなく、ゆうき君の愛着の発達、つまり保育者とゆうき君の間に愛着関係が成立してきていたことと深く関わっています。

愛着ができてくると、乳幼児は愛着対象者の後追いをしたり、視線を求めたりするようになります。なぜなら、愛着ができかかってきた頃、乳幼児から養育者への信頼はまだ十分ではありません。たとえば養育者がどこかに行ってしまうのではないかとか、自分のことを忘れてしまっているのではないかというような不安を幾分かもっています。それが、ゆうき君が職員にほほえみを向けたり、職員の姿を探して大泣きするようになった大きな理由です。

その後、養育者との愛着が深まっていくことで、乳幼児たちは強い愛着の対象者を安全の基地として利用しつつ、少しずつ自立的な行動をとれるようになっていきます。つまり、子どもたちは主な愛着の対象者がいつも自分の相手をしてくれなくても、いつも見守ってくれているという安心感をもてるようになっていきます。いざとなればその人が自分を守ってくれ、必要な時にはちゃんと助けてくれたり、相手をしてくれたりするという安心感から、その人と少しくらいなら離れていても平気になります。そして、必要な時はその人のもとへ駆け戻ればよい、自分を守ってくれる安全の基地と認識するようになっていくのです。保育者が他の乳児のところに向かおうとする時、ゆうき君が「バイバイ、センセイアカチャン」という言葉を返してそれまでの遊びに戻って行くところなどは、保育者とゆうき君の間に良好な愛着ができていることを示しています。

また、保育者が態度をぶれさせないように心がけたことも、良好な愛着関係を作り出せた大きな要因です。なぜなら、ある時はそれを「良い」とし、また別の時には同じようなことが「ダメ」と禁止されるとしたら、子どもは何が良くて何が悪いのかの判断の基準に迷ってしまうからです。判断に迷わされることで、子どもはその保育者のことを信じ切ることができなくなります。ダメな時はダメでよいのです。それにもかかわらず、保育者が自分のことを見守っていてくれるという安心感があればよいのです。

おそらく、そうした良好な愛着関係は、ゆうき君のかすみちゃんへの思いやり深い行動にもつながっています。保育者との良好な関係のなかで、自分自身が愛される価値のある存在であると信じ、保育者を信じるなかでの安心感が、ゆうき君の思いやりのある行動を生み出しているように思います。このようにゆうき君と施設職員との間には良好な愛着関係が形成されてきていることがうかがわれます。

気になる母親との関係

一方、母親（洋子さん）との関係が気になります。洋子さんは洋子さんなりにゆうき君との関係をつくっていこうとしているように思えます。しかし、思うようにはならず、しかもその関わり方がへたなために、徐々にゆうき君との関係が薄まっていくかのように見えます。これはただ洋子さんだけの問題でしょうか。私にはそうは思えません。確かにこの母親のゆうき君への関わり方はとてもへたです。自己中心的な行動と見えるようなこともあります。しかし、幾分かの問題があるとしても、母親はいつもゆうき君に関わりたいと思っているように感じます。

ところが、母親は一月《ひとつき》に数回だけ面会に来て、数時間、ゆうき君と過ごすことができるだけです。母親はたまにしか来られませんから、母親よりも圧倒的に多くの時間を過ごしている施設職員に、ゆうき君はより強い愛着を示しているのではないでしょうか。そうしたゆうき君に対して母親はとまどい、失望しているのかもしれません。また、ゆうき君のことを自分の子どもだからかわいいと思いながらもどのように接したら良いのかわからなくて、母親はただはしゃぐことでしか愛情を示すことができなかったのかもしれません。父親ではない男の人と母親がゆうき君に面会に来ることに保育者は疑問を示していますが、そうした疑問が母親にも伝わっていて、面会に来にくくなって足が遠のいていったのかもしれません。

愛着は子どもが保育者や親に対して一方的に示すものではありません。子どもだけが発達させていくものでもありません。保育者や親が子どもに愛情を示すことで、子どもはそれを受けとめ、発達していくのです。保育者や親と共に学び、育ち合うなかで、子どもだけでなく、親や保育者もいっしょに愛着を発達させていくものなのです。こうして面会に来て、子どもと過ごしたいと思っている母親なのですから、その気持ちをくみ取り、母親と共に愛着が育っていくように、保育者は母親の成長をも願ってほしいと思います。そしていつかは子どもと親が一緒に暮らせるようにしてあげたいものです。

ゆうき君と洋子さんが一緒に暮らせるようになるためには、ゆうき君の順調な発達だけでなく、洋子さんがお母さんとして成長することも重要な鍵となるでしょう。今、洋子さんには確かに問題となる部分がたくさんあるからゆうき君と暮らせないのです。だからこそ、洋子さんの成長が必要です。保育者が母を信じ、子どもを信じ、かれらを支えるなかで、母と子と保育者が共に学びあい、育っていくことを心がけたいです。

〈参考文献〉

Bowlby. J. 1969 / 1982 Attachment and loss. Vol. 1 : Attachment. New York : Basic Books.（黒田実郎ほか（訳） 1977『母子関係の理論1』岩崎学術出版社）

数井みゆき・遠藤利彦（編著） 2005『アタッチメント―生涯にわたる絆』ミネルヴァ書房

美咲ちゃんとともに歩んで

金田美咲（一歳・女児）
※まとめ　山本さやか

美咲は生後三六日目に乳児院に入った。未婚の母親は妊娠中も合法ドラックを服用し続け、「死ね」とお腹を叩いたりするなどの「胎児虐待」の言動が見られた。そのため、医師が親子分離が必要であると判断し、児童相談所に相談した。

父親は美咲を認知したが、当面入籍する気持ちはなかったため、母親の心理的安定を図るとともに、親になるための育児支援によって、将来、家庭引取りが実現するよう入所となった。

美咲ちゃんが入所してきたのは、生後一カ月ぐらいの時です。入院していた病院から直接乳児院にやってきました。ミルクをよく飲み、よく眠る赤ちゃんでした。窓から差し込む陽の光のなかで、いつの間にか眠っていることもよくありました。夜眠る時にぐずることが時々あるものの、とても穏やかな赤ちゃんでした。しかし、一方で看護師や保育士から、「視線が合いにくい」「背筋や体が硬く、抱きにくい」と言われることもありました。

生後四カ月頃からだんだんと視線が合うようになり、声かけやふれあい遊びにもよく反応するようになりました。あやすとかわいらしい笑顔を見せてくれるようになり、その笑顔に職員はいつも癒されていました。美咲ちゃんの両親は精神的に不安定で、落ち込むことがよくありましたが、調子のよい時には面会に訪れ、授乳や沐浴《もくよく》、オムツ交換の体験を重ねました。たとえ短時間でもがんばって美咲ちゃんに会いに来て、寸暇を惜しむようにだっこしたり話しかけたり見つめたりしています。美咲ちゃんも柔らかな笑顔で両親に応え、親子三人でほほ笑みあう時間は、両親に喜びや自信、励みをもたらしたことと思います。

生後五カ月頃には寝返りもじょうずになり、おもちゃをしっかり握るようになりました。「いないいないばぁ」が大好きで、歌遊びでもよく笑います。時々、保育士や母親と歌遊びやふれあい遊びをしては、互いにケラケラと笑いあっている姿が印象的です。

美咲ちゃんと両親を見守って―ハイハイグループに入って―

生後七カ月頃、乳児グループからハイハイグループに移動しました。ハイハイグループには、ハイハイやつたい歩きで移動する一歳過ぎまでのお友だちがいます。この頃の美咲ちゃんは、おすわりはできるものの安定せず、ふとした瞬間に後ろに倒れてしまうという状態で、まだ自分の力では移動できませんでした。しかし、お友だちの様子をじっと見つめては、うつ伏せで手足をパタパタと動かしています。

生後八カ月頃、おすわりにもすっかり慣れ、腹ばいで少しずつ後ろに下がったり、おなかを中心に回転したりするようになりました。後ろから名前を呼ばれてキョロキョロしたり、手に持ったおもちゃをブンブン振り回したりと、動きも活発になってきました。この頃から両親とおうちへ帰って過ごすようになりました。不安を抱えながらも、美咲ちゃんとのおうちでの生活をがんばって楽しんでいる両親の様子が、電話やＦＡＸから伝わってきました。

家で過ごすようになって少し経ったある日、「うつ伏せで少し前に進めるようになりました」と、お母さんが大喜びで報告してくれました。乳児院の職員はもちろん、地域の保健師さんや民生委員さんも陰ながら見守ってくれています。おうちに帰ってしばらくした時に、乳児院の家庭支援専門員と担当保育士が家庭訪問すると、美咲ちゃんは、人見知りして泣きそうな顔になってしまいました。顔を伏せて、泣くのをぐっとこらえている姿が印象に残っています。

生後九カ月頃、おすわりにもだいぶ慣れ、ずり這いもできるようになりました。両手に持ったおもちゃをカチカチと打ち鳴らしてみせたり、手にしていたお気に入りのミニカーをお友だちに横取りされて泣き出したりと、すっかりハイハイグループにも慣れた様子です。水遊びが大好きで、水しぶきが顔にかかってもへっちゃら、水面をパシャパシャたたいてはキャーキャーと大喜びです。

それまでは離乳食を一日二回食べていましたが、この頃から食事は朝昼晩の三回食になりました。具材の大きさや味つけの変化になかなか慣れず、顔をしかめながら食べていることが多く、口から出すこともよくありました。

生後一〇カ月頃、ずり這いが日ごとにスピードアップしてゆき、少しの段差なんてへっちゃらでどんどん進んでいくようになりました。職員の体によじ登るようにしてつかまり立ちもできるようになりました。かごの中のおもちゃを出したり入れたり、音の出るおもちゃのボタンをいじってはメロディを楽しんだりと、よく遊べるようになりました。「オッ、オッ」と言いながらずり這いしたり、「コエッ、コエッ」と言いながらおもちゃをいじったりと、いろんな声を出します。

しかし、この頃から、自分の思うようにならないとギャーと大声で泣いたり、ぐずぐずしたりすることも多くなってきました。おうちへ帰っても、両親が疲労や体調不良を訴えてすぐに乳児院に戻ってくるようになりました。それでも両親は調子がよいとがんばって美咲ちゃんを迎えに来てはおうちへつれて帰っており、美咲ちゃんは自宅と乳児院を行き来する日が続きました。

大きく成長する美咲ちゃん―ハイハイグループでの姿―

お誕生から一二カ月経ち、美咲ちゃんは一歳の誕生日を迎えました。ずり這いではなく、お尻をあげ、ひざをついて、ハイハイもじょうずにできるようになりました。園の階段や歩道橋の階段をどんどん登っていく背中が、とっても頼もしく見えます。ままごとでは、職員が「美咲ちゃん、ごちそうちょうだいな」と言ってあーんと口を開けると、ニコッとしてケーキを職員の口に入れるマネをしてくれました。物陰に隠れ、ひょこっと顔を出しては、「バアッ」と言うので、職員が「あぁ、びっくりしたぁ」と驚くと、ニヤ〜と笑って何度も繰り返します。「待て待てぇ〜」と追いかけられると、慌ててハイハイで逃げ出し、チラチラと後ろを振り返っては「キャー」と言いながら猛スピードでハイハイしていきます。捕まるとゲラゲラと大声で笑い、隣の部屋のお友だちが何ごとかと見に来るほどでした。

ハイハイグループに入ったばかりの頃には、想像もつかなかった姿に、職員も毎日の成

長を感じる日々です。この頃は、夕方に父親が迎えに来ておうちで両親と夜を過ごし、朝、乳児院に戻ってくるという生活が続きました。父親が迎えに来ると、ニコッとして笑顔で父親に抱かれていきます。

一歳一カ月には、手押し車を好み、押しながら室内を歩き回るようになりました。おもちゃの車に乗って廊下を行ったり来たりしたあとは、職員に助けを求めることなく自分で車から降りることができるようになり、つたい歩きも盛んです。そうっと壁から手を離し、ひとりで立っている姿を見せてくれることもあります。「やった、すごい！」とほめられて見せた笑顔が少し得意げです。

月齢が少し上の純ちゃんが柵につかまって屈伸している様子をジーッと見ていた美咲ちゃんは、同じようにやってみようと隣に並んでつかまり立ちをし、そうっと腰を下ろしてみますが、〝ドシン〟としりもちをついてしまいました。他にも、お友だちと同じように積み木を並べてみるほど、お友だちの真似をする姿が多く見られるようになりました。一方で、お友だちが持っているおもちゃがとっても魅力的に見え、取り合いになってけんかする姿もあります。ハイハイグループを卒業し、二歳過ぎのお友だちがいる歩行グループへ移動する日も近そうです。

この頃、両親は体調不良を訴え、美咲ちゃんがおうちへ帰る日は少なくなってきました。面会だけの日もあり、別れ際は泣いて両親にしがみつき、なかなか離れないこともあります。泣きながら両親に手を伸ばす美咲ちゃんをだっこして両親を見送る時は、こちらも辛く、悲しくて涙が出そうです。

それでも、美咲ちゃんがこんなにも両親を求めるのは、両親が自分たちの体調不良や精神的な不安定さと闘いながらも美咲ちゃんの子育てをがんばり、たとえ短い時間でも、一緒に過ごす一瞬一瞬を大切に過ごしてきた証拠だと思います。美咲ちゃんが生まれてから今まで一度も両親に人見知りをしなかったというのは、とてもすごいことです。両親の努力の結果と言えますし、なによりも、両親ががんばってきたことは、美咲ちゃんが一番よく知っていると思います。私も、美咲ちゃんの成長とご両親のがんばりから励まされたこと、教わったことがたくさんあります。

美咲ちゃんのこれから―園を卒業した後―

美咲ちゃんも、二歳になる頃には乳児院を卒業しなければなりません。乳児院を出たあと、美咲ちゃんは、どうなるのでしょうか。

一つは、おうちへ帰って、両親と生活することが考えられます。保育園に通えば、両親も少し楽になるかもしれません。美咲ちゃんの両親は生活のリズムが不規則なため、夜中に突然預かってほしいと言ってくることがあります。乳児院では二四時間体制で職員が赤ちゃんのお世話をしているので、夜中に電話があっても、美咲ちゃんがおうちから乳児院に戻ってくることができます。しかし、保育園ではそういうわけにはいきません。両親が、朝、美咲ちゃんを保育園に送っていき、夕方は迎えにいくという生活をずっと続けられるか、現時点では、不安な部分があります。

二つめは、児童養護施設（以下、施設）に入所し、乳児院にいた時と似たような状況で家庭と施設の生活をしていくことが考えられます。乳児院では、両親の体調に合わせておうちに帰ったり乳児院に戻ったりできましたが、美咲ちゃんが大きくなって幼稚園や学校へ通うようになると、おうちへ帰ることができる時間や曜日も限られてきます。どちらの方法をとるにしても、美咲ちゃんの成長と共に、両親も少しずつ親として成長していかなければなりませんし、わたしたち施設の職員はそれを支援していかなければなりません。

これからも、美咲ちゃんとご両親の明るい将来のために、美咲ちゃん一家に寄り添って、ともに未来を見つめ、今を生きるお手伝いをしていきたいと思います。

美咲ちゃんの養護の課題は現在の社会的養護の課題

貴田美鈴（岡崎女子短期大学教員）

この作文は、生後一カ月で乳児院に入所した美咲ちゃんの一歳になるまでの成長の記録である。美咲ちゃんの心身発達の様子が生き生きと描かれ、美咲ちゃんの両親への関わりや今後の養護の課題がつづられている。

親子の自立への支援

保育士の山本さやかさんは、美咲ちゃんの両親が精神状態の不安定さを抱えながらも乳児院に通い、美咲ちゃんと接する様子を、「親子三人でほほ笑みあう時間は、両親に喜びや自信、励みをもたらしたことと思います」と振り返っている。たとえ面会時間は短くても、親子の触れ合いをもつことが子どもだけでなく、両親にとっても意義があることを考えて両親を支援しようとする山本さやかさんの姿勢がうかがえる。

この場合、両親への支援とは、親子の愛着形成を図ることであり、家庭復帰に向けた取り組みであるといえよう。美咲ちゃんの場合、八カ月頃に自宅に帰って過ごすことができるようになっているが、これは乳児院が親子愛着形成と家庭復帰に向けて支援してきた結果として評価できる。美咲ちゃんは自我が芽生えてくる時期で、自宅でも泣いたりぐずぐずしたりすることが多く、両親も疲労や体調不良を訴えていた。それでも自宅での養育を続けられたのは、両親のがんばりとともに、乳児院での注意深い見守りがあったものと思われる。また、美咲ちゃんが一歳を過ぎる頃には、夕方に父親が迎えに来て、朝に乳児院に戻るという方法をとって、家族の団らんや一緒に就寝するという家庭生活を部分的に実現させている。このように、美咲ちゃんが、乳児院に入所しながら同時に両親との家庭生活をおくることができたのは、両親の努力とともに、まわりの人たちの援助があったからであろう。特に乳児院の存在は頼もしいものであったに違いない。美咲ちゃんの母親は不安なことだけでなく、美咲ちゃんの発達の様子も電話で報告し、職員と一緒に喜び合っている。自分の子どものことをよく知っている職員が二四時間対応してくれる。これほど親にとって頼もしく感じられることはないだろう。

さらに、乳児院が地域の保健師や民生委員とも連携をとって見守っていることは非常に重要な点である。一時的であれ、乳児院を離れて自宅で生活する場合、地域の関連機関や関係者との連携を図ることが必要である。近い将来、家庭復帰をめざすために支援ネットワークを早期に形成することは重要である。

さて、ハイハイグループを卒業する日が近づいたころ、両親は体調不良を訴え、美咲ちゃんは帰宅できる日が少なくなった。面会だけをして別れる時、美咲ちゃんは泣いて両親にしがみつき、なかなか離れなかった。泣きながら両親に手を伸ばす美咲ちゃんをだっこして、両親を見送る山本さやかさんは、「こちらも辛く、悲しくて涙が出そうです」と、子どもの気持ちと親の気持ちに寄り添い、感情を吐露している。しかし、山本さやかさんは辛いという感情表出だけにとどまるのではなく、「美咲ちゃんがこんなにも両親を求めるのは、両親が自分たちの体調不良や精神的な不安定さと闘いながらも美咲ちゃんの子育てをがんばり、たとえ短い時間でも、一緒に過ごす一瞬一瞬を大切に過ごしてきた証拠だと思います」と分析し、美咲ちゃんの両親のこれまでの養育に肯定的な評価をしている。こうした両親への保育士の肯定的な評価は、特に口に出さなくても両親に伝わり、両親への励ましになってきたであろう。両親を支え、励ましながら、美咲ちゃんの発達をともに支えあってきた乳児院の姿勢には学ぶものがある。

さらに、山本さやかさんは、「私も、美咲ちゃんの成長とご両親のがんばりから励まされたこと、教わったことがたくさんあります」と自分自身を振りかえっている。こうしたプロセスの中で保育実践へフィードバックさせ、ケアの質を高めていくことが求められているのである。

地域における養育機能補完の必要性

山本さやかさんは、美咲ちゃんの卒園後について二つの選択肢をあげている。一つは自宅に戻り両親の下で生活すること。もう一つは施設に入所することである。しかし、いずれにしても美咲ちゃんと両親にとっては不安材料があり、どちらが望ましいとはいえない状況である。

乳児院から卒園した後の養護をどのように補完していくかは、社会的養護における課題の一つになっている。山本さやかさんの作文にはなかったが、家庭復帰と施設入所の他には、里親委託という選択肢もある。一般的に里親制度はよく知られていないため、里親委託を養子縁組と誤解し、子どもを里親にとられるという心配をして里親委託を拒否する親もいる。しかし、本来の里親家庭は養子縁組を考えず社会的養護に徹している。一歳という年齢を考えると、美咲ちゃんにとって個別的で家庭的なケアが望める里親委託という選択肢もあるのではないだろうか。乳児院や施設の職員でさえも里親委託についてよく知らないのが現状だが、家庭復帰か施設かという二者択一的な状況に里親委託が加われば、子どもにとっての選択肢は広がり、より子どもに応じた養護へとつながるであろう。

さて、これまで乳児院では、美咲ちゃんと両親の家庭生活の状況に適した支援を継続的に行ってきた。これは子どもと両親との良好な愛着形成と家庭復帰への効果的な取り組みである。したがって、乳児院を卒園した後も、こうした取り組みが中断されることなく継続できる体制や援助が必要である。

全国乳児福祉協議会は、「子育て支援センター・乳幼児ホーム構想」を提唱している。具体的には、乳児院を利用できる年齢を学齢前までに延長すること、家庭復帰が実現できるように子どもとその家族に専門的な援助をすること、退院後も地域における継続した援助によって家庭福祉の実現を図ることなどである。また、「子育て支援センター」として、乳児院のスタッフによる育児相談やデイサービスの提供もある。しかし、まだまだ充分な実現には至らず、美咲ちゃんのように卒園間近の子どもの今後の養護には問題が残されている。

山本さやかさんは、乳児院がこれからも美咲ちゃんと両親を支援していかなければならないと決意を語っているが、必要な社会的資源が十分に整備されなければ実現は難しい。地域において子どもと家族を支えるシステムの整備が急がれる。生活に問題を抱え、子育てが困難になっている家庭をどのように支えることができるのか、乳児院の卒園を控えた美咲ちゃんの養護の課題は、そのまま現在の社会的養護の課題なのである。

〈参考文献〉

全国乳児福祉協議会ホームページ (http://www. nyujiin. gr. jp/)

成長の喜び

伊予田　駿（二歳・男児）
※まとめ　新見　智

駿は、生後六一日目に児童相談所に一時保護された。母親は駿の養育希望をもっていたが、駿を放置したまま出歩くなどのネグレクトが認められたため、乳児院入所となった。
母親は一八歳であり、母親自身も祖父から虐待を受けて育ち、中学卒業後に家に寄りつかなくなった。

暖かい秋の日、ウッドデッキでおやつを食べる子どもたちの姿があります。デッキにテーブルを運び、小さな椅子を並べます。やわらかな光が幼い子どもたちと保育士の行き来を、まるで白雪姫と七人の小人たちの姿を思い出させる光景に映し出します。

テーブルに座っておやつがくるのを待っている駿ちゃん。駿ちゃんは、おやつを食べ終えてしまうと、「モウイッコ、チョーダイ」と要求したり、たくさんの言葉を話します。散歩に行くと、「アッチイク」、「アルク」、「オハーナー、キレイネェ」、「シュンチャン、オチタヨ」と言います。散歩の途中で雨が降ってくると、駿ちゃんは「アメ、アメ〜♪」と歌い出します。子どもたちが乳児院に帰ってきて部屋に入ろうとすると、「シュンチャンハイラナイ、タケシチャンカラ」と、順番を決めて教えてくれます。

駿ちゃんは、いつも〝ニコニコ〟愛想のいい男の子です。散歩の途中で出会う工事現場のおじさんたちに、「オハヨウゴザイマス」とニコニコ顔であいさつをします。駿ちゃんは「ニカー」と、素敵な笑顔です。

乳児院に入所して一五日目の記録には、「話しかけると表情に変化があり、顔をかえるとまねをする（口をあけると口をあける）」とあり、少しずつ乳児院での生活に慣れてきた様子が感じられます。また、二〇日目の記録には、「駿ちゃんに声をかけると見つめて笑顔になり、あやしにはとてもよく反応し、沐浴時はおだやかに入ることができる。また、駿ちゃんは、自分の手をジッと見つめることもある」と、落ち着いた生活を送っていることがわかります。二五日目の記録によると、「駿ちゃんに声をかけると、声の方に目が動き、顔をむけようとする。他にも、動く物を目で追うようになり、目が合うとニッと笑顔になる」と、顔の表情が豊かになってきたことが分かります。

四三日目の記録には「駿ちゃんは、朝寝から泣いて目覚め、プレールームに出ると、あやしにはよく反応を見せ、満面の笑顔が出る。小さく『アー』と声を発し、再び笑顔が出る。保育士の動く姿を目で追う」、六一日目の記録には「駿ちゃんは、よく声を出して反応を見せる。歌をうたうと耳を傾け、ジーッと聞いている。うつ伏せ姿勢でしっかり頭をあげることができ、声かけに笑顔を見せていた」と、元気の良い姿も見られました。

九六日目の記録には「駿ちゃんは、保育士と顔があうとニコニコと笑顔になり、また、膝のところに寄ってきてはゴロンともたれかかり、甘えがみられる。声かけをすると、『アックン』、『アーアー』、『オー』など喃語《なんご》を多く発する」と、言葉の数が徐々に増えはじめたことが記されており、一〇〇日目の記録には「駿ちゃん、ずりずり移動をさかんにする」とあります。

四月中旬、駿ちゃんは散歩に出かけると、キョロキョロといろんなものに興味を示し、見ていました。犬が目の前に来ても驚く様子がなく、ジーッと、目を離すことなく見ていました。桜の木の下では、花びらを降らそうとばかりに体を揺らして喜びます。花など興味のあるものを見つけると、「アーアー」と声を出して伝えてくれます。

二〇九日目の記録には「つかまり立ちもさかん」と書かれており、また、少しずつですが、「ちょうだい」や「バイバイ」などのしぐさをするようになります。二七九日目の記録では、自立立位や一歩前へ足を踏み出せるようになり、ままごとセットでの遊びや積み木を縦に三、四個ほど積む遊びができるようになります。

その後、四三二日の記録では、駿ちゃんは「トラック」、「テッテ」、「オー」、「モウヒトツ」、「スゴイ」などの言葉を話せるようになります。さらに、「ネンネ」、「イナイネ」、「アーンヨ」、「バナナ」、「パン」や、雨に濡れて「チュメタイ」、また、「ゾウ」、「タスケテ」、「ハンブンコ」など、言葉が日に日に増えていき、私たち保育士も嬉しくなりました。五八六日目の記録には、駿ちゃんに「一緒にやろう、教えてあげて」と、保育士が声をかけると、他児に教えながら一緒に遊べるようになりました。すると、私たち保育士に、「ゾウ、ゾウ」と見せに来るのです。

六六九日目の記録には、公園へ散歩に行く途中で、「ゾウさん歌って」と、歌のリクエストをし、公園に着いてからは駿ちゃんに「スベリダイあぶない」と言い、違う遊具に移動して、「らせんのスベリ台なら大丈夫」と保育士が伝えると楽しんで遊び、乳児院に帰ろうとする時には、「たのしかったね」と言っていたとあります。

両手をひろげてほっぺにあてて、腰を少しななめにして、丸っこい顔いっぱいの笑顔の駿ちゃんは、とってもお兄さんらしくなりました。もうすぐ、乳児院から巣立っていきます。時々、おばあちゃんやお母さんの面会があります。駿ちゃん、だんだんおばあちゃんやお母さんと手を繋げるようになってきてよかったね。

保育の専門性を深めるということ

谷口　篤（名古屋学院大学教員）

ここでは、温かな笑顔と自然な笑顔の報告について、コメントします。

この報告を読んでまず三つのことを思いました。第一は子どもの生き生きとした姿が具体的なイメージとして思い浮かんでこないことです。第二は保育士の断片的感想はあるものの、保育士の思いが伝わってこないことです。そして、第三は、親の育児への意欲はあり、将来的には家庭引き取りをめざしているものの、その親と子ども、そして保育士との関わりがほとんど書かれていないことです。

保育実践を語るということの重要性

保育者の中には、素晴らしい実践を行っている人たちが多くいます。しかし、自分の実践を言葉で語ったり、文章にまとめたりするということになると容易ではないという保育者が多くいます。保育実践を子どもの様子から語るという方法をとると、大変饒舌《じょうぜつ》に子どもの心理的な背景や行動変化などについても語ることができますが、視点を変えて自分の保育実践として語ってもらおうとすると、途端にうまく表現できないということが起きます。ましてや、それを文章にまとめて発表するということになると、大変ハードルが高いようです。

私が参加しているある乳児院のケース会議でも、同様のことを感じます。ケース会議では、保育士に気になる子どものことを簡単な報告書にまとめて語ってもらい、それぞれのケースの問題点を探り、どのような実践をしていこうかと話し合うことがあります。ゆうきくんと駿くんの報告と同じように、ケース会議の報告書にも、断片的な出来事が並べられているだけで、保育士の語りからも初めはなかなか子どもの生き生きとした様子が伝わってこないことがしばしばあります。しかし保育士は子どものことを何も見ていないかというと、そうではありません。ケース会議の中で、実は保育士たちは大切なことをきちんと見ていることに気がついていきます。ただ、それらのエピソードを語る言葉をもたなかっただけであること、うまく語れないからエピソードの関係を考えることができなかっただけであることに、私たちは気がつきます。

たとえば、あるケース会議でこんなことがありました。ある子どもに「かみつき」が多く、気になっていること、「何とかこれを止めさせたいのだけれどもなかなか止まらない」と困っていることが、その子どもの主担当である保育士から語られました。語り始めた最初は、「困った子」「問題行動を起こす子」ということで保育士の頭の中はいっぱいになっているかのようでした。そこで私は他の保育士にも同様のことがあったのか尋ねてみました。何人かの保育士から同様の「かみつき」があったことが報告されました。やはり、皆口々にかみつかれて痛かったとか、他の子どもにかみついて泣かせたとか、「困った行動」だけが語られました。そこで私はその一つ一つについて、その子どもは「そのかみつきが起きる前にどうしていたのか」を思い出してもらいながら、「なぜ、かみついたのでしょうか」、「かみつくことで子どもは何か訴えたかったのではないでしょうか」などと問いかけ、会議の中で考えてもらったのです。

この段階になると、初めは困った行動をただ語るだけであった保育士が、さまざまなその子どもの様子を語り始めました。初めは何も発言していなかった保育士たちも、その子どものことを語り始め、皆が饒舌に子どものことを語り始めたのです。保育士たちは普段のその子の様子はどうなのか、かみつきを始める少し前、その子どもは何をしていたのか、かみつく以外にも何か特徴的なことをしているのか、どういう時にかみつきが始まるのか、どのようにした時にかみつきは早く収まったのかなど、多くのことを言葉にして語り始めました。私はそれらの言葉の中から徐々に生き生きとした子どもの姿をイメージできるようなってきました。おそらくは、その場にいた保育士たちも同じように考えたのでしょう。実は「かみつき」が問題なのではないことに私たちは気がついてきたのです。「困った子」ではなく、「かみつき」でしか表現できないその子どもの心の内に保育士が寄り添っていくことが大切であったことに、私たちはケース会議のなかで気がついていったのです。

保育の専門性を高めるために必要なこと

この報告を読んで、保育士の思いが伝わってこないと感じました。それは、この報告にはほとんど子どもの断片的な事実だけが書かれており、そこに保育士がどのように関わったのか、保育士はその子どもの行動をどのようにとらえたのか、またそれらは子どもの発達とその目標をどのようにとらえていたのかが書かれていないからです。

たとえば、駿ちゃんのエピソードで、「やわらかな光が幼い子どもたちと保育士の行き来を、まるで白雪姫と七人の小人たちの姿を思い出させる光景に映し出します」とありますが、その白雪姫たちのように映ったというのはどのような意味なのでしょうか。そのエピソードがどういう時間のなかで、どういう背景をもって生まれてきたのでしょうか。そして、このエピソードをここに記述したのはなぜなのでしょうか。先に述べたように、自らの保育実践を語ることは簡単なことではありません。しかし、それを少しでも語れるようにしていくことが、保育の専門家として保育の質を高めていくことになると思います。

では、保育の専門性とはどのようなものでしょうか。ショーン（Schon, 1983）によれば、専門家は技術的な合理性のはっきりした弁護士・医者などの「メジャーな」専門家と、社会福祉・教育などの「マイナーな」専門家に区分されます。この「マイナーな」専門職は、「技術的な合理性のはっきりとしない変わりやすい曖昧な目的に悩まされ、実践では不安定な制度的文脈にわずらわされ」ることで「体系的で科学的な専門家の知識の基礎を発展させることができない」ために専門性を確立できないでいると指摘しています。しかし、これらの専門家は行為しながら省察するという一連の行動を通して、暗黙の認識と判断を行う「反省的実践家」になることで専門性が高まるとも言っています。

同様のことを鯨岡（2000）は、保育の専門性について述べています。彼は保育においては「これから」、「いま・ここ」、「ふりかえり」の三つを考えることが大切であり、それぞれに対応して、①保育者の計画・立案の専門性、②両義的対応の専門性、③保育者の反省＝省察的専門性、この三つの専門性が重要であることを指摘しています。

第一の「保育者の計画・立案の専門性」を高めるためには、心身の発達の各時期においての知識を深め、それを踏まえて、その発達段階にふさわしい保育の場を構成し、それを年間の保育計画にまとめ上げ、日々の保育を計画・立案する力が必要でしょう。第二の「両義的対応の専門性」を高めるためには、一方では子どもを「受け入れ、認め」つつ、他方では「教え、導く」という相反する両面的対応が求められます。この両面的対応は、単なる「あれか、これか」ではなく、「受け入れ・認める」対応と「教え・導く」対応は同時的に包含され、包含しあうという両義的な対応です。第三の「ふりかえりの専門性」を高めるためには、理論や理念に基づいて構成・立案された保育計画が保育実践を通して実現されたかどうか、またそれによって二つの保育目標が実現される方向に展開したかどうかを、子どもの様子を踏まえながら批判的・反省的に吟味し、評価するように心がけることが必要でしょう。

たとえば、駿ちゃんの入所二〇日目、つまり生後約八〇日のエピソードに「自分の手をジッと見つめる」姿が書かれていますが、この時、ただじっと見つめるだけだったのでしょうか。おそらくは、手を少しずつ動かしたり、あるいはゆっくりと手を握ったり開いたりしていたのではないでしょうか。この時期の乳児は、このような行動を何度も繰り返しながら、だんだんと器用に自分の体を動かせるようになっていきます。発達心理学者のピアジェは、これを第一次循環反応と名付け、このような行動の繰り返しによって、乳児は自分の身体への認識を深めていくとしています。つまり、一般的に第一次循環反応が見られる時期に、駿ちゃんもその行動をしており、順調に心身が発達してきていることを示しています。このようなことを踏まえた上で、駿ちゃんがさらに自己の身体への認識を深めるためにはどのような働きかけを保育者はするべきかを計画し、その働きかけの結果、駿ちゃんはどのように変化しただろうかを省察することが大切でしょう。

保育士に求められるソーシャルワーカーとしての専門性

最近まで、保育士の仕事には、子どもを保育する専門家であることだけが求められてきました。しかし、社会が高度化・複雑化する中で、保育士に求められる専門性も多様化してきています。そのような動向を背景として、二〇〇一年の児童福祉法改正では、保育士の業務として、子どもの「保育」と「児童の保護者に対する保育に関する指導」の二つが規定されました(※児童福祉法第一八条四)。現代の保育士に求められているのは、子育ちの支援と保護者への子育て支援です。子育ち支援について保育士は保育実践という形で従来から行ってきていますが、保護者や地域への子育て支援という異なった専門性が必要とされるようになってきました。それは専門的な対人援助、すなわちソーシャルワークです。現代の保育士は、保育実践と対人援助における専門家であることを求められているのです。

そのような視点に立った時、子どもに面会に訪れ、いつかは子どもと暮らせるようになりたいと願っている駿ちゃんの親への支援の重要性が見えてきます。家族の再統合を可能にするための具体的な支援をも保育士は考えていかなくてはならないのです。その点では、駿ちゃんのお母さんやおばあちゃんと手を繋げるようになったことを、ともに喜べる保育者の視点はとても大切だと思います。ファミリーソーシャルワーカーだけがその役割を担うのではなく、保育士も一緒になって家族再統合に向けて取り組んでいかなくてはなりません。

〈参考文献〉

鯨岡峻　2000「保育者の専門性とはなにか」『発達83』ミネルヴァ書房

Schon, D. A. 1983, The Reflective Practitioner: How Professionals Think in Action, New York: Basic Books.（佐藤学・秋田喜代美（訳）2001『専門家の知恵—反省的実践家は行為しながら考える』ゆみる出版）

第二章

児童養護施設の子どもたち

ふたりめのお母さん

木村　舞（小二・女子）

舞は、関西地方の病院で生まれた。未熟児であったため転院となったが、その後、母親と連絡がとれなくなった。母方の祖母が舞を引き取ったが養育困難となり、乳児院に措置された。

二歳六カ月で乳児院から児童養護施設（以下、施設）に措置変更となる。二歳三カ月の時に里親Aさんに出会い、里親委託となった。
※本文で舞がいう「お母さん」「お父さん」は「里親」のことを指している。

舞は、小さなときから本当のお父さん、お母さんといっしょにくらしていません。ずっとしせつでくらしています。でも、しせつで生活するようになってから、里親さんという、舞にとってふたりめのお父さん、お母さんとくらすことになりました。

舞は、お父さんがダイスキです。でも、お母さんのことはキライです。お父さんはやさしかったです。本を読んでくれました。

でも、舞が小さいとき、やさしかったお父さんはお母さんとケンカして、どこかに出て行ってしまいました。家に帰ってきませんでした。お兄ちゃんたちも、お父さんと出て行ってしまいました。

お母さんは、舞のうでをグイグイひっぱっていきました。「イタイ、イタイ!」と言っても、グイグイひっぱっていきました。「やめて!」と言うと、かみの毛をひっぱっていきました。

舞はおこられることはなにもしていません。でも、ごはんがおそいときや勉強しないとき、おもちゃをかたづけないときはいつもおこられました。お兄ちゃんたちはおこられないのに、舞だけがおこられました。だから、舞はお父さんはダイスキだけど、お母さんはキライです。

通告で分かった里母の虐待

神谷　誠（職員）

里親さんに預けられて六カ月後、舞ちゃんが通っている保育所から区役所と児童相談所に、こんな連絡が入った。

「一カ月前からおでこにこぶができ、ほっぺたにつねられたアザ等が見受けられる。耳たぶあたりに内出血のあとがあったり、右耳の横に青アザがあったこともある。手のひらにも三ミリ程度の深い傷があった。母親がやったという。傷の中には兄がやったのもある」

早速、児童相談所の調査が入り、「虐待」が確認された。

舞ちゃんは、里父は好きだが里母は怖いから嫌いだと話した。しかし、里母との関係が悪くなると困るので、連絡（保育所からの通告）があったことは里母には言わないでほしいとのことだった。通告があって半月後くらいに、顔にひっかき傷のほか、顔が洗われていない、口の中にタオルを入れられたことがあるなどの話も耳にした。里母は、「舞が外に出ると目を離せない状況にある。食事がゆっくりだったり、わからないことやできないこともできるなどと嘘をいうのが心配で、こうしたことが我慢できなくてカーッとなってしまうことがあり、手が出ることもある」と話した。

通告から一八日後、首にひっかき傷や両耳にひっぱたかれたような跡があり、顔全体が赤っぽく、登園時に泣いてきた。そのため里母に何かあったのかと尋ねると、「知らなかった」という。兄（※里親の実子）に聞くと、「母がやった」と話した。舞ちゃんも「里母がやった」と言った。里母に、傷のことや今後のことについて里父と相談したいと伝えると、里母は「兄弟ケンカによるもの」と言ったが、記録には、児童相談所の方と懇談している時にも舞ちゃんの鼻水を拭くため、里母は舞ちゃんの髪をつかみ、壁に立たせるといった行為が見られたとある。

私たちが舞ちゃんと出会ったのは、それからすぐのことである。舞ちゃんは再び施設で暮すようになった。あいかわらず食事はゆっくり。勉強は嫌い。マイペースで周りをイライラさせることも多い。誰にでも甘え、「私を見て、見て。抱きしめて」と訴えている。

「たらいまわし」の犠牲になったケース

伊藤龍仁（名古屋保育福祉専門学校講師）

このケースでは、里親から受けた虐待の影響も気になるが、幼少の時期に子どもの養育者が次々と代わり、安定した養育環境が築けなかったことが、さらに心配である。この状況は、欧米のフォスターケア制度の下での「たらいまわし」の問題を想起する。舞ちゃんは祖母に引き取られた後、乳児院、里親、施設という児童福祉機関を転々としている。その間に児童相談所の一時保護所が関与しているならば、さらに深刻である。

施設に入所する子どもは、家庭から保護された後、施設へ措置されるまでの間、児童相談所の一時保護所で一定期間を過ごす場合が多い。一般的には二、三日から三週間以内で施設入所となるが、なかにはそこで数カ月間生活する子どももいる。施設に入所した子どもに「どこから来たの？」と問いかけると、「ほごしょから」と答える子どもが多いのは、家庭から離されて最初に入る一時保護所の印象が、相当に強く残っているからだと思われる。「住む場所」の変化は、私たちが考える以上に子どもに影響を与える。そう考えるならば、このケースにおける「たらいまわし」の状況を、深刻に受け止める必要があるだろう。

里親（フォスター）に頼っている米国などでは、フォスター・チャイルドとよばれる要保護児童は、その大部分が里親に預けられる。里親家庭のなかで、十分な愛情と落ち着いた環境が与えられて育つ子どもは、施設の集団生活よりも幸せなのではないかと思われがちだが、現実はもっと複雑である。

新自由主義を標榜する米国社会の格差は日本の比ではなく、スラム化した貧困層の居住環境は劣悪である。米国の要保護児童の家庭は、貧困、離婚、暴力と虐待、親の精神疾患に加え、薬物中毒や依存症による深刻な問題を抱えている。そんなハイリスクな家族から分離される子どもの多くは、その内面や行動に多くの問題を抱えている。スラムで育った子どもを受け入れた里親が、こうした子どもたちとの対応に疲れ、養育困難に陥ることは、容易に想像ができる。その結果、里親宅を「たらいまわし」された子どもによる「事件」は、米国の深刻な社会問題となっている。「たらいまわし」が子どもに与える悪影響が危惧されている。

この問題に関する議論と実践のなかから、米国などでは「パーマネンシー・プランニング」(Permanency-Planning = 永続的な養育環境の保障)が尊重されるようになった。それは、子どもの養育に際して、永続的な養育環境を保障することが最優先されるという考え方であり、フォスター・チャイルドのような社会的養護を必要とする子どもを扱う際に、十分考慮することが求められている。また、それを保障するための家族再統合(**Family Reunification**)が重視されている。つまり米国では、里親宅へ委託した子どもの永続的な養育環境を保障するために、実親や親族との再統合を保障して、里親宅の「たらいまわし」によるダメージを克服しようとしてきたのである。またそれは、養子縁組のような法的な親子関係が形成されたとしても、無視できないことになっている。そして同時に子どもの実の家族に対する集中的な家族支援（Family Preservation）が行われている。

一方、日本でもパーマネンシー・プランニングが強調されつつあるのだが、それは施設措置された子どもに限られた課題と解釈されている。そして施設を小規模化したり里親委託を推進すれば、それが保障されるような期待があるが、それは大きな誤解だと言わざるを得ない。このケースは、それを示した一例だといえるのかもしれない。

施設で過ごすようになった舞ちゃんには、職員との安定した関係や、心理的支援が与えられているはずである。言いたいことが言え、自分のペースで過ごすことが許されている生活は、これまでで一番安心できる環境であり、この作文からもそれが読み取れる。舞ちゃんが心を開き、癒されつつあることは確かであろう。

しかしこのままの状況を続けたとしても、再び里親宅へ戻る見通しがあるのだろうか。思春期になれば舞ちゃんも親探しをするようになり、その対応を誤ればおとなへの不信感を招くかもしれない。施設と児童相談所は、舞ちゃんの実親や親族の状況を把握し、できることから家族再統合の取り組みを始めるという選択肢がある。その取り組みが、舞ちゃんのパーマネンシーと自立支援につながる可能性について、舞ちゃんの最善の利益に照らし合わせて熟考してみるべきだろう。

すきだもん。ずっといたいな

ごとうしほ（小一・女子）

生後二カ月の時、父母の拘禁という理由で、しほは両親の元から乳児院へ緊急保護された。その後、乳児院で育ち、退所を迎えたものの家庭に帰ることができず、児童養護施設（以下、施設）に措置変更された。以来、現在まで施設で暮らしている。


しせつでたのしかったことは、おともだちとおりがみをしたことです。たんとうのおねえさんとおかしをかいにいって、たのしかったです。

しせつにおとなはたくさんいるけど、おこるとこわい。けどすきだよ。やさしいところがあるからすきだよ。

しせつってきれいだから、ずっといたいな。だって、すきだもん。ずっといたいな。

おうちのおねえちゃんがすきだよ。おかあさんはしほがおねえちゃんにいやなことをされたときにおねえちゃんにおこってくれて、みかたになってくれたからすきだよ。とってもだいすき。

しほちゃんに望ましい道

中西裕子（職員）

ここで取り上げるのは、施設に入所している現在小学校一年生のしほちゃんです。ようやくひらがな（五十音）を書けるようになったしほちゃんに作文を書いてもらうのは非常に困難でした。しかし、しほちゃんは私の質問に答えながら自分の言葉で一生懸命書いてくれました。以下、しほちゃんの作文では書ききれなかった内容について、しほちゃんのこれまでのさまざまな記録を元に、実際にしほちゃんが発した言葉や行動を取り上げることで、しほちゃんがきっと感じているであろう思いや家族に対する思いについて、私の知っている限り、私の感じている限りのことを書きたいと思います。

しほちゃんには、これまで、自分の置かれている状況について話したことがありません。というのも、小学校一年生では時期が早いだろうということ、しほちゃんの能力を考えてもまだ理解しきれないだろうということ、そして、どれだけの事実を伝えることでしほちゃんが人生を前向きに歩んでいくことができるのか、まだ私にはわからないからです。正直、辛いエピソードがたくさんありますが、しほちゃんがもっと大きくなって自分でさまざまなことを処理できる力を身につけた時、自分が施設に入所しているという状況に疑問を感じ始めた時に、これを読んで事実を受け止めてほしいという担当の勝手な思いを込めて書いています。

さて、しほちゃんについて原稿を書くことが決まった際、どこにポイントを置こうか悩みました。私がしほちゃんを担当するようになったのはしほちゃんが幼稚園の年長になった年からですが、それからしほちゃんと関わって感じたことは、「大きな集団よりも小さな集団で生活すべき子」であること、「より家庭に近い環境で育つべき子」であること、この二点です。この二点を書くにあたって、しほちゃんの乳児院での生活、施設での生活、なぜしほちゃんは家に帰れないのか、しほちゃんに訪れた転機、しほちゃんの特徴、家族に対するしほちゃんの思い、しほちゃんに対する私の疑問、小学校生活、地域小規模児童養護施設（以下、地域小規模施設）という選択肢、という順に書き進めていきたいと思います。

しほちゃん誕生から乳児院生活、その頃のしほちゃんを取り巻く環境

しほちゃんがこの世に産声を上げたのは某年四月。そのわずか二カ月後に、父母の拘禁という理由でしほちゃんは両親の元から乳児院へ緊急保護されました。しほちゃんは五人兄弟の末っ子で、他の兄弟は施設で保護されることになりました。

しほちゃんが乳児院で生活を始めて間もなく、食物アレルギーがあることが判明し、それにより食べ物や衣服等に多くの制限がされるようになりました。それでも、当時の職員の尽力により、しほちゃんは可能な範囲で精一杯大きくなってきました。しほちゃん自身は、人見知りや場所見知りが非常に激しく、また依存心が強く、遊びでは人形に興味があり世話をするのが好きな子どもでした。

しほちゃんが乳児院に入所して二カ月足らずで父母が離婚し、しほちゃんの親権は母親がもち、その約一年後、施設に保護されていた他の兄弟は母親の元へ引き取られました。母親は就労しておらず、家事・養育に専念している反面、養育能力は非常に低く、年齢が大きい子どもたちに助けられて生活していました。母親には、しほちゃんを引き取りたいという思いがありましたが、なかなか思いと行動が伴わずにいました。しほちゃんが乳児院に入所している約二年間、母親からの連絡はほとんどなく、面会は三回程度で、実際引き取るには難しい状況でした。

二歳になったしほちゃんは、年齢超過により乳児院の退所を迎えました。母親からは退所を機に引き取りたいという話が出ました。しかし、退所前の八カ月ほどは母親の面会は全くなく、しほちゃんは母親を見ると大泣きしてしまうという状況で、しほちゃんが安全に生活できる家庭環境が整っているわけではなく、このタイミングでしほちゃんが家庭に帰るのは難しいと判断されました。結果、しほちゃんは施設に措置変更されました。一年後の家庭引き取りを視野に入れるという条件で、措置変更が承諾されたのです。

施設入所から私が担当になるまでの三年間

しほちゃんは、二歳のとき、大舎である施設に入所しました。当時、私はしほちゃんの担当ではありませんでしたが、同じ幼児グループ（※対象年齢は概ね二歳から幼稚園年長まで。ハード面は大舎の空間でもそこだけは仕切られており、キッチンやリビング等があり、より家庭に近い環境にある）のなかで生活していました。そのなかで、私はしほちゃんに対して大きな疑問を感じてはいませんでした。「それなりに流れに乗って生活している子」「集団を乱さない子」「感情によって生活が崩れることがほとんどない子」、そんな印象でした。それもそのはずです。しほちゃんの学年には、当時しほちゃんを含めて七名の子どもが施設に在籍していました。定員五〇名のうちの七名です。高い割合です。しかも、この学年には自分をアピールすることがじょうずな子が多く、そのなかで過適応気味のしほちゃんが目立たないのは当然でした。とにかく流れに合わせ、周囲に合わせ、場に馴染むことに全てのエネルギーを使い果していたのでしょう。

しほちゃんにとっては、きっと乳児院の環境もそうだったと予想されます。生まれてからほとんどの時間を同じような年齢の子どもたちと生活してきました。周囲の子どもに「右へならえ」をしていたら生活が流れていくのです。「おりこうさん」にしていることが集団生活をうまく過ごすためにしほちゃんにできる唯一のことだったのでしょう。またそれは、集団で過ごすことによって自我を形成することの難しさを職員に気づいてもらうためのSOSだったのかもしれません。

この頃の母親の状況ですが、生活ぶりはほとんど変わらず、入所当初に数回面会はあったものの、それからは約束していた話し合いや外泊も直前にキャンセルするということが相次ぎました。また、しほちゃんが幼稚園の年中の冬休みに九日間という長期の外泊を予定していましたが、実際に外泊をしてみると、母親は二日目にしほちゃんを施設へ連れて戻って来ました。理由は、「しほちゃんが夜尿や大便を失敗し、嘔吐までした」「泣きじゃくってかわいくない」「アレルギーがあるから食事が大変」「面倒みきれない」といったもので、その外泊が予定よりも早いものに終わった後、母親の気持ちはしほちゃんからどんどん離れ、引き取りという話も白紙状態になりました。それに伴い、私たちも積極的に連絡をとれない状況になっていきました。

なぜしほちゃんだけが家庭に帰れないのか

ここで、少ししほちゃんの入所の状況に触れたいと思います。

しほちゃんの兄弟は家庭引き取りが実現したのに、なぜしほちゃんだけが現在も施設入所を余儀なくされているのか、疑問に思われる方が多いのではないでしょうか。私は、しほちゃんに対する母親の思いが希薄なことがポイントだと思います。もちろんその他に、母親の養育能力の低さにより食物アレルギーの安全が確保できないことや、しほちゃんだけが年齢が離れていること、しほちゃんだけが生まれてほんのわずかしか家族と一緒に過ごしたことがないということも要因にあげられると思います。「引き取りたい」という言葉は母親からよく出ますが、実際引き取るためにどれだけしほちゃんのことを考え、どれだけ実行に移しているのかという点ではあまり評価できません。逆に、母親の都合によりしほちゃんが振り回されているのが現状です。その上、人見知りが激しいしほちゃんが、ほとんど会ったことのない母親に久しぶりに会って泣きじゃくるのは当然のことですが、それを「かわいくない」という一言で片づける様子には、しほちゃんに対する心の距離を感じます。

しほちゃんが生まれてほんのわずかしか家族と一緒に過ごすことができなかったのは、前述したように父母の拘禁が原因ですが、父母の拘禁の原因は家庭内のある事件にありました。事件の詳細はここでは書きませんが、とても悲惨な事件でした。その事件が起きた時、しほちゃんはお母さんのお腹の中にいました。事件後から事件が発覚し父母が拘禁されるまでの約八カ月間、母親が精神的に不安定だったことは容易に想像できます。しほちゃんがお腹の中にいる間、母親はずっと不安を抱えていたのです。どうしたら良いのかわからなかったと思います。そんな最中にお腹の中にいた子どもをかわいいと思えるのか……、私はよく自分に置き換えて考えます。正直、生まれてきても複雑な気持ちでいっぱいです。手放しに出生を喜ぶことは難しい状況だったのだろうということが予想されます。

しほちゃんの母子手帳は乳児院に入所してから再発行されたものしか残っていません。施設の子どもたちは、自分の小さい頃の話をよく職員に尋ねてきます。私自身も子どもの頃、父や母に自分の小さい頃の話を尋ね、何度も同じ話をしてもらった記憶があります。そうすることで、物心がつく前の自分の存在を確認していたような気がします。私は、母子手帳や乳児院からの記録等が残っている子どもに関しては最大限伝えられることを伝えます。しかし、しほちゃんに「しほが生まれたときはどんなふうだった?」と聞かれても、伝えるための材料がありません。言葉につまる瞬間です。「お母さんのお腹の中から生まれてきたんだよね」と応えるのが精一杯です。

以上のような状況で出生したしほちゃんに対して、母親が距離を置いてしまうのは仕方のない現実だと思います。この状況が、しほちゃんに対する母親の思いの希薄さを生んでいるのだと思います。ただ、それは決してしほちゃんが悪いわけではないということを、しほちゃんにはわかってほしいと思います。

しほちゃんに訪れた転機

さて、話は戻りますが、私がしほちゃんを担当することになったのは前担当が異動になったためでした。しほちゃんが施設に入所して三年が経過した時、ちょうど幼稚園の年長に上がる時です。この頃、施設内のバランスを調整するために、同学年の子ども七名のうち五名が学童グループ（※対象年齢は概ね幼稚園年長から高校生まで）に移行することになりました。年長で幼児グループに残ることになったのは、しほちゃんともう一人の女の子かなちゃんの二人だけです。それまで同学年の子どもが七人いるうちの一人だったしほちゃんが、二人のうちの一人になったのです。乳児院の頃から集団で過ごしてきたしほちゃんに、集団生活ではありながらもようやく陽の目が当たり始める瞬間でした。

「ありがとう」と言われる喜びと、その裏側

年長になったしほちゃんは、幼児グループの最年長児になったということもあり、自主的に職員のお手伝いをしてくれたり小さい子の面倒を見てくれたりする姿が急激に増えていきました。

たとえば夕方の五時、施設のなかは一番バタバタする時間帯です。職員は夕食を準備しつつ子どもたちに排泄を促し、手洗いやうがいをさせる……。これを幼児期の子ども一〇数名に行います。ちょうどこの時間、某テレビ局で子ども向け番組をやっており、子どもたちはそれに

夢中で、職員の「夕食のお手伝いをしてほしいな」という声も耳に入らない状況です。そんななか、しほちゃんは毎日すすんでお手伝いをしてくれました。どれだけ楽しそうなテレビが流れていても、それに見向きもせずお手伝いをしてくれました。また遊びの場面では、しほちゃんが持っているおもちゃを他児が欲しがると、「どうぞ」と、快く貸してあげる姿がありました。

担当としほちゃんとで誕生日プレゼントを買いに行くと、「これ、れなちゃんが貸してっていうかもしれない……。でも、しほはいいよって貸してあげるんだ」と、他児を気にかける姿がありました。どの言動の裏にも職員から「しほちゃんありがとう」「助かったよ」と感謝される言葉が待っており、それを言われることがしほちゃんの生き甲斐のようになっていた時期でした。

この根元はどこにあるのか考えてみました。乳児院時代から現在に至るまで、しほちゃんはアレルギーによって食をはじめさまざまなことを制限された生活を送ってきました。そのアレルギーに対するおとなの過敏な対応は、しほちゃんが生命の危険を避けて育つために必要なものでしたが、それによってアレルギー以外のことでもおとなの顔色をうかがってからでないと一歩を踏み出せないしほちゃんがいるという事実があります。アレルギーによって特別扱いをされて手をかけてもらったことが、しほちゃんの世話好きという部分につながっていることもまた事実だろうと思います。アレルギーを患ったことは、しほちゃんにとって、とても大きな意味を成していたのだと思います。

しほちゃんの本音はどこ？　―遊びを通して―

ある日、しほちゃんはボランティアさんと遊んでいました。しほちゃんがあるものを作り、ボランティアさんが「なにを作ったの？」としほちゃんに尋ねると、しほちゃんは考え込みました。隣にいた同学年のかなちゃんが「ベッドでしょ？」と言うと、しほちゃんは間髪入れず「そう」と答えました。本当は一体なにを作ったのでしょうか？　きっとなにかモデルになったものがあったはずです。それは本当にベッドだったのでしょうか？　それとも、なにも考えがなくただ適当にものを作っただけなのでしょうか？　しほちゃんの本音はどこにあるのか、なかなか見えてきません。

こういった出来事は日常茶飯事であり、しほちゃんの特徴的な部分を表しています。

家族ってなんだろう

前述したように、しほちゃんは生後二カ月間しか家族と過ごした経験がありません。記憶にないといっても過言ではありません。それに加えて、母親や兄弟に会った回数も帰省した回数も、数えられる程度です。母親に会うたびに泣いてしまいます。そんなしほちゃんが、一時期「家族ごっこ」というものに夢中になっていました。家族ごっことといっても、一緒に遊んでいる子は三歳年下の女の子まいちゃん一人で、家らしいものや家族らしい人は見当たりません。ただ、手には電話を模したような段ボールの切れ端を持っています。しほちゃんがまいちゃんに段ボールの電話を持たせ、まいちゃんの耳元で「ほら、『ママ、早く来てね、待ってるよ！』って言うんだよ」と囁いていました。親御さんに電話をかける際、職員が子どもたちにやっている光景そのものです。つまり、「家族ごっこ」ではなく「施設ごっこ」だったのです。

しほちゃんのなかの家族・家庭のイメージは、お父さん・お母さん・兄弟が存在しない、施設・職員・子どもというものでした。

ある日、幼稚園でお友だちと「家族ごっこ」をしてきたと教えてくれました。どんなものだったか尋ねると、「ゆめちゃんがお母さんで、たっくんがお父さんで、しほは厨房さんだよ」と教えてくれました。しほちゃんのお家には「厨房さん」がいるのです。

別の日、職員がしほちゃんと一緒にスーパーへ買い物に行きました。スーパーの外には空になって畳まれた段ボール箱が重ねられ、そばにお客さんの自転車がたくさん並べられていました。それを見たしほちゃんは、「ここ、お家かと思った」と言いました。しほちゃんのお家のイメージは、積み重ねられた段ボールとたくさんの自転車、つまり一般家庭で見られる光景ではなく、スーパーで見られるような光景だったのです。

これまで、家族や家庭をイメージさせるような絵本を読み、話や遊びもしてきましたが、しほちゃんのなかに母や家族に対するイメージが全く育っていないということが明らかになってきました。きっと、しほちゃんは幼稚園のクラスメートもみんな、自分と同じような生活をしているのだと思っているのでしょう。しほちゃんからは、今の生活に対する不満や疑問は全く聞かれていません。もしかしたら、思っていても言葉に出せないのかもしれません。しかし、疑問に思えるような材料すらしほちゃんのなかにはないのかもしれません。

疑問――人とのつきあい方――

しほちゃんが年長に上がる時に担当が私に替わり、同じ施設で生活しながらも前担当としほちゃんが顔を合わせることは圧倒的に少なくなりました。私がしほちゃんを担当することになり二者関係の対象が変化することで、「しほちゃんはどんな試し方をしてくるんだろう」「どんな風に生活が崩れるんだろう」と、少々身構えていました。しかし、三カ月経っても四カ月経っても、特に変わらないしほちゃんがいたのです。

ここで、しほちゃんの人とのつきあい方に目を向けてみます。

たとえば幼稚園生活ですが、クラスを乱すことはなく、それなりに集団のなかにいます。片づけの時間にはそれができたり、担任に部屋に戻るように言われると指示に従うことができます。問題がないように見えたしほちゃんでしたが、友人関係は不思議なものでした。しほちゃんと年中から二年間クラスが一緒で一番仲が良いという友だちのあいちゃんとは、いつも一緒にいたり給食を食べたりするわけではなく、担任いわく「不思議な関係」だったようです。また、幼稚園では毎日フルネームで出席をとっており、しほちゃんはその時間、担任の顔を見てしっかり話を聞いてはいるようですが、私があいちゃんのフルネームを尋ねても全く出てきません。また、あいちゃん以外のクラスメートの名前を尋ねても、二名程度の愛称しか出てきません。外出先で同じクラスの子を見かけても、「ひまわり組の子だ」と話してくれるだけで名前が出てきません。認知力の問題もあるかもしれませんが、いかに幼稚園で他の子どもと関わることが少なく、興味が薄いかということがよくわかります。クラスメートとの関わりがこの程度であっても、しほちゃんは幼稚園生活を支障なく送ることができるということでしょう。しほちゃんの独特な人とのつきあい方なのだと思います。

また別の場面ですが、自分がしていることを他人に見てほしい時、「見て！」とだれかれかまわず近くにいる不特定多数の人に訴えかけます。訴えかけはしますが、周囲の反応はしほちゃんに無関心なことが多いのです。それでもしほちゃんはその状況に対して気にすることはなく、投げかけたことで自己満足という様子です。特定の人物にどうしても聞いてほしいという感じではありません。

私と自転車の練習をした時もそうでした。私はしほちゃんのためだけにかなりの時間を割き、失敗や成功を繰り返し、ようやくしほちゃん一人で自転車に乗れるようになりました。その直後、私はしほちゃんと抱き合って達成感を共感するつもりでしたが、しほちゃんの口から出た言葉は、（たまたま近くに居合わせた他の職員に向かって）「えりさん、見て！」でした。一番近くにいた私ではなく、それまで自転車の練習に全く関わってこなかった人に乗れるようになったことを伝えたのです。

前述した誕生日プレゼントを買いに行った時もそうでしたが、なぜかしほちゃんの近くには常に第三者がいるような感じがします。たとえ二人きりでいても、そこには第三者を気にかけるしほちゃんがいます。私はしほちゃんの二者関係の希薄さ、対人関係の微妙なやりとりができないしほちゃんとの二者関係の作りにくさに疑問を感じました。

疑問―他人のため＝自分のため―

他人のためになにかをして「ありがとう」と言われることに自己発揮の場を見出し、どんどん頼られる存在になっていったしほちゃんですが、みなさんはこれを素晴らしいことだと思いますか？　私はとても違和感を覚えました。私から言わせれば、「子どもらしくない子」だなという感じです。この年齢で、自分の遊びの時間を削ってまで他人のために時間を使うということはどういうことを意味しているのでしょう。

ある日、私はしほちゃんと一緒に洋服を買いに行きました。何種類かある洋服の中から、

「どれがいい？」と尋ねても、しほちゃんは首を傾げるばかりです。選択肢を減らして、「じゃあ、この四つのなかだったらどれがいい？」と聞いても決められません。更に選択肢を減らして、「じゃあ、この二つならどっちがいい？」と尋ねると、しほちゃんはようやく口を開きました。

「中西さん（担当）の好きな方でいいよ」

私はこの言葉を聞いて愕然としました。自分で選択することができず、担当の意見に委ねてしまっているしほちゃんに、これまでの経験不足と、「他人のためにすることが自分のため」というしほちゃんの行動につながったような気がしました。しほちゃんが集団で生き抜くために身につけざるを得なかった術であったと思います。しかし、しほちゃんにはもっと自分の意見を大切にし、それを元に行動する力をつけていってほしいと願うようになりました。その礎ができたところで、本当の意味の「他人のため」という行動ができるのではないかと感じました。

小学校生活―しほちゃんからのＳＯＳ―

以上の様子を元に、小学校就学という節目を迎えたしほちゃんがどの環境で生活をするのが最適なのか、職員間で何度も話し合いを行いました。その結果、小学校一年生になったとはいえ、もう少し幼児グループで生活を続けることになりました。しほちゃんが年長になる時に七人のうちの一人から二人のうちの一人になり自分を出すチャンスがぐっと増えましたが、それでも同学年のかなちゃんに場を奪われてしまうことが多くありました。しかし、小学校就学を機にかなちゃんが学童グループへ移行したことによって、幼児グループにはしほちゃん以上の年齢の子どもがいなくなりました。これにより、しほちゃんが自由に発言することが保証され、しほちゃんの発言が尊重される空間で育つことができるのではないかと考えました。

しほちゃんは施設では幼児グループに所属しつつも、小学校の登下校時には自分よりも大きな子どもたちと関わる時間が増えてきました。外（※学校）では同学年もしくはそれ以上の子どもと大きな集団で関わり、施設（家）に帰ってからは小さい集団で年下の子どもと過ごすという毎日が始まりました。施設のなかで作り出せる小さい集団の限界です。これを「家庭により近い空間」だと大きな声では言えませんが、私たちがしほちゃんに提供できる精一杯の「安心した空間」です。

小学校生活ですが、入学当初は勉強面に不安はあったものの、特に問題なく過ごしているように見えました。小学校の個人懇談では、担任から「勉強態度や生活面で全く問題はない」「友人関係もうまくやれている」と言われました。しかし、徐々にしほちゃんに変化が表れてきました。分団での下校では、同じ施設の同学年の子どもたちとうまくいかず、それを自分のなかで処理することも相手に伝えることもできず、毎日怒って帰ってきます。下校後の宿題の時間では、「本読みができない」「たし算ができない」という苛立ちから職員に挑発的な態度をとったり、教科書をゴミ箱に捨てるなどの荒々しい態度をみせるようになりました。職員を叩いてみたりドアを強く閉めてみたりという、これまでにはあまり見られなかった行動も出てきました。

しほちゃんは戸惑っていたのだと思います。混乱していたのだと思います。なにをやらなければいけないのか、頭のなかで整理できなくて苦しんでいたのだと思います。幼稚園の時のように同じことの繰り返しという単純な毎日とは違い、宿題が増え、勉強も進み、学校に関してやらなければいけないことのパターンがどんどん増えてきたことについていくのが難しくなってきたのだと思います。小学校では頑張って自分の能力以上の力を発揮し、緊張の糸を張りつめてみんなに合わせている分、施設に帰って来てからはそれが解けたように小学校とは全く違う顔を見せているのだと思います。しほちゃんがバランスを保つために必要な作業なのではないかと思います。しかし、いくら現在作り出せる一番小さな集団にしほちゃんを生活させていても、所詮、集団です。職員も入れ替わり立ち替わりで一貫性がなく、子ども同士の関係も刺激が多い中で、一番リラックスできるはずの「家＝施設」で過ごす時間にまで集団でうまく適応するために使うエネルギーは残っていないのでしょう。しほちゃんからのＳＯＳです。どうにかしなければなりません。ましてや、幼児グループにいつまでもいられるわけではありません。しほちゃんがどういった場所で生活をすることが最善なのか、私たちが本気で考えなければならない瞬間でした。

以上のようなさまざまな状況を踏まえた上で、しほちゃんには地域小規模施設への移行という選択肢が見えてきました。

地域小規模施設

私たちの施設は数年前に地域小規模施設を立ち上げており、しほちゃんが小学校二年生になる時に一人の枠が空く予定です。年中の時の外泊以来、盆・正月等最低限の連絡は手紙で母親に働きかけてきましたが、それに対して反応がなくなってから約一年半が経ち、しほちゃんも小学校一年生の二学期を迎えました。しほちゃんの見立てとしては、家庭引き取りは極めて難しい状況で、中学卒業後にうまく進学ができれば一八歳まで施設で過ごすだろうというものです。しかし、普通の家という感覚や、地域で育つという社会性を身につけるチャンス、退所後自立できる生活能力をしほちゃんに身につけてもらうのは、大舎よりも地域小規模施設で過ごす残りの一〇数年ではないかと感じました。また、この機会を逃してしほちゃんを学童グループに移行させるということは、またあの大きな集団に飲み込まれてしまう危険性を含んだ選択だと感じました。自己処理能力が低いしほちゃんにとって、この大きな集団のなかでいっぺんに起こるさまざまな状況を把握し、順序立て、なにを最優先にすべきなのかという判断を下すのは容易ではなく、情緒的に混乱を招いている原因でした。その混乱を表に出さないのがしほちゃんの特徴でもあり、それに気づくまでに長い時間がかかりました。

　しほちゃんの対人関係の作り方も、少ない職員・少ない子どもたち・家庭により近い空間のなかだからこそ育て直すことが可能なのではないかと思います。「他人のため＝自分のため」というしほちゃんの特徴も、大舎であるからこそ助長されたのではないでしょうか。おそらく、線路を敷いて枠を作られることが、しほちゃん自身にとって混乱することなく楽に無理なく生きられるのだと思います。しかし、そういった生活を一八歳まで続け、いざ社会に出るとなったときにその枠からポンと放り出されてしまうことは、しほちゃんにとって最大の負担です。しほちゃんの自立に向けて、なるべく混乱がなく落ち着いた生活のなかで自分とじっくり向き合い、そして自分のなかでさまざまな出来事や情報を処理し、これからの人生を生き抜いていく力を身につけてほしいと思います。それを実現させるために、私たちは今後地域小規模施設への移行を進め、しほちゃんにとっての最善の利益を求めて、最大限の努力をしたいと思っています。

思春期の自分くずしと自分つくり

木全和巳（日本福祉大学教員）

二〇〇七年度から児童相談所の依頼を受けて、毎月一度、県下の施設に通いながらケース検討をしてきました。施設の現場の方から、今一番支援に困っているケースを出していただきながら、「朝起こす場面」「小さい子どもに暴力を振るった場面」「決められた時間に帰って来なかった場面」などの具体的な場面を切り出してもらい、職員といっしょになって、子どもの視点から具体的な対応を考えていきました。ときには、児童相談所の担当者の方や中学校の担任の先生にも参加を求めました。

職員のみなさんから出されたケースに共通していたのは、どの子どもも中学校二、三年生という思春期まっただなかであること、次にどの子どもも幼児期からその施設で育っていたこと、加えて幼児期から小学校高学年まではクラス委員などもしている「とてもよい子」であったということです。

小学校一年生のしほちゃんの作文と中西さんによる生いたちや取り組みを整理された実践記録を読みながら、毎月のケース検討でとりあげた子どもの事例と中学生になったしほちゃんとを重ね合わせて読んでいる自分に気づきました。施設でとてもよい子で育った子どもが、思春期になると職員にとって実践上困った子どもになってしまうことについて、私のなかにずっとひっかかりがありました。そして中西さんの実践記録のなかに、こうした問題を考えるヒントがあるように思えたのです。

小学校一年生になって、「分団での下校では、同じ施設の同学年の子どもたちとうまくいかず、それを自分のなかで処理することも相手に伝えることもできず、毎日怒って帰ってくる」しほちゃん。「下校後の宿題の時間では、『本読みができない』『たし算ができない』という苛立ちから職員に挑発的な態度をとったり、教科書をゴミ箱に捨てたりという荒々しい態度をみせるようになった」しほちゃん。時に「職員を叩いてみたりドアを強く閉めてみたりという、これまでにはあまり見られなかった行動も出てきた」しほちゃん。中西さんは、それらがしほちゃんが小学校一年生になり、ようやく出てきたSOSのサインだと気づきます。そして、しほちゃんのこれまでの対人関係のもちかたについて、いくつかのエピソードとしての気になる行動と、こうした行動の意味づけを、中西さんは記録として綴っていきます。

どれだけ楽しそうなテレビが流れていても、それに見向きもせずお手伝いをし、また遊びの場面では、しほちゃんがもっているおもちゃを他児が欲しがると、「どうぞ」と快く貸してあげる姿。担当としほちゃんとで誕生日プレゼントを買いに行くと、「これ、れなちゃんが貸してって言うかもしれない……。でも、しほはいいよって貸してあげるんだ」と、他児を気にかける姿。しほちゃんのためだけにかなりの時間を割き、失敗や成功を繰り返し、ようやくしほちゃん一人で自転車に乗れるようになった時に、いっしょに練習をした中西さんではなく、たまたま近くに居合わせた他の職員に向かって、「見て！」と伝えた場面。洋服を買いに行った時、自分で選べずに、選択肢を減らして「じゃあ、この二つならどっちがいい？」と尋ねられ、ようやく口を開いたしほちゃんが、「中西さんの好きな方でいいよ」と答えたことに愕然とする場面。

このような気になるエピソードを重ねて綴っていきながら、中西さんは、「どの言動の裏にも職員から『しほちゃんありがとう』『助かったよ』と感謝される言葉」を期待する子ども、「他人のためにすることが自分のため」と思いこんでいる子ども、特定の他者との親密な関係よりも周囲の反応が気になる子ども、総じて「子どもらしくない子ども」というしほちゃんのイメージを浮かびあがらせています。そして、このような過剰に周囲の環境に適応することで、本来の子どもらしさと自分らしさを出さないでいるしほちゃんの自我の育ちに、中西さんはある種の危機感をもったのです。

中西さんの感じたこのような危機感については、乳幼児期から施設で育ってきた子どもたちの思春期における事例検討をこの間繰り返してきた私には、とても共感できる捉え方でした。おとなに向かうからだの変化の受けとめと進路選択を迫られるなかで、自分の生いたちを振り返り、受けとめながら、これからどのように生きていくかを自ら決めていかなくてはならない思春期。この思春期の自分くずしと自分つくりのなかで、子どもたちは、十分に自分が出せなかった、満たされなかった乳幼児期からの積み残しを何とか解決しようと、さまざまな試みの行動をするようになります。施設の職員や学校の教師や児童相談所の職員などの信頼できるおとなと仲間たちの支援のなかで、もがき苦しみながら脱皮して独り立ちしてゆく姿は、とてもいとおしいものがあります。この巣立ちのエネルギーは、自分に対する信頼です。「まんざらでもない」という信頼できる自己の形成は、信頼できる他者との関係のなかでしか育まれないのですが、自分のなかに信頼できる具体的な他者を育てていくのは、なかなか大変な作業です。

子どもたちの自我の形成の積み残しの多さを考えると、この脱皮から巣立ちの作業は、ほんとうに多くの苦しみをともなったものだと思います。不登校、リストカット、幼児への他害、職員などへの暴力、性的な放縦さ、たばこや薬物などへの依存など、二度目の誕生の代償であっても、できればしてほしくない行為です。

さて、しほちゃんに対する現時点での中西さんの見立てが、しほちゃんの内面を含めたねがいを的確に受けとめたものかどうかは、いまここですぐに断定できるものではありません。でも、実践者としての中西さんが、しほちゃんと関わるなかで意味づけようとしたしほちゃんのねがいと、受けとめたねがいを実現するために中西さんがねがう二つの手だて、「大きな集団よりも小さな集団で生活するべき子」であることと「より家庭に近い環境で育つべき子」であることは、困難な条件のなかでも、ぜひ尊重したいものです。

その時々に書かれた子どもの作文も意味があるものですが、支援者による綴り方であるこうした実践記録も、同じ子どもを対象にして、三年後、五年後、一〇年後に綴りなおしてみると、その時々に子どもの何を大切にして実践をしていたのかを振り返る意味で、実践者として成長していくうえでも、とても有意義なものになると思います。

しほちゃんが、二〇歳になった時に、この中西さんの記録をぜひ読んでもらって、共に過ごした一年生の思い出をいっしょに振り返ることができると良いですね。施設で生活する子どもたちが成熟したおとなになるためには、ほんとうにたくさんの人たちによる支援が必要なのですから。

お母さんにも、少しわがままになってみようかな

武藤ゆかり（小六・女子）

小学校三年生の時に両親が離婚したことがきっかけで、ゆかりは父と母の間を行ったり来たりするようになった。親権は母親がもったが、精神的に不安定で、子どもの養育の意志がなく心理的虐待が認められたため、児童養護施設（以下、施設）に弟と一緒に入所することになった。

私は、小学校三年生の夏ごろに、この施設にきました。最初はすごく不安でいっぱいだった。でも、きてから変わったことがたくさんありました。そのなかのひとつは、「お母さんとの関係」です。

以前は、お母さんとの関係は、今ほどやわらかなものではありませんでした。ペン立てからちょっと名前ペンを使っただけですごくおこられ、たたかれた気がします。そしてそ

の時は、お母さんにつられるお父さんのこともこわかった。いつもお母さんにおこられると、「お父さんが仕事から帰ってきたら言うからね」って言われた覚えがある。でも、今思えばそれほどこわくなかったような……。お母さんは何であんなにおこってたのだろう。私がお父さんっ子だったからかな？

でも今はそうではありません。すごくやさしくなりました。でもいつも会っていないせいで逆にできなくなったことがあります。それは、わがままを言ったり、本音を見せることや、私の好きな人のことが言えなかったりすることです。何かたのみにくい感じがします。

でも、ここへきたことは後悔していません。こっちの学校の方が楽しいし、こうして時々会える方がうれしいからです。自分的にはここでの生活では気をつかわず、毎日わがままにしているつもりなのだけれど、何かささいな言葉で涙が出てくることがあります。その時に、「えっ!?　気なんてつかっているつもりはなかったんだけど……」と思います。

でも、今でもお母さんには、自分でもハッキリと気をつかっていると思う。でもこれからは少しわがままになってみようかなと思う。いつも自分らしくいたいなあと思う。

母親の変化ではじまった心の変化

鈴木百合（職員）

彼女たちが園に来るきっかけとなったのは、母親や家族、親戚の人間関係がとても複雑・陰悪で、家庭での養育の「困難さ」が背景にあった。「困難さ」というのは、母親は仕事勤務が不規則のうえ、いつも地域の人の目が気になる傾向が強いようで、地域の中で孤立感を深めており、当時、住んでいたところで生活することに消極的になっていた。両親の家族との関係も複雑で、そのような状況のなかで二〇〇二（平成一四）年九月に両親は別居し、直接的には母が原因で二〇〇四（平成一六）年四月に父母の離婚調停が成立した。二人の子どもの親権は母親がもった。

離婚後まもなくして、親権者である母親は児童相談所へ養育相談をもちかけ、二〇〇四年六月に、彼女と弟は一時保護を受けた。その後、母親が町の福祉制度を利用し、周囲のサポート体制を整えることで家庭での養育は可能と考えられ、七月半ばには一時保護を解除し、母親の元への家庭復帰となっていった。

七月終わり頃、児童相談所職員の家庭訪問の際、母親が「一緒に死のう」と子どもたち二人を目の前にして取り乱し、つかみかかるなどしたため、緊急一時保護となった。その後、母親と祖母はともに「この子らをうちで育てる気持ちはない」と言い切り、今回の緊急一時保護にいたる経緯や、両親の離婚以前からの母親の情緒的な不安定さによる心理的虐待を受けていたと認められたことなどにより、施設での長期的な養育が適切だと判断。またその中で安定した生活環境と、彼女達の発たちにふさわしい援助を行い、実情をふまえた里親委託の可能性をみていこうとのことで、この施設にくることになった。

二〇〇四年八月二四日からの施設での彼女の生活は、その生い立ちが示すとおり大変なものだった。特にお金や物に対する執着心はことのほか強く、そのために他の子どもたちの苦情も多かった。今までのおとなだけの生活のなかで父方家庭、母方家庭の凄まじさを目の当たりにしており、そのはざまでうまく生きる術を身につけてきたのだが、そのことが彼女をトラブルメーカーにして、施設での生活をより困難なものにしていたようである。

そのような生活のなかで、小学五年生の二〇〇六（平成一八）年一二月、年の瀬もおしせまった頃、他の子どもらと大変な事件を起こした。その時、母親に来ていただきいろいろと親子で話し合いをしたが、それがきっかけとなり、今まではあまり彼女に目を向けようとしなかった母親が、なぜか今度は涙を流して彼女に話をする姿を見て、彼女の方も少しずつ心の変化がはじまり、今までぎこちなかった母親と娘の親子関係が変わっていった。そのことを、彼女は作文の後半あたりから母親のことを照れながらも語っている。何かのきっかけで、お互いの溝が少しずつでも取れはじめてゆくことは、大きな進歩である。

彼女もこの二〇〇八（平成二〇）年四月から中学一年生になる。人との出会いの中で一つ一つ成長してゆくことを願っている。

日々の生活に、辛さを吹きとばすものが

加藤暢夫（名古屋芸術大学教員）

ゆかりさんは、お母さんの暴言や暴力、それに誘発されてお父さんからも同じようにされて、きっとびくびくしたり、怖いなと思って毎日を過ごしておられたことと思います。お父さん、お母さんの暴言や暴力が子どもにとってどんなに辛いものであるかは、ゆかりさんが一番知っておられます。しかし、暴言や暴力をするお父さんとお母さんにも、きっと何かわけがあったことでしょう。暴言や暴力はいけないこと、してはいけないこと、やめてという権利があるゆかりさんが、それを、歳いかないゆかりさんが、全部分かってあげるということは大変難しいことですね。

お父さんが好きだったのですね。お母さんも好きだったけど、ゆかりさんが女の子だからお父さんが大好きだったのでしょう。これは悪いことではないですよ。お父さんと娘が「恋ごころ」をもち合うなんてほのぼのとしますよ。

ゆかりさんは、どうしてお父さんとお母さんが暴言をはいたり暴力をふるい、親子一緒に生活できなくなったかを、これからも考え続けるでしょうね。たくさんのことをこのことから学ぶでしょうね。お父さんやお母さんを恨んだりすることもあるでしょうね。思春期にはきっと両親に批判的であったり反抗的になったりするでしょうね。成人するとまた

違った両親への見方もできるようになるでしょうね。それは、今、施設でたくさんの子どもとけんかしたり、楽しいこともあったり、職員の人たちとトラブルがあったりしながら日々を過ごしておられるゆかりさんの生活を通じて、変化していくことでしょう。この変化は成長へとつながっていくと思います。

今、時々しか会えないお母さん、会うときに嬉しい気持ちになれるゆかりさん。きっとお母さんの優しさや良いところを見つけているのでしょうね。お父さんのことが書いてないので何か事情があるんでしょうが、お父さんにも会いたいんだろうなと思っています。会えるようになるといいなと思います。（でも、事情で会えないとすれば、その現実を現実として受け止めないといけないのでしょうね）

今、毎日生活する施設と通う学校を「いいな」と思って毎日生活しているのですね。いいことですね。時には辛いこと、いやなことも本当はあるのでしょうが、それを吹き飛ばしていけるものが日々の生活の中にあるのですね。

ゆかりさんは、そうした元気、前向きな生き方をしているのだなと思います。さらに、自分の気持ちをはっきりさせながらも、一緒に生活するお友だちやクラスのお友だちのことも結構気遣っているのですね。優しい心のもち主なのですね。この優しさをこれからも大切にしていきましょうね。

親のことはあまり知らない

小林　晃（中二・男子）

晃は、市民病院で仮死状態で生まれた。九日間入院し、退院と同時に乳児院に入所した。二歳で児童養護施設（以下、施設）に措置変更となって以来、施設の生活は一二年と、長期入所児童である。
晃を産んだ時、母親は四一歳だった。晃と他の八人の兄弟は異父兄弟であり、晃の父親は不明。母親は晃を妊娠している時に妊娠中毒症にかかり、養育困難なため、三人の子どもは先に施設に入所した。晃を出産した時、母親には経済的自立能力も育児の意思もなく、晃も施設に入所することとなった。

ぼくは中学二年です。施設に入って、今年で一二年になります。ぼくは生まれて少ししてから県立乳児院に入り、二歳になる頃、施設に入ったそうです。どうして入ったのかは、小さかったので知りませんでした。

その頃のぼくは小さかったのでお父さんやお母さんとの生活は何も覚えていないし、思い出もありません。お父さんには一度も会ったことがありません。小さいころの自分のこともあまり覚えていません。大きくなってから施設の職員やお兄ちゃん、お姉ちゃんにも聞いたりしたそうですが、覚えていません。

施設に入った当時、お兄ちゃんが六人とお姉ちゃんが二人の九人きょうだいでした。ぼくがまだお母さんのお腹にいる時に、下の二人のお兄ちゃんと一人のお姉ちゃんが施設に入りました。だからぼくも二歳になってから同じ施設に入ったそうです。

上のお兄ちゃんとお姉ちゃんのことは、後から知りました。どうやって知ったのかは覚えていないけど、ぼくがまだ幼児の時、施設の運動会に来てくれたと職員に聞き、それからは時々行き来があります。一番上のお兄ちゃんは、ぼくが生まれる時にはもう結婚していて、今は近くに住んでいます。

施設での思い出は特にありません。毎年、特に変わったこともないです。施設にいることで困ったりしたことも特にないです。学校の友だちも、ぼくが施設にいることで意地悪や嫌がらせをしたりすることもありません。少し前、施設の中学生の子が地元の商店で万引きしたとき、「晃は絶対そういうことをしんで心配ないな」と友だちに言われて嬉しかったです。

思い出

思い出というのはあまりありませんが、保育園の年長の時に職員と一緒に神社に七五三のお参りに行きました。どこにあったのかわからないけど、お参りして飴をもらいました。将来の目標とかはまだわかりませんが、とにかく高校に入りたいです。高校は重要だと思います。

ぼくは親のことはあまり知りません。小さい頃は、お母さんが会いに来てくれても返事ができなかったそうです。少しずつ会う機会を増やして慣れていったという話や、お母さんやお父さんと一緒に暮らしていたお兄ちゃんたちのことを、施設にいたお兄ちゃんや職員から聞きました。お父さんのことは職員も「わからない」と言い、ぼくも知りません。お母さんにお父さんのことを聞いたことはありませんが、なんか聞きにくいし、あまり気になりません。

将来はお母さんと暮らすのではなく、就職して寮やアパートで暮らしたいです。お母さんは血圧が高い病気だから、一緒に暮らすとお金のことなど全部ぼくの負担になりそうだからいやです。

親子の関係を維持させていくこと

杉井恵美（職員）

母親は晃君を出産した当時、児童相談所（現子ども相談センター）で、「二年の間に生活を立て直して、施設に入所している子どもたちと一緒に晃を引き取りたい」と言っていた。母親は乳児院に時々面会に来たり、施設に移ってからも時々来園されたが、自らすすんで晃君と関わることはあまりなかった。そのため晃君もあまりなつかず、会うたびに大泣きして近寄ることができなかった。

この頃、晃君は母親より里親さんとの関わりを好み、里親宅には喜んで外泊していた。母親は、晃君の他にも八人の子どもがおり、子どもには慣れていると思われたが、晃君への愛情が薄いのか、母親は晃君が身体に触れてくると晃君を叱責した。そのため、職員は母親に晃君の様子を細かく話し、晃君に関心をもってもらえるように対応した。

面会は他の子どもたちを含めた関わりからはじめ、一対一の関わりへと移し、時間も晃君の様子に合わせて延長し、園内の面会から外出・外泊へと協力してもらい関係をつくっていった。しかし、晃君にこの頃の記憶はなく、職員の話のみの記憶となっている。母親の晃君への態度の原因は、誰の子かわからないまま母親自身が望んでもいないのに妊娠してしまったからだったのかもしれない。現在は、母親宅に盆・正月に帰省をするようになった。しかし、母親は施設にいた次女と同居に近い形で行き来しており、晃君も母親に会うというよりは、次女や兄と会うことを楽しみに外泊しにいくようだ。

また、晃君にとって、母親のよく変わる男性関係も、母親に対して素直に好感がもてない要因の一つになっているようだ。晃君は作文に「お父さんのことは気にならない」と書いているが、この作文を書くにあたっても「ぼくのお父さんって、前一緒に暮らしていた田中さん?」とか、「ぼくが一年生の時にいた木村さん?」と聞いているので、関心が無いわけではないだろう。

性格的にはどちらかというと内向的で室内遊びを好むが、学年が上がるにつれ、戸外の活動への参加を更にしぶるようになった。施設のように集団生活をしている夏休み等は、キャンプや海水浴といったアウトドア行事がメインとなる。参加しないことはないが「できれば行きたくない」としぶる。

その反面、映画や本屋への誘いには喜んでいく。そのために小遣いを貯めて楽しみにするほどだ。思い出を聞いてもなにも浮かばない様子で、「キャンプあったね。ソフトボール大会もあったね」と、思い出を促しても、「あったかな? 楽しくないし……」で終わってしまう。神社への七五三参りの話も「なにかあったかな?」と長い時間考えて、職員が「お参りは?」と問いかけてやっと「あったな~」と出てくる程だった。

将来の希望も、「高校進学かな?」というぐらいで漠然としている。中学卒業と高校卒業では職業選択の幅も違うということも話し、高校進学を促している。一五歳で社会に出ることが悪いわけではないが、もっと社会性や力を身につけてからの退所が望ましいということも話している。まだ将来的な設計は立っていないが、中学二年生としてはこの程度かなと思われる。

　この作文をお願いすることで、自分たちを施設に入れた母親への恨みや苦情が出てくるかと心配したが、晃君自身はあまりこだわっている様子もなく、書いているときも「次、なに書けばいいの?」とあっさりしていた。親に対する苦情がない分、愛情も少ないように感じられる。しかし、「親がいる」「帰省する場所がある」という安心感はあるようだ。

　乳児院からの措置変更だけでなく、小さい頃に行われる一般家庭からの入所や他施設からの措置変更に関して、入所理由や親の話等はとても難しい問題だ。親が生存しているのなら尚更難しく、将来的に親子の関係を維持させていくためにも、施設側だけの問題として捉えるのではなく親の事情を汲んでいく必要もあり、親と話すタイミングは大切で慎重に運ぶべき課題だと思われる。

自分の生きてきた歴史を綴ることの意味

加藤俊二（日本福祉大学教員）

晃君の作文と職員コメントを幾度も読み返してみた。すると、私の脳裏に、かつて関わりをもった隆君（※当時中学二年生）が蘇ってきた。彼は「母のこと」という作文で、次のように綴っていた。

「ぼくがこのまえの夏休みのおばあちゃんのところにかえったときにきいたはなしですが、弟が生まれてすぐお母さんは買い物にいくといって家をでたまま家にかえらず、ぼくたちをおいてどこかへいったとおばあさんはいうけど、ぼくはまだ小さかったので、そういうことをいわれてもぜんぜんわかりませんが、もう少しくわしくお母さんのことを知りたいとおもいます……」（原文のまま）

そこで、当時、私は隆君と一緒に、児童記録票や施設の記録を辿り、また、担当の児童福祉司さんに入所当時の様子を尋ね、生い立ちや母親の足跡を追ってみた。

若い頃の母は、一七歳でＦ県からＩ県Ｉ市の織物工場に就職。しかし二年後に倒産したため、パチンコ店員になった。そこで父親と知り合い、姉、兄、隆君、弟を出生。その後、働かない父親と離別し、兄弟四人は施設に入所したのである。私たちを驚かせたのは、施設の記録の綴りのなかに、当時、施設の先生に宛てた母親の手紙を発見したことである。

〈母（当時二五歳）の手紙〉

鈴木先生へ（※施設の担当職員）

前略。取り急ぎ御免下さい。今ひろこ（※姉）を連れて近くまで来ましたが、どうしても中（※施設のこと）に入ることができなくて、F県の方へ帰ってしまいました。いろいろお話して帰りたかったのですが、私としてはどうすることもできません。耕介さん（※同居の男性）とも別れて一人で働いて居ますが、こちらでも子どもづれではできません。鉄工は今月の一〇日にやめました。

これから一人でまた仕事をみつけて、一生懸命働きます。私もどこにもたよる所なし、相談する人もなく、これから先どうして良いか分かりません。でも家の方（※F県のこと）へいって少しの間居るつもりです。勝手なことばかり言って申し分け有りません。子どものことよろしくお願いします。須藤さん（※児童福祉司）にもよろしくお伝えくださいませ。少しのお金ですが何かのたしにしてくださいませ。

貴子（※母親）

施設の近くまで来た母親は、どうしても施設の中へ入ることができず、ひろこ（隆君の姉）に荷物と手紙をもたせ、門の中へひろこを追いやった。ひろこは当時六歳。隆君と一緒に日本地図を見ながら、F県を探した。隆君、ひとこと「かあさん、転々としていたんだなあ……」。そして「卒業したら一度会ってみたい。いっしょに住む気はないが……」と。

幼少の頃から自らの意思とは無関係に自分の人生を切断され、施設生活を余儀なく続けた隆君の「ぼくの生い立ち—自分が生まれ、今の一四歳になるまでどんな生活をしてきたか」は、ワラ半紙一〇枚に及ぶ長大なドラマだった。それは、ズタズタに切断され空白のままの人生の一コマ一コマを自分の記憶を辿りながら、また施設の記録や関係者からの聞き取りをとおして掘り起こし、繋ぎ合わせ、幾度も綴り直しながらの大変な作業だったが……。

施設の子どもが自分の生い立ちを綴ることは、時には思い出したくないようなつらく苦しい大変な仕事である。というのは、自分の意思とは無関係に、父母の離婚、欠損、疾病、行方不明、そして施設生活等、幼い人生をズタズタに切り裂かれ、翻弄されてきたつらい体験のなかで、常にビクビク、オドオドしながら、かろうじて自分の身を守りながら生きてきたのだから。

彼らの多くは、幼少期から自分自身を大切にする体験、自分の生活を大切にしてもらう体験が少なく、またそういう支えの乏しい生活のなかで育ってきている。そして周りから差別され、邪魔者、厄介者扱いにされ、それを自分自身のなかにネガティブな自己像として強化している。したがって、施設の子どもたちが、そういう〝自分が生きてきた歴史＝自分史〟を掘り起こし、空白を埋め、綴るということは、今までのつらかった人生と対峙しこれからの〝自らの人生〟へ思いにはせ、人間の本当の値打ちをおとなたちと共同で模索していく作業のなかで生まれてくるものといえよう。

その共同作業は大変大きな仕事である。しかし、大切な仕事である。なぜならば、この子どもたちは、彼らの生きてきた歴史の重みを三、四行でしか表現できないそんな生き方ではなかったはずだから。字がへたでも、うまく表現できなくても、生きてきた彼らの歴史はいわゆる「健全な両親」をもつ子どもたちの歴史にない日本の現代史のなかで、小さなからだをもってつらさと怒り、悲しみと願いを、人間の本当の値打ちをつかもうとしているはずだから。私はこの三〇余年間、多くのこうした子どもたちに出会い、子どもたちと一緒に自分の生活を綴る作業をしてきた。

隆君たちの時代は高度経済成長期の七〇年代からオイルショック、バブルの崩壊後の長期の不況の九〇年代の児童養護問題であった。映画『誰も知らない』（※是枝裕和監督作品二〇〇四年）はその典型的な家族崩壊を描いている。そういう時代をとおして見えてきたのは、一九九〇年代から二〇〇〇年代の今日の長期にわたる社会的・経済的不況が所得格差と新たな貧困等社会的格差をもたらし、いっそうの国民生活の困難さのなかで生みだされた家族崩壊と児童養護問題であり、それは一九七〇、一九八〇年代以上に深刻なものといえる。

この子どもたちの小さないのちは、家族や自分たちを翻弄させたそういう時代と社会を告発しているし、人間の尊厳と連帯へのいのちがけのねがいを燃えあがらせて自分の生活を綴っている。まさに晃君の「ぼくの生い立ち」もその一つだと、私は信ずる。したがって、大変だがこうした児童と私たちおとなの共同の作業は、彼らのなかに「自分の生きてきた歴史―自分史」を発見し、自らの手中に獲得し、これからの人生を作り上げていくうえで大切な仕事であるといえよう。それは、自分だけのドラマでなく、必然的に母親や父親、兄や弟たちの生活と歴史を含めた家族史のドラマでもあり、友だちや施設の職員たちなど周りの人々との生活、社会へと目を向けた生活史のドラマとして発展していくのだから。

晃君のこれからの成長を期待したい。

一緒に幸せになりたい

榊原舞子（中一・女子）

舞子が誕生した後、両親は離婚し、母親は実家に戻った。母親は舞子を託児所に預けてスナックで働いていたが、徐々に実家に戻らなくなり、舞子の養育は祖父母に任せきりになった。そのうち母親は覚せい剤に手を染め、一九九六（平成八）年に、覚せい剤取締法違反で逮捕された。執行猶予がつき、再び実家で生活するようになるが、母親は舞子を連れて実家を出て、覚せい剤の関係と思われる知り合いと同居した。

一九九九（平成一一）年、祖父が児童相談所に来所し、一カ月ほど一時保護となる。翌年、再び母親は覚せい剤取締法違反で逮捕され、舞子は大阪の母の姉の家に引き取られたが、長期の養育は難しく、二〇〇一（平成一三）年より児童養護施設（以下、施設）に入所となった。

ママが牢屋に入ったから、施設で生活するようになった。六歳頃、お祖父ちゃんに連れられ一時保護所に行き、泣いて別れたのを覚えている。明日迎えに来るからと置いていかれた。次の日になってもお祖父ちゃんは来てくれないので、泣いて毎日を過ごした。しばらくしてお祖父ちゃんが面会に来て、また泣いて、別れ際、離れないように泣き叫んだが、児童相談所の職員さんに泣いてばかりではいけないと叱られ、泣きやんだ。

小学三年生の頃、アパートの玄関近くの階段で、ママが注射しているところを見たこともあった。最後の一回と言ったので信じていたのに、嘘をついて、覚せい剤を繰り返していた。注射器が落ちていたのを見つけて、それを投げたこともあった。これで一本注射器がなくなると思った。

ママが牢屋に入る前の休みの日に、遊園地に行こうと言われた。ママが警察から最後の思い出に行ってもいいと言われたから。レモン（※飼っていた猫）を預けると聞いて悲しかったのを覚えている。

小さい頃はなぜここで生活しているのか、理由がわからなかった。ママから手紙が送られてきたけど、毎回白い封筒（※刑務所からの手紙のため）なのはなんでなんと思っていた。ママが病院にいると聞かされたのは二回目に捕まった時まで。三回目は理由がわかっていた。他の子には、ママは入院していると言った。警察に捕まるなんて一番あかんことだから、ママが一番あかんと思ったから、他の子には知られたくなかった。他の子の親は育てられなくても面会をしてくれたのに、自分は面会もしてもらえなかった。他の子のママが、手紙の住所からママと同じ刑務所にいるとわかった時は、少し安心した。同じ子がいると思って。でも他の子に話したりはしない。

施設生活を振り返って思うこと

ストレスがたまって、人や物に自分のイライラをぶつけてしまった。いやな気持ち（※帰れない気持ち）をどうやって発散していいかわからず、年下に八つ当たりしたり、職員に反抗してしまった。反抗している時も後になってからも、それは良くないこととわかっていても、なぜか、そんな言葉しか出なかったり、素直に謝罪できなかったりした。前から入所していた大きい子にいじめを受けたこともあり、いやでも怖くていうことを聞いていたこともあり、そんなストレスもあった。

担当職員の思い出は、鈴木さん、やさしい人で安心した。入所時にスリッパを出してくれてうれしかった。佐藤さん、おもしろかった。よく気がついてくれた。笑いを作ってくれた。自分のダメなところを話して、勇気づけてくれた。鈴木さん、また担当かと思った。やさしかったが、細かいところまでいうようになった。小平さん、落ち込んでいる時に手をさしのべてくれた。

入所している時は、施設にいることを隠してほしかった。小学生の時は、学校で知っている子は知っているし、人に言いふらすこともなかったので、そのままで良かった。けど、中学校に入って、他の小学校から集まってきた子には知られたくないと思った。先生に施設から通学していることを他の子に言われた時は、先生もいやになった。職員は、隠してくれていた。

退所が決まるまでは、誰にも知られたくないと思っていたが、退所が決まってからは、以前より隠す気持ちが薄らいで、ここにいたのは当然であり、いなければならなかったと思えるようになった。ここにいなかったら今の自分はいなかっただろうと思うので、感謝している。社会に出て、自分からここにいたと言うことはないだろうが、他人に聞かれれば、ここにいたとはっきり答えられると思えるようになった。隠す必要はないと思えるようになった。

将来の希望（夢）

フリーターやバイトはいや。定職に就きたい。芸能関係の仕事がしてみたい。高校は、今は西高校、がんばって南高校（※進学校）に行きたい。お祖母ちゃんが行っていたから。ママの家から冬期講習に行って、勉強がよくわかるようになり、これからも塾に通うことにした。勉強をして目標をもって進学したい。おとなになったら、自分の考えや意見が言える人になりたい。自分はママのようにはなりたくないので、体に悪いことはしたくない。

健康でいたい。自分は絶対にママのようなことはしないと思っている。誘惑に負けないでちゃんとしたおとなになれるだろうか。なりたい。

今あらためて親を思う気持ち

ママは、今も前も大好きである。同居人のいることは以前は大反対であったが、今は同居人のおかげでママが変り、私の退所の話も進んだと思っている。

ママが、考えること、言うことを変えてくれた。以前ママはすぐにキレて、学校のこととかあんまり話を聞いてくれなかった。そういった面で変えてくれたと思う。ママ自身も自分のことを抑えているからすごいと思う。傷（※注射の痕）が見えていても、今はしてないからいいやろと見せられるようになった。小学校の六年生の時は、ママは夏でも長袖を着て隠していた。

ママと暮らすようになってから、パパのことが気になるようになった。ママから電話帳にパパが働いている会社が載っていると聞いたので、電話をかけた。お祖父ちゃん（※父方祖父）が出た。自分の名前を言って「わかる？」って聞いたら、「わからんな」と言われたが、お祖母ちゃん（※父方祖母）が出て、泣いて「元気やったか、大きくなったな」と言われた。お兄ちゃんに代わって、「おまえのお兄ちゃんやで。一緒に四人で住んでいたこともあった」と言われた。自分は覚えてなかったけど、ママから聞いた。

パパとしゃべりたくて、どうすればいいかと聞いた。パパは再婚して子どももいる。家に電話をかけてパパの奥さんが出たらなんかあれやで、携帯の番号を聞いて、パパと話したいならこっちにかければいいと思った。

学校から帰ってきたらメールが来ていて、「元気やったか」と書いてあった。「元気やけど、誰ですか」と聞いたら、「今会うのは難しいけど元気でよかった。中学一年になったけど、部活がんばっているか。パパ」と返事がきた。パパは、私が今どこに住んでいるか、家がどこかわからなくて小学校に聞きにいった。住民票を見て施設にいるとわかったが、会わせてくれなかったと言った。

パパに自分の写メールを送った。パパも送ってくれた。ママからもパパ似だと言われていたけど、写真をみても自分はパパ似だと思った。「中学校三年間、パパも応援しているから、学校、部活がんばれよ」と言ってくれた。ママが違うから、パパの子は兄弟と思いたくないけど、パパと話せただけでうれしかった。

パパとママの間のことはよくわからないけど、離婚さえしなければ自分が施設に入所することもなく、長い施設生活をしいられることもなかったと思うので、パパとママには離婚してほしくなかった。パパは、ママが捕まったことを何も知らなかった。ママはきっちりしている人やで、別れなかったなら普通の生活をしていた。離れることもなかったと思う。

ママは、お祖父ちゃんが育てたから自分はこんなふうになったと言う。ママは自分の悪かったところをお祖父ちゃんのせいにする。二人はケンカすることもあるけど、ママがいないところでお祖父ちゃんは、ママはなんだかんだいってもかわいいと思っていると言っていた。ママは仕事のこととかをお祖父ちゃんにごちゃごちゃ言われて嫌だと怒ることもあるが、お祖父ちゃんがこんなふうに言っていたと伝えると笑って怒る。

一緒に幸せになりたい。普通の家庭をもちたい。みんなでがんばっていきたいと思う。

施設の将来、そして要望

親のない子、親がいても育てられない子、親が育ててくれない子のために、施設は必要だと思う。人とのつながりと大切さ、命の大切さを教えてくれる施設としてあってほしい。なくしたら絶対いけない。一人では生きていけないから。二〇歳までおらしてよ。一八歳までやけど、その後の二年間も大切やと思う。おとなになるまでと思う。働ける年やでいいとも思うけど。

職員に対して言いたいこと、施設に対して、職員に対しての要望

今まで支えてくれてありがとう。自分にはママもパパもちゃんといるのに職員が親代わりというのはいやだったけど、今はそう思える。そうやって言ってくれたのがうれしい。かけてくれる言葉がうれしかった。

入所している時は、何もかもがいやだった。今だから言える話だが、何がいやって、全部いや。ことごとく反抗したかった。今思うと、おとなぶってみたりとかしていた。ここにおる子には、自分が先に退所したから言いにくいけど、みんなに感謝しなさいと言いたい。生まれたことだけでも感謝しなって。住んでいるとこなんか関係ない。言われたことをやらないといけないのはあたりまえ。遊びたいのもわかるが、家におっても言われることは同じ。掃除も洗濯もしなくてはいけない。ここにおるからというわけではない。

施設では、いろんなことが経験できる。人生いろいろやし、いろんなことを経験した方が良いと思う。ボランティアさんが来てくれるし、家ではそんなことはないけど、ここにおる分、楽しんでやっていこう。乗り越えたらいい。ポジティブにやっていこう。

葛藤はあっただろうが伝わってくる母への理解

鈴木義彦（職員）

施設での生活の様子

小学校高学年の時、ピアノなど興味のあることに進んで挑戦していく。小学校の卒業式には、ピアノの伴奏を弾く。料理や裁縫などの家庭的分野が得意。ませているところがあり、異性にも興味・関心があり、施設の男児に告白し、交換日記をしたり、無断で外出したりすることがあった。女児との遊びのなかでも、学校ごっこや施設ごっこなどのごっこ遊びをするときは、きまって先生や職員の役で他児を仕切っていた。年下の児童に命令したり、圧力をかけるときもあった。自分の思いどおりにならないと頑として譲らず、他人の意見を聞こうとせず、素直に謝れないときもあった。学校では、施設での生活態度とは全く反対で、優等生として自分の意見を出し、班をまとめていた。

中学校入学後、バレー部に入る。中学校の友だちに施設に入所していることを知られたくないと言い、友だちには母は仕事で京都に住んでいるから、今は祖父宅に住んでいるなど嘘を言うことが多くなった。目標にしている高校があったため、勉強は熱心に取り組んでいた。学校も朝早く出かけ、下校後も友だちの家に遊びに行き、施設には門限ギリギリに帰ってくる生活が続いた。一人部屋となり、居室で過ごすことが多くなった。家庭復帰の話が進むにつれ、本児の気持ちも落ち着いてきたように思える。施設を退所できるということが気持ちの安定に繋がったようで、他児との関わりも増えてきた。

家庭復帰までの経過

母は二〇〇三（平成一五）年五月に出所してから、今の同居人（※性同一性障害の女性）である友人宅に身を寄せ、京都で仕事をしていた。何らかの資格を取るとがんばっていたが、体調もあまり優れず、時々病院にかかっていたようである。母は、児童相談所との面談に出席しないことが度々あったが、舞子から「早く帰ってきて一緒にB市で住もう」という連絡は頻繁にあったようで、舞子の京都への外泊もこの友人宅で度々行われるようになった。

この間に、この友人が母子間に大きな存在となっていった。この友人のおかげで、京都からB市への引越・仕事探しなど生活の基盤をB市に置くことができたといっても過言ではないと思う。母子間で揉め事があった時でもこの同居人が母子二人の意見をよく聞いてくれ、また母子に同じように意見してくれるようになり、この家族の中で相談役になってくれたり、まとめ役になってくれたりしたことで、一気に家庭復帰が進んだように思う。

舞子もこの同居人には、母のことでも学校のことでも勉強のことでも何でも相談できるようになったと話す。母と同居人との関係に関しては、舞子の心のなかではいろいろ葛藤はあったであろうが、母と同居人が共に支え合っているという関係を理解していることが伝わってくる。

舞子への聞き取りから感じたこと

養育環境が不安定であるにも関わらず、自分の境遇を舞子なりに理解し受け止めており、基本的には母親、祖父母の愛情は伝わっており、情緒の安定につながっていると思われる。ただ、おとなの都合でまた振り回されてきたことが、子どもらしい感情を蝕んできたように思える。家族の出会いや別れを舞子なりに整理しており小さいながらも理解できている。

母と同居人に関しては、一応の理解はしているものの、二人の仲がどうなるかによって舞子の精神的な安定は得られないと思うが、それも気持ちのもち方。生活の慣れのなかでいろいろと問題が出てくるとぶつかりはあると思うが、今後の成長をかげながら見守っていきたい。

居場所と子どもの育ち

小川英彦（愛知教育大学教員）

担当職員が「舞子への聞き取りから感じたこと」で述べられているように、このケースは養育環境の不安定がベースにあると読み取れる。舞子さんの誕生後に両親が離婚、本児は託児所に預けられるものの母親からの養育ではなく、祖父母に任せきりの状態になる。

母親本人は覚せい剤に手を染め三回の逮捕の間、本児は一時保護、母姉宅、そして施設入所となり転々と環境を変えざるをえなくなっている。

その居場所のなさが、小学校高学年から中学校にかけての思春期の心の揺れになっている。本児は人や物に自分のイライラをぶつけてしまったり、年下に辛くあたったり職員に反抗したりと述懐しているように問題行動となっているととらえられる。換言すれば、居場所が見つからないままで、子どもらしい感情を育ちにくくさせ、おとなの都合が優先されたことにより育ちそびれが起こったとも理解できよう。

それでは居場所とはどのようにとらえたらよいのであろうか。ここでは、物理的な空間という意味合いだけではなく、心理的な価値が付与された用語であることに注目したい。つまり、自分を生き生きと表現できる場所、苦しい時にいつも安心していられる場所、自己の存在感を実感でき、精神的に安心していることのできる場所とでもいえるのではなかろうか。総じて「心の拠り所」と置き換えて理解することもできよう。

人間の発達過程においては、たとえば自己を形成していくには「心の拠り所」が必要であると言及される。さらに、まわりの人々に対する信頼感を形成していく過程ではこの信頼感を十分にもつことによって精神的に安定して生活できると主張される。だから、指導者にとっては、この子どもとの信頼関係を築き、「心の基地」となるような存在としての役割が求められることになる。

筆者は、このケースにおける舞子さんの心の揺れから、居場所には二つの面があるのではないかと考えさせられた。すなわち、一つは、現実から逃げ出し立ち止まって心の安定をはかる場としての居場所（※逃げ場としての居場所）を求める面で、もう一つは、自立していく場としての居場所（※自己発揮としての居場所）を求める面である。舞子さんの思い出で語られているように、前者については、「ママが注射しているところを見たこともあった」のでその注射器を投げたことである。後者については、施設に入所して複数の職員との思い出、家族間の相談役になってくれた同居人との出会いである。

子どもの発達していくプロセスでは、ときにはショックを受けて精神的に傷つくことは避けられないことであろう。その傷ついた子どもにとって逃げ場としての居場所は、その傷を癒し、回復するために必要である。しかしながら、このような逃げ場としての居場所にいつまでもいることが子どもにとって真に良好な環境とはいえないのではないか。逃げてばかりいては自己を発揮して生き生きと生活することはできないのは当然のことである。そのために前者の居場所とともに後者の居場所も必要なのである。

つまり、逃げ場としての居場所と自己発揮としての居場所が人間の発達する道筋においては、全く別途に機能するのではなく、ときには前者へ、またときには後者へと互いに行き来できることが必要になってくると考えられる。子どものなかでこの両者の対応、往復できるような援助が指導者には求められていると考えられる。子どもの側からいえば、逃げ場がありながら自己発揮の場を求めていくことであって、それは、施設の職員や周囲の仲間・おとなたちに支えられて可能となるのである。

そしてここでは、居場所は他者との関係性によって築かれていくものであることを注目しておきたい。生活上の困難に直面したとき、自分を受け止めてくれる人、励ましとアドバイスをしてくれる人、ともに喜びあって共感してくれる人の存在である。この関係を築くには時間がかかったり労力が費やされたりするものである。しかし、日々の生活をともにする職員はじっくりと関係づくりをするしかない。このケースの担当職員が記述している「共に支えあっているという関係」が指導の成果となってあらわれることを各地の実践に期待したい。

現代社会においては、家庭や地域の教育力が弱まり、人間同士がお互いにかかわる場が減少して、子育てをめぐっては〝孤立化〟が叫ばれる時代になってきている。こうした状況のなかで、その対応として子育て支援が強調されるようになった。それは、わが子をどのように養育したらよいかに戸惑いをもつ保護者へのサポートである。私たちはこのような社会だからこそ、関係としての居場所をとらえなおすことで、子どもたちをめぐる今日的な問題に取り組み、その解決の糸口を見出していくことが必要だと思われる。

ところで、このケースは小学校高学年から中学校にかけて施設に入所したのであるが、この時期の子どもの育ちの特徴をまとめてみたい。同時期とはそれまでの幼児期の自他の未分化な自己中心的な存在から、客観的な社会や集団の中に自分を位置づけた存在へと移行する時期に相当する。他者との人間的な共感によって結ばれた社会的な存在への移行期とでもいえよう。周囲の仲間・おとなたちと活動するなかで、どのような人間関係をつくりあげていくのかということが、子どもたちの重大な関心事となっている。特に友情についての観念が形作られていくことに特徴があろう。とともに、周りの人間を手本とし、自己を見直し、新しい相互の人間関係が生じてくる時期に相当するのである。

以上のようなこの時期の発達を成し遂げさせるために、居場所の確保とかかわって、「仲間」「空間」「時間」の三間の保障をしたいものである。先述したように今日的な社会状況においては、三間を著しく制約され、その集団的な活動を貧困なものにさせられてしまっていることがけっこうある。かつて、「仲間からきりはなされたひとりひとりの子どもたちは凡庸で活気のない存在だが、何人かの子どもたちがムレをつくると、とたんに彼らは輝かしい光を放ちはじめる」（深谷昌志・深谷和子『遊びと勉強』、一九七六年、中公新書）といわれたように、子どもたちは仲間といっしょに活動できるときに、自由で創造的な存在でありえ、人間的な成長を実現しえるのである。この主張から三〇年余が経過した今日でも仲間・おとなとの活動によって、自律への糸口をつかむはずには違いないのである。

最後に、このケースで舞子さんが「人とのつながりの大切さ」などの声を今後の施設のあり方として投げかけてくれている。私たちには、この声を真摯に受け止めて、「発達は要求から出発する」という前提に立って、周りの働きかけのもとで眼前の子どもの要求実現をしていく課題が残されているととらえられる。学校教育の側では今日「特別なニーズ教育」（ＳＮＥ）が称されるようになってきている。ここでは障害、被虐待、不登校、引きこもりなど社会の主流からはずれ取り残されがちな子どもを対象にしてニーズに適合した内容と方法の確立がめざされている。福祉と教育の場において特別な支援を必要とする子どもへのサポートをいっそう構築していかねばならない時代に直面している。

それでもお母さん、嫌いではないよ

近藤隆志（中三・男子）
※まとめ　渡辺真理子

　隆志は、親から適切な養育がされていないネグレクトが認められたため、二歳二カ月のときに児童養護施設（以下、施設）に入所した。

　寒い中、母子二人はブラウス一枚の薄着で、母親は覇気のない表情、隆志は食事をほとんど与えられず、二歳にしては体が小さく、無表情だったという。隆志はおもちゃを与えられず、環境不良のため軽度の発達の遅れがあった。また、外出する機会も与えられず、歩行も不十分だった。当時の記録には、六カ月で体重七・四六キロ、身長六六・五センチ、一歳一カ月で体重九キロ、身長七一センチ、一歳六カ月で体重九・五五キロ、身長七八センチとあり、成長の伸びが悪いことがわかる。

　母親は隆志が発達のどの段階なのか、彼とどう接していいのかがわからず疲れていた。

隆志は中学三年生です。自分の力で作文を書き上げることができればと思いましたが、今の彼には難しいこともわかっていました。受験のための勉強時間を確保することもありますが、彼が自分の過去、現在さらに未来を自分の言葉で表現することがいかに難しいかということです。そこで、私が聞き取りをしてまとめることにしました。

見本としていただいた『三一年間私の歩んだ人生』という施設卒園者の書かれた文章を彼に渡しました。彼はとても真剣な表情で読みはじめました。「隆志くんとこういうのを書こうと思うんだけど、どう?」と聞くと、「いいよ」と答えてくれました。それまでは何度も断られ続けていたので、あまりにあっさりと引き受けてくれたことに驚きました。

五回にわたる彼の今までを振り返る話し合いが始まりました。話し合いといっても、彼の返答は、「知らん」「覚えてない」「考えたことない」が多く、彼の言葉はきわめて少ないのです。しかし、じっくり話をするいい機会になっていると感じ、話し合いを続けました。

施設での思い出

施設に入所した隆志は、当初は一〇数名の幼児グループ(※二歳から小学校就学前まで)に、その後は、学童グループ(※小学生から一八歳まで)に在籍しました。当時の隆志をみていた職員に彼の様子を聞いてみると、幼児の頃は食事を与えられていなかった反動でとてもよく食べ、身体がまんまると大きくなったと話していました。学童の頃は、感情表現や自己表現が苦手で、職員への子どもらしい要求も少なかったそうです。しかし、職員からかわいがられていたそうです。

まず彼に、施設に来た時のこと、そしてそこでの思い出について聞いてみました。

「施設に来た時のことを覚えている?」

「一二年前の六月だよ。誰かに聞いた。同じ頃に来たおとな（※職員）がいたんだって」

「その時のこと、何か覚えている?」

「まったく覚えてない」

「幼児のグループにいた時のことは覚えている?」

「あんまり覚えてない。桜ちゃん、茜ちゃん、真澄ちゃん、太一くんとかいたなぁ」

「じゃあ、学童グループの時のことは覚えている?」

「知らん」

「いろんな職員の人たちと過ごしてきたけど、何か思い出とかある?　こんな人だったなぁとかある?」

「だれに対しても、どんな人かなんて考えたことない」

「いつも何していた?」

「いつもゲームしてた。だって、何もすることなかったし」

それ以外にもいろいろ質問をしましたが、ほとんどの答えが「知らん」「覚えてない」「考えたことない」でした。もちろん、彼の入所は二歳なので記憶はほとんどないでしょう。また、これまでの彼の様子からして、多くを語ることは予想していませんでした。私は、彼のこうした答え方に彼の今までの生き方を感じました。彼は、物事に対してきわめて受動的です。そのように過ごす彼には、思い出はたくさんあっても、とり立てて話すことは見つからなかったのでしょう。

しかし、数日後、彼はアルバムを私に見せてくれました。職員や他の子どもたちの顔を見ては、「この写真、おもしろい顔してるよねぇ」「これは、遊園地に行った時のだよ」と、嬉しそうに語ってくれました。施設でのさまざまな行事がしっかりと彼の中に残っていることと、写真の多さから彼が職員に大切に育てられてきたことがわかりました。

他児との関わり

彼が小学校高学年のころ、同じ学童のグループで生活をしている中学三年生の翔太くんが、他児を巻き込んでさまざまな方法でおとなを困らせた時がありました。年下の子を連れて夜中に施設を抜け出したり、年下の子たちに暴力を振るったりしました。職員も、さまざまな方法でその子と関わりましたが、なかなかその子の状況は変わりませんでした。そして、その年下の子どもたちのなかに隆志くんもいました。その時のことについて聞いてみました。

「あの頃、一緒に行動することは多かった？」

「俺はあんまりなかったよ。誠くんや卓也くんの方が多かったよ」

「一緒に行動していたのはどうして？」

「うーん」

「楽しかった？」

「ううん」

「翔太くんが怖かったから、断れなかった？」

「ううん。断るのがめんどうだったかなぁ」

「何かいやだなぁと思ったことはあった？」

「夜中に俺のゲームを翔太くんと誠くんと卓也くんが勝手に使ってたことがよくあった」

「怒ったりした？」

「ううん。別に言えばいいのにって思ってた」

「暴れたりした翔太くんの気持ちはわかる？」

「ううん。わからん」

　話をしていて、私はもっと当時のことに怒り、翔太くんへの嫌な思いを言葉にするかと思いましたが、そのような強い感情は見られませんでした。本人が意識的にしているわけではないでしょうが、目の前で起こったことに対して、自分と関係づけるということをしないでいるように思えました。たくさんの子どもたちがいる施設で小さい時から育っている彼にとって、こうしたことはよくあることだったのかもしれません。施設では、さまざまな理由をもった子どもたちが暮らしています。子ども同士でいい関係を結べる時も多くあるのですが、よくない関係になってしまうこともしばしばです。職員も子ども同士の関係に充分な目配りを求められるのが、現状です。

地域小規模施設での思い出

四年前の中学校入学の時に、彼は、施設が新設した地域小規模児童養護施設（以下、地域小規模施設）に移ることになりました。グループホームとは施設の分園です。異動理由は、自己表現が苦手で、年上の子たちに囲まれてあまり自分らしさを発揮できていなかった彼には、少人数のグループホームが向いているのではないかと考えられたからです。現在グループホームには、彼以外に五人の子どもと三人の職員がいます。職員が三人といっても、三人が交代勤務をしているので、基本的に職員は一人で勤務しています。そうしたなか、彼は何事にも冷静で、職員の心の支えとなってくれています。また、よくお笑い芸人のモノマネをしては、他の子どもたちや職員を笑わせてくれています。夕食を一人で七人分作ってくれたことも何度かありました。たのもしくもあり、ユーモアのある彼の本質がここでは発揮されるようになったのです。

私は四年前に彼と出会いました。そして、地域小規模施設に私も彼と一緒に移りました。この三年間、彼は私にとってより近い存在となりました。

そんな彼に、地域小規模施設に移ることになった時のことについて聞いてみました。

「メンバー六人のうちの一人に選ばれた時はどう思った？」

「うーん」

「行ってもいいかなと思った？」

「うん」

「来てよかったと思う？」

「うん。来たから、今の自分がいるしね」

「地域小規模施設に来てからの生活のなかで、何か覚えていることとある？」

「入学式のこと覚えているよ」

と、彼は中学校入学式の出来事を話し始めました。

私と彼は、小学校と中学校の間で時間を決めて待ち合わせをしていました。しかし、私は小学校の始業式に長く出ていて、待ち合わせの時間に行くことができなかったのです。さらに待ち合わせ場所に時計がなく、困った末、彼は初めて

行く中学校に一人で行くことになったのです。二人で思い出して、また笑ってしまいました。

「中学生になって、いろんなことができるようになったけど、何がある？」

「うーん」

「料理は？　自信あるでしょ？」

「うん。俺の料理をばかにしちゃいかんよ。貧乏料理だからね」

お腹がすいて、創作料理をしたことを思い出しました。そうめんを焼肉のたれで炒めるという料理でしたが、意外とおいしかったことを覚えています。

「そして、勉強もがんばっているよね？」

「そんなことないよ。成績は二つあがったけどね。ま、三年だからがんばらなきゃとは思ってるよ」

彼は、地域小規模施設に引っ越しするのと同時に、一人で新しい中学校に通うことになりました。今思うと、不安は大きかったと思います。地域小規模施設は、良くも悪くも自分で動かなければならない場面が多くあります。自主的に動くことが苦手だった彼ですが、次第に自分で何かをするようになってきました。一人で出かけたり、料理をしたりするようになりました。また、自ら学習する姿も見られるようになりました。話をしていて、その過程を振り返りながら彼の成長を実感しました。

どうして施設にいるのか

二歳の時から施設で生活をしている彼ですが、どうしてここにいるのかについて聞いてみました。

「隆志くんは、どこで生まれたのか知っている？」

「うん。S市」

「S市に住んでいた時のこと覚えている？」

「ううん」

「どうして施設で生活することになったのか知っている？」

「知らない」

「今まで、どうしてなのかと考えたことある？」

「あるよ」

「いつ頃？」

「小学校高学年くらいかなぁ」

「どうして施設で生活することになったのか、知りたい？」

「うん」

そこで、入所の経緯を彼に話しました。そして、入所してから二年間程の当時の担当者が記述した記録も見せました。なぜこの記録を見せたかというと、今でこそ、彼と母との関係は希薄ですが、当時は週に一度、自宅から遠くはなれた施設まで母が面会に来ていたのです。記録の中には、「早く隆志と一緒に暮らしたい」「隆志と会えるのを楽しみにしていた」などの言葉がありました。一緒に暮らせるようにと、母が職員と料理の練習をしていたことや、誕生日に自転車をプレゼントしてくれていたことなども書かれていました。

私が話している間、彼は真剣な表情で聞いていました。

「聞いてみて、どう思った？」

「どうって……どうも思わないよ。自転車もらったのは覚えてるけど」

彼は、話を聞いても大きく反応することはありませんでしたが、話はしっかりと聞いていてくれました。

母への思い、そして父への思い

母親について聞いてみました。

「お母さんのことが嫌いになったことはある？」

「ううん」

「じゃあ、お母さんのことは好き？」

「はぁ？（とはにかみながら）嫌いではないよ」

「今までお母さんのせいで自分が施設にいるんだと、憎く思ったことはないの？」

「そんなこと思ったことないよ。だってどうして（施設に）いるのかなんて知らんかったし」

「お母さんはどんな人だと思う？」

「わからん」

「小さい時からずっとお盆と年末年始は帰省していたのに、小学校六年の冬から帰省しなくなったのはどうして？」

「（お母さんの家に）行っても何もすることがないから、帰りたくなかった」

「お母さんが迎えに来てくれたけど、泣いて帰らなかったんだよね？」

「だって、何日も前から俺は帰りたくないって言ってたんだよ」

「お母さんに悪いなぁとは思った？」

「うん」

「帰省していた頃は、家で何してたの？」

「何もしてないよ。だから、テレビ見たり、ゲームしたりしてた」

「お母さんと話したりするの？」

「ううん、話さない」

「どこかに出かけたりするの？」

「ううん、出かけないよ」

「ご飯は？」

「作ってくれてたよ」

「その後も、何度かお母さんと会ってはいるけど、どんなこと話した？」

「話してないよ。いつも仲介人がいるからね、直接は話してない」

「仲介人って？」

「おとな（※職員）といるからさ」

次に、父親について聞いてみました。彼は父親に会ったことはありません。父親の情報は、彼の母子手帳に書かれた名前と生年月日のみです。母子手帳を見ては、「お母さんと年が離れてるよね？　今はもうおじいちゃんじゃない？」と話していました。

「お父さんについて考えることはある？」

「考えたりはしないよ」

「会えるなら、会ってみたいとは思う？」

「うん、会えるなら」

小さい頃から施設で育った彼には、両親に多くを期待することも、憎しみをもつこともできないでいるように感じました。母と父の存在をどのように受け入れるか、またどのように関係をもっていくのかは彼にとって難しいことなのだとも感じました。話し合いの数日後に彼は一冊のアルバムを見せてくれました。「ほら」と言いながら、たくさんの母の写真も見せてくれました。「嫌いではないよ」という彼の言葉が、彼の母への思いを言い当てていると感じました。彼にとって母はたった一人しかいなくて、そのことは受け入れているのだと思いました。

現在・そして未来への思い

彼は現在中学三年生で、公立高校をめざして受験勉強をしています。そうした彼に、現在とこれからについて聞いてみました。


「高校に行きたい？」

「うん」

「どうして行きたいと思うようになったの？」

「うーん」

「就職はしたくないから？　それとも高校行くのは当たり前だと思ったから？」

「あとのほうかな」

「私は商業科を勧めていたけど、自分で普通科の進学を選んだよね。それはどうして？」

「うーん」

「大学に行きたいから？　将来の就職が絞られたくないから？」

「あとのほうかな」

「これで受験が終わったら、高校生になるけど、不安なことはある？」

「ないよ。まだなったことないし、わかんないかな」

「将来の夢はある？」

「ない」

「大学や専門学校に行きたい？」

「うーん」

「もし行けたら行きたい？」

「うん」

「就職するならどういうことがしたい？」

「さぁ。わからん」

「施設にいる頃、調理の仕事とか勧められたって言っていたけど、どう？」

「嫌いじゃないけど、まだわからん」

「結婚はしたい？」

「遠い未来だからわからん」


具体的にまだ考えていないようでした。しかし、日頃の生活の中では、「きちんとお金が稼げるようになりたいなぁ」と話す場面もありました。また、地域小規模施設で共に生活している高校三年生の女の子が専門学校に進学するのですが、彼は彼女の様子をみてい

て進学してみたいとも話していました。具体的ではないのですが、少しずつ自分で自分の未来を見つめるようになってきたと感じています。

施設について

施設で生活する彼にとって、困ったことやこれから不安なことはあるか、これからの施設をどう思うかについて聞いてみました。


「施設にいるから困ったことはある?」

「うーん」

「私が担当で困ったことはあるんじゃない?」

「あー、真理子ねえ(※筆者の呼び名)が学校に来ると、『あの人だれ?』って聞かれるからね」

「なんて答えるの?」

「知らんって言う」

「中学校では自分が施設で暮らしていることは友だちに話しているの?」

「だれにも話してないよ。だれもそんなに聞いてこないし」

「小学校の頃はどうだった?」

「小学校のときは施設にいたから、施設の子は学校にたくさんいたからね。言わなくても、みんな知ってたよ」

「施設を出てからどんなことに困ると思う？」

「特にない。あ、お金のことは心配かな。俺んちもお金無いしね。（母が）働いてないから」

「他にはある？　仕事やっていけるかなぁとかは？」

「ない」

「施設を出て、会社などで施設で暮らしていたことは隠す？」

「聞かれたら話すよ。聞かれんかったら、別に話さないけど」

「これから先も、隆志くんと同じように施設で暮らす子どもたちは居続けてしまうかもしれないんだけど、何か、こうなったらいいのにと思うことはある？」

「ない。そんなこと考えたりしないもん」

施設に対していやな思いはないようでした。しかし、職員との年齢が開いていない場合は、保護者として職員が学校などへ行くと、不自然さを感じさせてしまうことがよくあります。「授業参観には来ないで」とか、「懇談会は遅い時間にして」などとよく言われます。当たり前の感情だと思います。施設で暮らすということを恥じているのではなく、説明に困るのでしょう。隆志くんだけでなく、「あの人がお母さん？」と聞かれて困っている子どもたちはよく見ます。職員と入所児という関係が彼らにはどう消化されているのでしょうか。

話し合いを終えて

私は彼の気持ちをもう少し彼の言葉にして聞きたかったです。しかし十分、言葉にすることはできませんでした。しかし、得たものは大きかったように思います。一つは、彼が自分の未来を見つめ始めていることがわかったことです。過去の話をしている時より、未来の話をしている時の彼の方が生き生きとした表情だったのです。私は、安心しました。もう一つは、彼の言葉は多く聞けませんでしたが、私の話を彼に聞いてもらうことができました。彼がここにいる理由、母が彼を思ってくれていたこと、職員が一生懸命彼のことを考えていることなどです。彼が聞いてくれた話は、すぐには彼には意味をもたないかもしれませんが、しかし必ず後の人生で思い出されるでしょうし、何かそのことが大事なことになってくれると思います。

隆志くんへのメッセージ

私が初めて彼に会ったのは、彼が小学校五年生、私が大学四年生の時でした。私が他の子の学習ボランティアで施設に通っていた頃、よく邪魔をしに顔を出していました。まだ背も小さく、いつもニコニコ笑って、ウロウロしていたのを覚えています。施設にいる頃は、私は他のグループの担当をしていました。そのため、彼は私に甘えることもなく、だからといって困らせることもない子でした。たくさんの子どもたちが暮らしているため、

「ぼくが先！」と言わない、言えない彼は、どうしても何事も後になってしまいがちでした。

地域小規模施設での生活がスタートした時、数カ月で彼の意外な面を見ました。まず何より、彼はおもしろいのです。夜も更けてくると、彼はイキイキと芸人のものまねをしたり、おもしろい話をしたりします。変な踊りを踊っていることもありました。職員一人勤務で、おとなのいない生活が始まった私には、彼と話す夜のひと時がとても楽しみでした。次に、彼はいつでも冷静に周りを見ることができます。子どもとぶつかっては悩む私に、「今はほっとけって」「ああいいながら、真理子ねえに甘えたいだけだって」など、数々の助言をくれました。その言葉に何度も救われました。また、彼は素直に相手の話を聞くことができます。彼と今までたくさん話をしてきました。彼はいろいろな話に耳を傾けてくれました。

そして、彼のいいところが分かったからこそ、課題も見えてきました。一つは、おもしろい面を周りに知ってもらうために、彼にもっと人間関係を作ってほしいということです。地域小規模施設では「おもしろいお兄さん」ですが、学校などではまだその面を隠しています。これからまだたくさんの人たちと出会っていきます。その時に少しでも彼が自分らしく周りと付き合っていけるようになってほしいと思っています。

もう一つは、彼はたくさんの良い面をもっているのに、自分に自信がなく、何事もあきらめてしまう面があります。「どうせできんし」と、彼はよく言います。決してそんなことはありません。彼は今、人生の一つの山である進路、受験に対峙しています。時に、気持ちが集中できなかったり、思ったようにできなかったり、結果を出せなかったりすることは誰にでもあります。彼もそんな時はありますが、少しずつ「やってみよう」と思えているのではないかと感じます。それは、彼ががんばって少しずつできる自分をみることができたからです。中学三年生の一学期の中間テストで社会の点数が良かった時、彼はとてもよい表情をしていました。がんばってみたから、あの表情ができたのです。これは、勉強・受験だけの話ではありません。

これから先、人生には踏ん張ってやってみなくてはならない時がたくさんあると思います。隆志くんはやればできます。それを忘れずにいてほしいと、私は思います。中学校の担任の先生は懇談会でこう言いました。

「隆志くんにとって、進路は他の子に比べたら大変かもしれない。けど、他の中学三年生はまだ考えてもいない自立を考えながら進路と向き合っている隆志くんは、みんなより一歩進んでいるんだよ」

そのとおりだと思います。自信をもってほしいのです。

彼がカレンダーに書かれたある言葉を見て、「俺はこれがいいかな」と言った言葉がありました。

「現在に全力を尽くそう　過去はもうない　未来はまだない」

素敵な言葉です。母のもとに生まれ、理由があって彼は施設、分園の地域小規模施設にいます。今回過去を知ったことにより、過去は過去として大切にしてほしいと思います。しかし、現在を大事にする気持ちを忘れないでください。いつも口うるさい私ですが、隆志くんに対してこんなことを思っている私を知っていてほしいと思います。隆志くんを見ていると、私もまだまだ踏ん張って生きていかなきゃと思います。ともに学ばせてもらっているのだと思っています。いつもありがとう。

おわりに

「子どもの作文集」を通して、はじめに掲げたことが達成できたのかはわかりませんが、一緒に大切なことを考える機会をもつことができました。隆志くんに伝えたいことを文章にして残すこともできました。そして、読んでくださった方が今施設で生活をしている子どもたちのことを少しでも理解してくださるきっかけになればとも思います。施設で暮らす子どもたちは、確かに複雑な過去をもっています。しかし、乗り越えていかなくてはならない課題は皆と一緒だと思うのです。自分の良い面・悪い面を見つ

めて、山を乗り越えていくことです。その手助けをしながら、私自身も乗り越えているのだと思います。

彼らの生活の基盤である施設は、まだまだ足りない部分が多くあります。子どもに対する職員配置も少なく、金銭的にも余裕はない施設です。しかし、たくさんの地域の方に助けていただいている施設でもあります。読んでくださった方が、少しでも興味をもってくださることが、子どもたちと施設の助けになるのだと思っています。

真摯に向き合う職員の姿

渡辺顕一郎（日本福祉大学教員）

ある施設で生活する隆志君、そして施設職員として彼と生活をともにする渡辺さんの書かれた文書を拝読して、私は大変心を動かされました。そこには隆志君の生き様だけでなく、彼の人生に真摯に向き合う職員の姿が記されていました。

若くして多くの困難を経験しながら、誰かを恨むことなく、自分を傷つけることもなく、その事実をありのままに受け入れようとする隆志君。過去に振り回されず、今を一生懸命に生きようと努力する隆志君の姿が、文章中には誠実に表現されていました。「現在に全力を尽くそう　過去はもうない　未来はまだない」本当に素敵な言葉です。私は隆志君からみれば四〇代半ばの〝おじさん〟ですが、人として生きる上で彼の姿勢から貴重な示唆を得たように思います。

また、隆志君の人生に向き合い、彼にかかわることによって自分自身も支えられ、学びを得ていることに感謝の気持ちを抱く職員の姿には、隆志君に対する敬意すら感じられます。「人を支える」という関係には、子ども／おとな、職員／利用者という立場を超えて、限りなく相手を尊重することが根底にあることを改めて教えてくれました。私自身が隆志君と渡辺さんに感謝を申し上げなくてはなりません。

他方、文章中には明確に表現されてはいませんが、その行間からは、施設の生活のなかだけでも書ききれないほどの問題や課題があり、子どもたちだけでなく職員も悩みや葛藤を抱くことがあると推測されます。そのような意味で、この文書を単に〝回顧録〟としてとらえることは適切ではありませんし、ましてや〝同情〟という薄っぺらな感情で受け止めることはできません。施設で生活する子どもたちが背負わされているもの、そしてその重荷を少しでも軽くしながら、残された重荷を彼らが生きる糧に転じていくために何ができるのかを、私たち一人ひとりが見つめ直さなくてはならないと思います。

施設での生活を余儀なくされる子どもたちの多くは、家族のきずなや、家庭という生活基盤が脆弱な状況に置かれています。私は大学で児童福祉を教えていますが、授業の中で学生たちに次のように問いかけています。

「君たちの身に何があっても、どのような困難が起っても、決して自分を見放さないと思える人がいますか？　もしそう思える人がいるのなら、それはとても幸せなことです」

私自身は学生時代にとある病気で長期入院を余儀なくされた時、仕事の合間に毎日欠かさず片道三キロの道のりを歩いて世話をしに来てくれた母親の姿を見て、初めて家族への感謝の気持ちを意識しました。恥ずかしながら私はそれまで、家族がいて、愛されていることに気づくことなく、当たり前のようにその幸福を享受していました。親子で言い合いになったり、きょうだい喧嘩をして家族を「疎ましい」と思うことはあっても、心から感謝することはありませんでした。

家族とは、空気のような存在で、いつも身近にある人にとってはその価値が見えにくくなります。しかし、施設で生活している多くの子どもたちには〝帰る場所〟や、ありのままの〝私〟を常に受け止めてくれる拠り所がありません。隆志君が大舎制施設の分園である地域小規模施設に移ってからは、少人数のアットホームな環境の中で、きっと家庭のような居心地の良さを感じるようになったのではないかと思います。渡辺さんは「いつも口うるさい私」と書いていますが、それは通常の家庭生活の中では当たり前のように繰り返される日常場面の一つです。むしろ、文書からあふれ出るように伝わってくる隆志君への思いや、彼の生き様から自分自身が励みや学びを得ていることへの感謝の気持ちがある限り、彼も渡辺さんから多くの学びを得ていると信じています。

施設と家庭との違い、それは隆志のような状況に置かれている子どもたちにとって、施設は一生涯の〝帰る場所〟にはなり得ないということです。親子関係やきょうだい関係は一生続くものですが、施設として彼の人生に寄り添うことができるのは原則一八歳までです。自分の母親を「嫌いではない」と表現する隆志君の本当の思いは推測の域を出ませんが、きっと彼自身の中でもまとまりきれていないように思います。そのような隆志君にとって、今回の文書をまとめる作業は、自分の人生を振り返り、自身の気持ちを整理することにつながったのではないでしょうか。

隆志君に限らず、施設で生活する子どもたちにとって、家庭で生活していた時期を含めて過去を見つめ直すことは容易ではありません。そこには、不安、緊張、恐怖、悲嘆、怒り、無力感などの感情が秘められている場合があり、治りかけた傷口を開いてしまうようなリスクがあるからです。しかし、過去に封印をして、忌まわしい記憶として心の奥深くに閉じ込めてしまうことが望ましいとも思えません。なぜならば、今を一生懸命に生きるためには、今の自分を肯定的に受け止め、自分自身の力を信じることが必要だと思うからです。

過去と現在が連続体でつながっている以上、つらかったこと、大変だったことも含めて、過去の経験があって今があること、そこから自分が学びとったものに気づくことが、子どもたちの自己尊厳を高めるのだと考えます。子どもたちに無理を強いることなく、自分の人生を見つめ直すための方法を、私も現場の職員と一緒になって考える必要があると思いました。

いつか隆志君には、彼の母親も自分の人生の中で多くの困難を抱え、その時には子育てに向き合う余裕がなかったことに気づいてもらえればと願っています。私自身が子育て中の親の一人としてこの文書を読む時、隆志君の母親はきっと子どもを手放したくなかったし、彼を愛していたのだと思えてなりません。親を思いやる気持ちを明確に意識できるようになった時、隆志君は社会人としてだけでなく、家庭人として人生を歩む準備が整うように思います。いつか隆志君が人生の伴侶を得て、自分の子どもたちをもち、家族に対して愛情と感謝の気持ちを豊かに注ぐことができる父親になってほしいと心から願っています。

一歩進むのに長い時間がかかっても

田中　愛（高一・女子）

愛が幼稚園の年中だった時に、母は薬物を使用していた実父の所に愛を置き去りにして出て行ったことがあった。愛が中学二年の時にも、再び愛を置いて出て行った。母親がいなくなってからは食べることにも苦労し、中学三年の時に児童養護施設（以下、施設）に入所することになった。

施設に入所する前は、父、母、兄、私、妹の五人家族で五階建てのマンションに住んでいました。五人家族……。今、考えると家族といえるのか分かりません。父は、私が四年生の時に母が再婚した年の若い人です。どちらかというと兄といった方がいいと思える人です。それに私はあの人のことを父親なんて思ったことは一度もないです。今では母についても親とは思っていません。母は、私が幼稚園の年中だった時に、薬物に手をつけていた実父の所に私を置き去りにして出て行ったこともありました。この話は小学校五年生ぐらいの時に聞いた話だったけれど、その時はまだ母親のことが大好きで大事に思っていたので、気持ち的に余裕がありました。でも今は、私の家族は兄だけだと思っています。

母親は私が中学二年の時、また私を置き去りにしました。母親がいなくなってからの生活は大変で、毎日の食べるものが無くて学校の先生にご飯を食べに連れて行ってもらったり、魚の缶詰を買ってきてもらったり、児童相談所の人に助けてもらってすごしました。でも最終的には施設に入所することになってしまいました。

私は、現在高校一年の一六歳です。施設に入所してから約二年が経ちます。中学卒業と高校入学とこの約二年間にたくさんのことがありました。そのたくさんのこととともに学校生活のなかでの変化もありましたし、施設のなかで人に対する見方や考え方の変化もありました。

最初の壁

施設に入所した当時は、家族と急に離れて暮らすことになった不安や人への不信で、部屋から出るのが怖くて仕方がありませんでした。当時は自分のことで本当に精一杯でした。そんななかで一番大変だったのは食事の時間です。学童の子だけで三五人のなかで食事をともにしなければならないのは、私にはとても難しい問題でした。家にいた時の長い期間の不登校、外に出ない生活が約三五人という数のなかでの生活を困難にさせました。

不登校、引きこもりをしていたのは親とかは関係なく自分からの行動でした。ですが、少しずつ職員の方々の協力があったことでがんばることができました。ここで自分にとって辛くならない人数を理解することができました。私が安定していられる人数は一〇人未満！ すばらしいほど少ない人数、この人数で分かるように、これでは普通の学校生活は送れませんでした。そこで中学生活では特殊学級で勉強していました。毎日好きなように授業の時間割を自分でたてて先生と一対一で勉強して、最初は英語の授業でローマ字の勉強をし、数学では約分から通分までをやりました。この中学三年生の一年間で高校受験が出来るレベルまでもっていくことが目標でした。

多分、反抗期の時期

私は一五、六歳の時期に施設に入所しました。その頃はいつものように苛立っていて施設のセラピストさんと話していました。セラピストさんは週に一度、本人が望めば誰にも口外しないと約束して話を聞いてくれました。苛立ちをなんとか収めようとしたり、理由は並べれば出てはくるけれど、その時はなんだかよく分からない気持ちがたくさんありました。今となってはこれが世間でいわれる反抗期なのかなぁと思います。けれど施設の先生にも言えない苛立ちがそのままになることはなく一人の信頼をおいている人に話ができたことはとても自分の心のゆとりになっていたと思います。

こういうことを考えていると、昔、ある一時保護所の先生が言ったこんな言葉が思い出されます。

「人は思わぬところで重荷になってしまうようなことを背負うことが起きてしまうかもしれない。そんな時、その荷物を隣にいるだれかに預けたり、そのだれかに声をかけるのはあなた自身。そしてその荷物を最後にどうするかを決めるのもあなただから」

この言葉は、私の頑固な気持ちをいつもちょっと甘えさせてくれ、時には気を引き締めさせ現実から逃げてはいけないことを自覚させてくれるものでした。

自分と施設の先生との境界線

私のなかで施設の先生は近い存在のようで遠い存在。勤務時間に来て時間通りに帰っていく。実際、時間通りに帰ることのない人がほとんどだけれど、帰らないからといって嬉しいとは限らないです。それは先生たちも生活があるから。もし私たちが先生たちを引きとめたりしていれば、だれかが悲しい寂しい思いをすることになります。家族があるということはそういうことなのだと思います。

私は知り合いにはなれるけど、それ以上家族みたいな関係には何年かけてもなることはできないと思っています。そしてそこで一本の線を引いてしまうことで、自分自身を納得させることができます。どんな言葉を先生たちから聞いたとしても、私は本気にはしない。こうすることで二度目の納得のできない別れはないと信じています。

何十年後かのことと、自分の家族のこと

現在、最初に書いたように公立高校に通っていますが、卒業後のことはこれから考えていくつもりです。今では母と兄の居場所も連絡先も分かっているのでいつでも会うこともできます。兄とは今まで何度か会っているのですが、母親とは自分の考えで会うべきではないと思っているので今は会ってはいません。だけど自分の気持ちが固まったら、いつになるか分からないけれど会って話をして、自分の思っていることの全部を話そうと思っています。

将来に関する考えについて、今のところ具体的に就職したいとか進学したいとか、はっきりとした考えはないけど、こういうおとな、社会人になりたいなぁという思いがあります。こんな書き方だと漠然とした感じがしてしまうかもしれないけど、私にはこれが生きていくことに対して大事なことなのではないかと思っています。それは、自分の可能性を信じて行動をすること。ここまでで良いとか、自分にはできないとそこで諦めてしまうのではなくて、一歩が凄く長い時間がかかることで辛いことだとしても、やり遂げようとし

なければいけないと考えています。人のせいには決してしないで自分がどうありたいかをきちんと自分のなかに置いて目の前の出来事に一生懸命取り組み、親がどうしようも無いとかそんなの関係なく自分は自分の力でここまできたんだって、一〇年後でも二〇年後でも思える時が来るようにしたいです。

ゆっくりと自分史や家族史を振り返りながら

八木洋次郎（職員）

愛さんが施設に入所することになったのは、中学二年生の三月でした。母親が継父と離婚し、母子家庭のなかでの母親の家出。三人兄妹の一番下の妹は継父が引き取ることになり、残された兄妹で、元継父からもらっていた一日五〇〇円の食事代でインスタントラーメンを買ったり、中学校の先生から食事に連れて行ってもらったりする状況で生活をすることになりました。母親は帰ってくることはなく、兄妹とも一時保護所に保護されることになりました。そして愛さんは施設に入所することになり、一つ上の兄は一時保護所で仕事を探し、なんとか寮付きの仕事を見つけ就職することができました。

愛さんが施設に入所したばかりの頃は、作文にも書かれていますが、親子分離したことによる不安や新しい人間関係に対する不安、そして愛さんが入所した施設は五〇人規模の子どもたちが一つ屋根の下で生活している大舎制なので、日常的に多くの子どもたちと関わり合うことがあり、ずっと不登校であった愛さんにとっては、それもまた不安を高める要素になっていました。さらに母親に対する葛藤も抱えていましたので、今の生活に慣れるまで長い時間が必要でした。このように心に余裕のない状態でしたので、トラブルがあったりするとリストカットすることもあり、その傷跡が日に日に増していた時期でもありました。

中学校生活の方は、「普通に登校できるようにする」と、本人も目標を掲げてはいましたが、三〇数人がいる普通クラスに入れば「息苦しい……」といい、そこで授業を受けることができず、特殊学級で授業を受けることになりました。愛さんの気持ちをよく理解してくれていた先生の個別授業で、遅れていた学業を一生懸命取り戻そうとする姿が見られました。施設の生活も学校生活も、がんばり続けている生活はやはり心理的に負担が大きく、時々休憩をするような場所として適応指導教室を利用しながら中学三年生の一年間を過ごしていました。

そしてなんとか公立高校に入学することになりました。高校生になってからは、それまでにがんばっていた経験が自信に変わり、見違える程の変化がありました。高校には毎日登校して、普通クラスで勉強し、部活動にも入り、今は朝の練習から夕方まで部活動に励み、施設の生活内でも趣味の写真を撮っては新聞社に投稿したり、ギターの練習をしては施設祭で大勢の前で発表したりと、活動的に過ごすようになりました。このように高校生になってから目覚ましい成長をみせていますが、心配材料が全くなくなったわけではなく、作文のなかにも書かれていますが、自分の将来像だったり、自分なりの目標をもちながら、ゆっくりと自分史や家族史も振り返りながら、しっかりとした自己が形成されるように今後も成長してほしいと願っています。

相談できる「居場所」を見つけたことは自立への大きな力

伊藤貴啓（名古屋芸術大学教員）

自分の言葉で短く語った「生い立ち」からは、幼少期から養護問題を抱えた家庭のなかで、同じ境遇に置かれた兄と手を取り合って過してきた苦しさや悲しさが溢れている。言葉に表すことさえできない切ない思いが、行間からひしひしと伝わってくる。

見守っていてほしい、寄り添っていてほしい、大好きだった母親から見捨てられたこと、父とは呼びたくない若い継父との生活、薬物依存症の実父の存在、わずかなお金しか与えられずに食欲を満たそうとしても満たされなかったことなど、児童相談所に一時保護されるまで、喪失感や自己否定感を背負い、自尊感情が育つことはとても困難な状況だったといわざるを得ない。また、多感な年頃になってからの一時保護所への入所は、たとえ養護問題を抱えた家庭からの救出であったにしても、大きなショックであったと思われる。しかし、職員からの言葉を心に刻むことができたのは、彼女の生きていこうとする力の賜物だったのではないだろうか。

子どもからおとなへと成長する人格形成の重要な時期に、施設入所という経験をし、大勢の子どもたちと一緒に暮らすことになり、自分を見つめることを通して、「居場所のなさ」や喪失感・自己否定感を改めて認識しなければならないことになった辛い思いも綴られている。しかし、一時保護所での職員の言葉と、施設で見守ってくれる・寄り添ってくれる職員と出会ったことと、自分や自分の過去と向きあいながら過した二年間の歳月の中で、自立しようとする力が確実に彼女の中に育ってきているように思われる。

施設の担当職員のコメントには、彼女の抱えた想いをどう施設での暮らしのなかで受けとめてきたのか詳細な記述はいないが、大勢のなかで暮らすことに悩み、不登校から脱却するために毎日登校しようという目標、自身の辛さを受けとめたり表現できない苦しさ、さまざまなプレッシャーや過去の重荷からのリストカットなどを、担当職員が共通の生活課題・発達課題として受けとめ、一緒に克服していこうとする姿勢、彼女を見守っていこうとする姿勢があることが垣間見られるように思う。

だからこそ、彼女が、施設の職員を通して「家族」を見ようとすることが可能となっているのだと思うし、職員とは一線を画したい、話しかけられる言葉を本気にはしないなどという表現もあるけれど、そのような素直な気持ちを出してもいいという安心感を、施設の暮らしのなかで感じているからだろう。

「こうしなさい」「こうすべきだ」などという押しつけ的で、管理的な集団生活ではなく、一人ひとりが主人公となれる実践を目指す施設での（職員を含めた）仲間との暮らしがあるからこそ、彼女には居場所ができ、彼女自身が自分を過去を見つめられ、彼女が生きていくこれからをどうするか考えられるのではないかと思う。

「人のせいには決してしないで自分がどうありたいかをきちんと自分のなかに置いて目の前の出来事に一生懸命取り組み、親がどうしようも無いとかそんなの関係なく自分は自分の力でここまできたんだって、一〇年後でも二〇年後でも思える時が来るように」としめくくった彼女の想い。「自分の将来像だったり、自分なりの目標をもちながら、ゆっくりと自分史や家族史も振り返りながら、しっかりとした自己が形成されるように今後も成長してほしいと願っています」という担当職員の見守っていこうとする想い。この二つの想いが重なって、彼女が焦らずに自身の力で自立していくこと、そして、そのような想いが重なる暮らしを通して、彼女には自立していく力を、担当職員には子どもを支える力を、さらに育てていってほしいと願っている。

彼女が社会人となって「家庭」をもつまでには、まだまだ時間を要するだろう。自立するまでも、自立したあとも、辛いこと、苦しいこと、悲しいことはあるかもしれない。いつかは、「母親」となって子育てに奮闘する日々も訪れることだろう。その時にさえも、まだまださまざまなことで悩み苦しむかもしれない。でも、幸せを感じるひとときは、きっとどんどん増えていくと思う。一時保護される前の自分、施設に入所した頃の想い、高校に入学を果たして今を生きている自分、この二年間だけでも大きく成長しているのを感じる。だから、これからも成長していく可能性は無限大であるといえるし、幸せを感じることが増えていくことは想像に難くない。何よりも、今の施設の暮らしのなかで、施設や学校での仲間や職員と自力で築いた絆があるから、何かあった時には、気持ちを素直に出せたり、相談できる「居場所」を見つけたと思うし、兄との絆、母への想い、「家庭」に対する想いが、きっとこれからの彼女の自立に大きな力を与えてくれると思う。

生きる意味

吉田直美（高三・女子）

直美は、児童養護施設（以下、施設）に二度入所した。一度目は五、六歳の頃だったが、小さい頃の出来事であったため覚えていないという。二度目は一二歳の頃。親からの虐待が原因で入所となった。


人生とは何だろう……。

私は何のために生きているのだろう……。

私が存在している意味は……。

一九年間生きてきた私が抱えてきた疑問です。人は生きている間、さまざまな疑問を抱え、解決しながら生きてる。でも、自分に対する疑問は抱えたまま……。私は、一九年間いろいろな体験をしてきました。痛いこと、辛いこと、悲しいこと、嬉しいこと、楽しいこと……。そのなかで深まった疑問が、最初に述べた一文です。

どうでしょう？ この問題に答えを出すことができる人はいるでしょうか。私は……、出さない方が幸せかもしれないと思います。じゃあ、なんで疑問に思うのか……。そう思うなら考えなければいいのに……。そうじゃないのです。なぜなら、そういう疑問をもつことに意味があると、私は思うからです。では、なぜそんな疑問をもったのかということですよね。それは、私が生きてきた時間のなかに、答えがあると思います。

ここからは、私の生きてきた一九年間について、少しずつ触れていきたいと思います。

祐樹さんとともに過ごした記憶

施設を出たのは、年長（六歳）の頃でした。その時に、見たことのない祐樹さんがトラックで迎えに来たことを、今でもよく覚えています。施設を出て、初めての我が家は、近くに祠のあるアパートでした。私たちがいたずらをすると、いつも祠《ほこら》に連れていかれて、「おばけがでるぞ！」と脅されていました。そこに、家族四人で暮らしていました。その一年間は、とても幸せな時間でした。祐樹さんのことも、本当の父だと信じ、慕っていました。

一年が経ち、私が小学校に上がる頃、借家に引っ越しました。その家に引っ越して、少

しの間は幸せでした。しかし、ある日を境に、幸福な生活は不幸な生活に変わっていきました。

身体的虐待

私が弟と遊んでいた時のことです。父はいつも通り六時頃に帰宅しました。私たちは父が帰ってきたことに気づき、あわてて後片づけをはじめたのですが、父は作業服姿で子ども部屋に入ってきて、「なんだ！　このきたねぇ部屋は！」と怒鳴り、私たちを見るなり、「さっさと片づけろ！　あとで俺のところへ来い！」と言って出て行きました。

部屋を片づけ終えて父の隣に行くと、父は私たちに「尻を出せ」と言いました。なぜか分からず、オドオドしていると、母が「さっさとしなさい!!」と言うので、しぶしぶ四つんばいになってお尻を父の方へ向けました。

「ベチンッ！」という音とともに、お尻に今まで経験したことのない激痛が走りました。父が、私たちのお尻を布団たたきの持つところで思いきり叩いたのです。当然、私たちは大泣きしました。でも、父は泣いても止めてくれませんでした。むしろ、泣けば泣くほど何度も何度も叩かれるのでした。父の怒りが収まり、部屋に戻ってきてもお尻はヒリヒリ痛み、お風呂に入ったらすごくしみて、ミミズ腫れやアザがたくさんできていました。

その日以来、私たちはさまざまな理由で、毎日のように布団たたきやハエたたきで殴られました。特に、弟は私よりひどく殴られていました。たぶん、私は女の子ということもあり、あまりひどく殴られることはなかったのですが、それでも青アザやミミズ腫れは当たり前でした。

一方、弟はものすごい勢いで泣くので、父の暴力はなおさらエスカレートし、ほぼ、楽しみにもなっていたようにみえました。頭がグニョグニョになるまで殴られたり、お風呂で虐待されて、心臓が止まったこともありました。私は、弟の悲鳴を毎晩毎晩聞きながら、布団に入って震えていました。

「弟が死んでしまう……」

そんな恐怖感に怯えながら……。

次の朝、弟が隣でちゃんと息をして寝ていることが、どんなに安心だったか……。本当に、私も弟も、心身ともにズタボロでした。

母から受けた虐待

でも、私たちを虐待したのは、父だけではありません。母も、私たちを虐待した張本人です。もちろん実の母です。

聞いたところによると、父と母は、はじめは仲が良かったみたいです。でも、だんだん仲がもつれて、母はほぼ家政婦扱いだったみたいです。時間が経つにつれ、父と母のケンカはエスカレートしていきました。ケンカといっても、母が一方的に攻撃を受けていたみたいですが。ひどい時は、殴り合いから刃物が出てきたこともあります。父の膝が、刃物で叩くように切られて、パックリと開いたこともありました。たしか、母が裁縫用の糸と針で縫い合わせていた記憶があります。その他にも、父方の母とケンカになり、私たちの前でリストカットして、かなり深く切れたのか、血がピューと噴き出したこともありました。研いだばかりの包丁だったので、切れ味が良かったのかもしれません。さすがに、血を見たときは驚きました。未だに、トラウマとして私の心に残っています。

母は、ケンカの八つ当たりを私たちに向けてきました。殴る、蹴るは当たり前、髪の毛を引っ張ったり、時にはアイスピックで刺されたり、包丁で手の甲を切られたこともありました。あの時は殺されると思っていましたから、必死で母の手を押さえていました。押さえていなかったら殺されていたかもしれません。でも、手の甲は切られてしまいました。

いろんな罵声も飛ばされました。

「お前なんていなければいい」

「お前なんか死んじまえ!!」

「お前は私の子じゃない。橋の下で拾ってきたんだ」

一応、母と私は血がつながっていますが、そのような言葉をあびせられていました。全部言ったらキリがありません。どの言葉も、一言ひとこと私の心に傷として刻み込まれています。でも、弟はあまり母からの暴力などは受けませんでした。母から少し聞いたことがあるのですが、実は、父は男の子だけが欲しかったらしく、弟を気に入っていたそうです。父は実の娘にだまされたことがあるらしく、女の子はいらなかったみたいです。なので、私は弟のついでに引き取られたようなものだそうで（というか、その通りなのですが……）、父に好かれませんでした。まぁ、それでも生きていくことはできましたから、どうでもいいのですけれど。ただ、そのせいで私が一方的に母の八つ当たりを受けていたのですから、少なからず恨みはありますね。父にも母にも。

こんな体験があります。夜、寝ていた時のことです。何かの気配を感じて目が覚めました。すると、母が、私の上に体重をかけずに、静かに座っていました。なぜか、母の手が私の首にかけてあるのです。

「何かな？」

幼い私は、「何か楽しいことでも起こるのかな」と思いました。それに、首がくすぐったくて、遊んでくれているのかと思いました。しかし、そのわりには、徐々に母の手に力が入ってきます。だんだん苦しくなってきて……。そのあとの記憶はありません。今思えば、母は私を殺そうとしていたのでしょう。でも、殺すことができなかったのは、母のなかに少しでも母親としての心が残っていたからなのかなと思っています。

性的虐待

祐樹さんからは、暴力だけでなく、性的虐待も受けていました。主に、お風呂で虐待されていました。たとえば、胸を吸われる、父の股の上に座らされるなどです。最後までされたことはないですが、立派な虐待だと思います。

祐樹さんとは六年くらい一緒に過ごしました。父か母のどちらかに五〇〇万円の借金が見つかり、離婚することになりました。その後、母は隆史さんと一緒になり、ともに暮らすことになりました。隆史さんに暴力をされたことはありませんが、性的虐待を受けました。私が五年生の頃のことです。隆史さんが風邪をひいて布団で寝ていました。その部屋にはテレビとコタツがあったので、私はその部屋でテレビを見ていたのですが、そのうち眠くなり寝てしまいました。すると、お尻のあたりでモゾモゾ手の感触が……。だんだんと前に行こうとするので危険だと思い、離れようとその場を立つと、いきなり押し倒されました。これはまずいなぁと思い、殴ってなんとか逃げました。隆史さんに押し倒されたことは、二回あります。その他、卑猥な言葉を発したりして、私は大変気持ちの悪い思いをしました。

心理的虐待

このように、身体的虐待、性的虐待を受けてきた私ですが、虐待には精神的なものもつきものなのでしょうか、精神的な虐待も受けていました。それは、両親だけではありません。原因は両親のせいでしょうが、学校でいじめにあっていました。あまり他人のせいにしてはいけないと思いますが。

私はもともと変わっていたので、多少、からかわれたりはしていました。しかし、祐樹さんと一緒に暮らしていた時はあまりからかわれることはなかったのですが、母が祐樹さんと離婚して隆史さんと暮らすようになってからは悲惨でした。

母はほとんど洗濯もせず、掃除も食事の支度もまったくしなくなりました。ごくたまに、焼きそばやインスタントラーメン、それにちょっとした炒めものや揚げものを作る程度でした。服は、ある程度変えていましたが、洗濯していないのでいつも異臭を放っていました。靴下も履かずに靴を履いていたので、足もとても臭いました。お風呂もあまり入らず、体臭はとてもきつかったと思います。

部屋の掃除もしないので、部屋の中はゴミだらけ。服が散乱し、異臭を放っている。そんな中で、私たちは生活していました。もちろん、そんな生活をしているうえに異臭を放っているので、誰も私たちに近寄ろうとはしませんでした。それどころか私に対して「おい、生足!」「くせーぞ!」とからかったり、私が近くに来るだけで大げさに距離をとったり、無視したり、机を離したり、菌移しをしたり……。

「なんで、私ばかり……」

大きくなるにつれて、私の疑問と孤独感は深まるばかり……。友だちがいなかったわけではないのですが、心から信用できるような親友は、間違いなくいませんでした。もちろん、そんな私に自分の居場所なんてありませんでした。でも、そんな私にも助け舟を出してくれた先生がいたのです。小学校の恩師、橋本先生でした。橋本先生は毎朝、不登校気味の私を起こしに来て下さって、私を学校まで車で乗せて行ってくれたうえ、ワッフルを朝食にご馳走してくださいました。その他にも、なかなか教室に入ることのできない私の背中を押してくださったり、いじわるを言う子たちから守ったりしてくださいました。

一時保護所で過ごした二カ月間

ある日、そんな生活をしている私を見かねたのか、橋本先生は児童相談所へ通告してくださったようでした。しばらくして、私たちは児童相談所へ行き、私たちの入る施設が見つかるまで、一時保護所へ行くことになりました。

一時保護所に来た私たちは、最初はとても心細かったです。「施設が見つかるまで」と言われたものの、なかなか良い施設は見つからず、二カ月もそこにいることになってしまいました。一時保護所で起きた事件について、少し綴ります。

一時保護所にはさまざまな子が入所しています。小さな子から大きな子。まじめな子から頭髪を金色に染めている子。あまりさえない私は、真っ先に不良に絡まれてしまいました。パシリにされたり、殴られたり、はたまた、友だちだと思っていた子に裏切られたり……。こんなことがありました。一時保護所では、自分のお皿は自分で洗わなくてはなりません。ある日、私がごはんを食べ終わって、食器を洗っていた時です。一度だけ気を許して不良のお皿も洗ってあげたんです。ところが、次の日にまたお皿を洗っていたら「私のも洗えよ」と言われ、カチンときたので無視していたら、後で呼び出されて、「てめえ、シカトこいてんじゃねぇよ！」と言われ、顔面を殴られてしまいました。その時は、顔が痛いというよりも、そんなことをされても何もできない自分が情けなくて、悔しくて泣いていました。そんな経験をしているうちに、私たちが入所する施設が決まりました。

施設に入所してからの生活

施設に入所してから、私は中学校へ入学することになりました。小学校の卒業式は地元の小学校で済ませてきたのですが、学区域が変わったので、ほぼ転校生の状態でした。初めて会う子たちばかりで、すごく孤立している気分でした。でも、そんな私に、みんな明るく接してくれました。「どこの小学校から来たの？」「どこから引っ越してきたの？」といろんなことを聞かれました。よほど珍しかったのでしょう。

でも、そんな楽しかった日々も、あまり長くは続きませんでした。だんだん私の精神の状態に気づきはじめたようでした。かなり変わり者に見られたらしく、変にからかわれるようになってしまいました。ある時はボールをぶつけられ、ある時は「一〇回死んでこい」と、すれ違いざまに言われたり、無視されたり、陰口をたたかれたり……。結局、転校しても何も変わらないのだなと、つくづく思いました。つまりは、私自身が変わらなければずっと同じことは続くのだ……。そう、私は思いました。

それでも、私を支えてくれる友だちは少なからずいました。私を救おうとしてくれる先生もいました。私にとって、何よりも大きな支えでした。おかげで、保健室通いや毎日の遅刻は少なくなっていきました。それでも、勉強だけはまじめに取り組むことができませんでした。今は、勉強をまじめにしなかったことを後悔しています。

中学校は、ある程度楽しむことができたと思います。友だちもでき、信頼できる恩師がいて、私にとっては大きな転機でした。ただ、勉強が好きでなかったので、受験をする時は大変後悔しました。本当に、勉強はやっておいて損はないです。努力は自分を裏切らない！。そのとおりだなぁ……なんて、改めて実感しました。それでも、高校にはちゃんと合格することができました。

私は女子高校を志望し、受験に臨みました。しかし、勉強不足で志望科を落としてしまい、本当に後悔しました。もっと努力すれば受かったかもしれません。でも、同校の別の科は受かったので、そちらの科で勉強することになりました。高校に入学したけれど志望科に落ちてしまったというショックもあり、初めは目標もなく、ただ学校に勉強しに行くだけの毎日でした。友だちもあまりできず、ただ呆然と毎日を過ごしていました。でも、授業を受けているうちに興味深い資格が見つかり、資格取得を目標に勉強するようになりました。一年生の時にはワープロ実務検定三級を取得しました。

しかし、友だちはできず、そのまま二年生に進級していくことになりました。二年生は、高校三年間の中で最も変化の大きかった年でした。クラスマッチを機会に、たくさんの友人ができました。その友人たちのおかげで、私は自分に自信をもつことができました。そして、資格取得にもいっそう励むようになり、二年生の時には、ワープロ実務検定二級、色彩検定三級、情報処理検定三級を取得しました。現在、私は高校三年生。就職も決まり、自分の将来の大部分が決まりました。そんななかで、また新たな資格取得に向けて日々勉強しながら、自動車学校に通ったりアルバイトをしたりと、多忙な生活をしています。私にとっての高校時代は、一番の好転機だと思います。

「努力は自分を裏切らない」

高校生活のなかで、とても身に沁みた言葉です。出だしは悪かったですが、この高校に入学して良かったです。

家族がバラバラに

ここまで、学校のことを綴ってきましたが、今度は施設入所後の家族の状況について綴りたいと思います。

友幸さんと暮らしていた母ですが、友幸さんの同僚の借金の保証人に、友幸さんと母がなってしまい、そのうえ、その同僚の方に逃げられて、借金を背負う羽目になったのです。その後、母と友幸さんは、他県へ夜逃げをしました。しかし、母はあちらの生活に耐えられず、また、こちらで仕事をしながら一人で暮らすことになりました。

一方、弟は施設にすんなりと馴染み、小学校はそれなりに楽しんで通っていました。しかし、中学校に上がると、とんでもない不良になってしまいました。弟の友だちは頭髪を茶色に染めていたり、ピアスをはめていたり、下げパンや万引き、タバコを平気でやるような子たちばかりでした。弟は、どこかで道を踏み外してしまったようでした。学校に行く途中で寄り道をして、遅刻をするのは当たり前になり、授業をボイコットしたり、暴力沙汰を起こしたり……。いつの間にか、学校では名の知れた不良になっていました。

施設では、脱走を繰り返すようになりました。最終的には、施設で面倒をみることができなくなり、先生や母と相談して、「社会人としてしっかり働き、規則正しい生活をし、絶対に悪さをしないこと」を条件に、母に引き取られることになりました。

弟は、その条件を守ることはありませんでした。母も、もちろん条件なんて守っていません。それが今になり、仇となって返ってきているのはいうまでもありません。もう少し、親としての自覚をもってほしいと思うのですが、母にそんな願望を抱いても、現実になることなんてありません。願望は願望のままです。

今になって苦労している二人を見ていると、私は胸が痛みます。手助けしてあげたいと思うのですが、私には無理です。なぜなら、二人が決めたことですから。私が何かをすることはできないのです。弟と母のことは、私の悩みの種でもありますが、二人が少しでも成長してくれなければ、私は何もすることができません。せめて、弟と母が仕事を休まないようになってくれることを祈っています。

精神の病

ここまで、多くのことを綴ってきました。次は、精神のことについて綴りたいと思います。まず、解離性同一性障害とは、幼児期に受けた虐待が原因でその頃の記憶が途切れたり、急に記憶がよみがえったり（フラッシュバック）、いろんな人格が現れたり、自傷行為をしたりしてしまう心の病のことです。私が、とある病院の心療内科で診察を受けた結果、診断された病名です。鬱《うつ》も入っていた気がします。

前に、精神的におかしいところがあると書きましたが、まさに、この病の症状だと思われます。私は、異常な攻撃性や感情の起伏の激しさ、トラウマによるフラッシュバック、精神の不安定、記憶の断片化、自傷行為、自殺願望等々、かなり重症な精神障害をもっていました。症状が悪化し、三カ月間病院に入院したことがあります。勘違いしてほしくないのですが、心療内科は精神科とは違いますので、変な誤解はしないでください。現在は治療のかいがあり、ある程度、感情のコントロールができるようになりました。

ここで、私のような障害をもつ子の周りにいる方にお願いがあります。

一、絶対に、手を上げないでください。障害の原因は、過去の虐待にあるからです。

二、精神が不安定なためストレスを感じやすく溜めやすいので、できる限りストレスを溜めさせないでください。

三、こまめに、話を聞いてあげてください。話を聞くだけでも、心のストレスを吐き出すことができます。ただ、聞く時は、真剣に聞いてあげてほしいです。このような子どもたちは人一倍相手の態度や声の抑揚に敏感だからです。少しでも適当な態度をすると、鬱に入りやすくなってしまいます。

四、愛情表現をしてあげてください。愛情は、どんな薬よりも良く効く特効薬です。このような行動をとってあげるだけでも、かなり心の鎖はゆるむと思います。それが何よりの治療法なのです。周囲が温かく見守ってくれるだけでも、その子どもたちにとっては大きな支えになります。

恋愛

今までは、虐待や家庭の状況など暗いことを綴ってきましたが、少し気分を変えて、私の恋愛について綴りたいと思います。

私が初めて男の人とお付き合いしたのは、中学一年生の頃でした。圭介くんという子です。圭介くんは少し知的障害があるらしく、少し変わった印象をもちました。でも、そんな圭介くんを好きになったのは、彼の優しそうな雰囲気に癒されていたからだと思います。

初体験をしたのも圭介くんでした。でも、その頃の性行為は悲惨なもので、私にとっては、相手を繋ぎとめるための鎖という感覚でしかなかったのです。性行為が「愛の行為」であること、「とても危険な行為」であることを、私は理解していませんでした。今ではとても後悔をしています。それに、その頃の恋愛は「恋することに恋している」ようなものだったので、だんだんお互いがお互いを束縛してしまい、結局、お別れをすることになってしまいました。

圭介くんと別れてからしばらくして出会ったのが秀樹さんでした。初めは成り行きで付き合うことになってしまったので、秀樹さんをとても傷つけてしまいました。圭介くんと別れた時のショックから立ち直ることができないまま秀樹さんと付き合ってしまったため、異性を気持ち悪く思ってしまい、秀樹さんがいやになってしまったのです。二月一四日にお別れをしてしまいました。秀樹さんは別れ際に、あることを言ってくれました。「俺はずっと待ってるから」と。その言葉が私にとって、どれだけ支えになったことか……。

その後、ゴールデンウィークにまたお付き合いをすることになり、現在に至ります。現在では、秀樹さんとは結婚を前提にお付き合いをさせていただいています。秀樹さんがいてくれたおかげで、私は精神的にも肉体的にも大きな成長を遂げることができました。秀樹さんがいなかったら、今の私はどうなっていたでしょう……。

秀樹さんとは、隔週くらいの間隔でお会いしています。記念日はいつも一緒です。私たちには「ハート記念日」というものがあります。私たちが初めて付き合い始めた一〇月三一日。この日に、一緒に外食に行きます。その他にも、バレンタインデーやクリスマスに一緒にお菓子を作ったりしています（少しノロケが入って、ごめんなさい）。

秀樹さんとともに過ごす時が、一番幸せな時間です。それに、秀樹さんは同じ施設に住んでいたということもあり、私のことをよく理解してくれる、とても良いパートナーです。これから先、ともに生きて、ともに幸せになれるように、ともにがんばっていきたいと思います。

愛する人の力はとても大きいものです。どんな柱よりも、私を強く支えてくれます。本気の愛情を傾けてくれることこそが、私にとっての最高の治療薬であり、最高の幸せです。秀樹さんに出会うことができて、本当に良かったと思います。

未来へ向けて

どうでしょうか。ここまでたくさんの文書を綴ってきました。正直に言ってしまえば、この文書は、私の一九年間の約五分の一が書けていればいいところです。初めに綴った疑問の意味を分かっていただけたでしょうか？　人によって感じ方は違いますが、でも、違っていてもいいのです。分かってくだされば、それに越したことはありませんから。

「生きる意味……」。この問いに答えはありません。なぜなら、私が生きていることこそが答えだから。つまり、「生きる意味」の答えは今生きている一分一秒によって、いつも違うということです。だからこそ、その疑問をもつことに意味があるのです。私が、生きることに意味を見出していくということだから。これからの未来、私は生きていくことが楽しみです。自分の努力は、必ず結果として返ってきます。人は、過去にさかのぼることはできません。だからこそ、前を向いて歩いていかなくてはなりません。

現在の私に導いてくださった周囲の方々、恩師、寮の先生方、施設の子どもたち、友人、両親、そして……秀樹さん。皆さんのおかげで、私はこれからの未来に希望がもてるようになりました。生きることが楽しいと思えるようになりました。そして、本当に大事なものを知ることができました。その大事なものとは……「愛」。皆さんの温かい愛情を胸に、これからの未来を力強く生きていこうと思います。

最後に伝えたいこと

いずれ、施設ではなく、子どもたちが「マイホーム（自分の家）」といえる日が来ると良いなと思います。施設職員の皆さま、子どもたちに暖かい愛情を注ぎ続けてください。子どもと暮らすことができない親御さんたち、離れていても、絶対に子どものことを忘れないでください。顔を合わせたら、精一杯の愛情を注いであげてください。子どもたちが何より求めているのは「血の繋がった親の愛情」です。抱きしめてあげてください。そっと、頭を撫でてあげてください。子どもは、その愛情に幸せを感じると思います。そして、子どもを預けたままにせず、必ずいつかは一緒に暮らせるように、一生懸命になってください。

そして、施設の子どもたちへ。道を踏み外さないよう、前を向いて歩いてください。あなたたちは、絶対に幸せになることができる子どもたちです。まっすぐに歩いていってください。苦しいことがあっても、負けないで。自ら、不幸になろうとしないで。壁を壊して、光に向かって歩いていってください。

私は、生まれてきたことをとても嬉しく思います。今では、過去のことをあまり不幸だと思っていません。皆さんのおかげで、私は自分の生きてきた時間に誇りがもてました。生まれてきて、本当に良かった。生きていて、本当に良かった。本当にありがとう。

それでも彼女は母親を求めていた

井村陽子（職員）

私が彼女と初めて出会ったのは、彼女が中学二年生の時でした。それから五年間、継続して担当をしてきました。出会った頃の彼女は、母親のリストカット、首を絞められた場面、刃物を突きつけられた場面等のフラッシュバックに悩まされることが、たびたびありました。

その他にも、彼女が手伝いをしようと声をかけても「今はないから、またある時にお願いね」というような些細な言葉にも執着し、落ち込んでしまうなど浮き沈みが多く、「私なんて……」が彼女の口癖でした。フラッシュバックが起こった時には顔つきまでもが変わってしまったり、落ち込んだ時には本当に顔色まで真っ白になってしまい、何度心配したことか。目が離せないことが何度となくありました。

中学一年生の終わりから通い始めた心療内科で、「解離性同一性障害」と診断を受けました。ドクターから、彼女には過去の記憶が断片的にしかなく、彼女が虐待を繰り返さないために過去の記憶を思い出す必要があると言われたのです。目標としては、死の不安はなく、信頼できる同性の友だちの存在、将来こうなりたいという同性モデルの確立、過去にいくらひどい体験をした自分でも、生きている価値のある人間であると考えられるような自尊心を高めることでした。カウンセリングを続けながら、安定するまでの間、寮でも週に一回一時間程度、彼女と話をする時間をつくることになりました。

私が一番心配していたのは、彼女の異性関係でした。彼女は、異性との身体的接触こそが愛情だと思い、それがないと自分は嫌われてしまうのではないかと、不安に陥るのでした。彼女が中学生の頃、同じ寮で生活をする圭介君とお付き合いしていました。寮内で二人きりになり、身体的接触を求め合うことがたびたびありました。病院のドクターからは、彼女の性的行動を止めるのは不可能であり、最悪のことにならないため性教育をしっかりした方が良いのではないかと言われたこともありました。性教育をするということは、私たちが彼女の性行為を認めてしまうのではないかという心配がありました。寮長と相談し、学校の保健の先生に性教育をしてもらい、寮では彼女、圭介君とともに身体的接触ではない愛情の伝え方、彼女が不安になるたびにその気持ちを言葉にするよう、何度も話し合いました。二人きりにならないような環境づくりにも気を配りました。それでも、人目を盗んでは身体的接触を続け、また話し合いをするということの繰り返しでした。

不安になっても性的行動で示してしまう前に、少しずつでも言葉で気持ちを伝えられるようになった頃、「好きな人ができた」と、別の人に彼女の目は向きました。ホッとする反面、新たな不安が生まれました。今までは相手も知っており、こちらで制限することができましたが、これからは止めることができるのだろうかと。

それから二カ月程の後、彼女は秀樹君と付き合うことになったと言ってきました。退寮生である秀樹君とも、彼女に何かあれば話をし、相談もしてきました。彼女にとって秀樹君は、過去のこと、解離性障害のことなど何でも話せる存在であり、一番大きな存在となりました。今現在でも交際は続いており、変わっていません。彼女の心の成長とともに、とても良い出会いになったと思います。もちろん秀樹君ともいろいろなことがありましたが、その度に二人で話し合い、時には、私たち職員も相談を受けながら乗り越えてきました。それが、彼女をさらに成長させていったと思います。これから先も、秀樹君と一緒に悩みながらも暖かい家庭を築いていってほしいと願っています。

もう一つ心配なことは、家族のことです。彼女の成育歴を知った時、こんなすさまじい環境のなかで、よくここまで育ったものだというのが、担当としての私の本心です。まだ一〇数年しか生きていない彼女が、なぜこれほどの経験をしなければならなかったのか、今までどんな思いで過ごしてきたのか、考えれば考えるほど分からなくなりました。

施設へ入所して、彼女自身はどんどん成長しました。しかし、母親は一緒に暮らしていた男性と借金をし、どうにもならなくなって夜逃げ。逃亡する前日に母から聞かされた彼女はかなり動揺し、しばらくの間、体調不良を訴えて学校を欠席することもありました。その頃は母親って何だろうと、母親像について彼女は考えていました。「普通の家庭って、どんな感じなんだろう?」。その頃の彼女の言葉が印象的です。話を聞き、傍にいることしかできませんでしたが、彼女は周りの人に支えられながらだんだんと安定していきました。

突然母親が戻ってきたかと思うと、高校生の彼女にお金を貸してくれと言ってきたりと、家族に巻き込まれてしまうことがありました。母親だけでなく、施設で生活できなくなった弟からの相談も受けたり、困ると彼女に頼るといった感じでした。立ち直ったと思えば、また顔つきが悪い。話を聞くと、家族のことで悩んでいたというようなことも多く、母親と縁を切ろうと彼女に思わせるほど追い詰められたこともありました。それでも、彼女は母親を求めていました。

児童相談所とも連絡を取り、助言をいただいたり、ワーカーの方の力をお借りしたり、母親とも話し合いをするなど、できる限りのことはしました。彼女と連絡を取らないようお願いしたこともあります。最初のうちは、母親からの要求を断ると見捨てられてしまうのではないかという不安から何も言えず、我慢し、溜め込んでしまい、彼女自身の生活が崩れてしまう悪循環が続きました。あなたは独りではないと伝え続け、今では母親との距離も自ら取ることができるようになり、客観的な考え方も出来るようになりました。これから先のことを考えるとまだまだ心配ですが、彼女の成長を期待したいと思います。

あれから五年。いろいろなことを乗り越え、さまざまな出会いをするなかで、多くの人に支えてもらいながら、彼女自身、本当によくがんばりました。信頼できる同性の友人をつくる、自尊心を高めるなどの当初の目標をすべてクリアし、現在ここを旅立つ準備をしています。これから先、彼女がもっともっと幸せになることが、どんなに私の励みになることでしょう。将来、シェフという彼女の夢を叶え、念願のお店を持った時、お客としてご飯を食べに行くことが私の今の夢です。彼女ならきっと叶えてくれると信じ、これからもできる限り支えていきたいと思います。私にとっても彼女との出会いは大きく、私自身を成長させてもらえたと思います。ありがとう!!　そして、夢に向かって大きく羽ばたけ!!

社会福祉の実践と自由の実現

笛木俊一（日本福祉大学教員）

私が勤務している大学の同僚である長谷川眞人先生から、今回の作文集の趣旨について簡単な説明を聞いた後に、間もなくして吉田直美さんの作文が送られてきましたが、まだ高校三年生である彼女の作文の内容の重さに圧倒されて、私は、長谷川先生からの依頼をあまりにも簡単に引き受けてしまった自分自身の気軽さに、とても後悔しました。

児童福祉や青少年期の心理の問題を自らの専門領域として学んでこなかった私が、吉田さんの作文について、何を、どのようにコメントしたら良いのだろうか。ここでは、そのような後悔を幾度も繰り返すなかで感じた私自身の思いについて、率直に述べてみることにします。

生きていくことへの問いかけ

「人生とは何だろう……。私は何のために生きているのだろう……。私が存在している意味は……。」という、きわめて重たい問いかけから始まる吉田さんの作文の内容は、消し去ってしまいたいとさえ思われるような記憶（※さまざまな虐待やいじめ、家族の崩壊などの辛い体験）を必死になって蘇らせるとともに、他方では、そうした自分を励まし、支えてくれた人たち（※友人や学校の先生、施設の職員など）との楽しい交流の記憶を交互に重ね合わせるなかで、彼女自身の「これからの未来」へ向かって歩み出そうとしている切実な願いが、率直に綴られたものになっています。

あなたは独りではない

吉田さんの作文の最後に、「皆さんのおかげで、私は自分の生きてきた時間に誇りがもてました」と記されているが、学校の先生や施設の職員の方々は、どのような思いで、彼女の生活を支えようとしてきたのだろうか。そのような考えにとらわれている時に、彼女の作文を読んだ職員の井村さんからのコメントが送られてきました。

井村さんは、吉田さんが中学二年生の時から五年間担当していた方であり、そのコメントのなかで、吉田さんが「精神の病」として述べている、高校三年生の時からの様子が記されていますが、特に私の印象に強く残ったのは、彼女が通っていた心療内科のドクターの診断の内容が解離性同一性障害というものであり、彼女が「虐待を繰り返さないために、過去の記憶を思い出す必要」があること、そのような取り組み（社会福祉の実践）が、彼女自身が「生きている価値のある人間であると考えられるような自尊心を高める」ことになること（精神的な尊厳性の実現）、そうしたドクターの助言を受けて、施設では、週に一回、一時間程度、彼女と話をする時間を設けるようになったこと（※吉田さんの不安な気持ちを言葉として表現してみる取り組み）、さらに、その後のさまざまな取り組みのなかでも、職員が吉田さんに「あなたは独りではない」と伝え続けることによって、彼女が次第に「客観的な考え方」をすることができるようになった（自己覚知）ということでした。

このような井村さんのコメントを読んだうえで、改めて吉田さんの作文を読み返してみると、彼女が自分自身の過去と正面から向き合うなかで、これからの新しい生き方を探り出していこうとしている、もう一人の吉田さんの冷静な目線（自己覚知への試み）が強く感じられることの背景として、そのような職員の方々の真摯な取り組みがあったことが、分かってくるような気がします。

なお、井村さんのコメントは、「私にとっても彼女との出会いは大きく、私自身を成長させてもらえたと思います。ありがとう!!」という感謝の言葉で締め括られていますが、そこには、子どもたちに励まされることによって、子どもたちとともに成長していこうと心掛けている職員自身の姿が映し出されているような思いがします（共感の世界）。

人生を築いていくための糧として

長谷川先生から送られてきた今回の作文集の企画に「三年後、六年後の子どもたちの成長の姿」を継続して追跡してみたいという趣旨が述べられているのを見て、私は、以前に全国養護問題研究会編、神田ふみよ編集代表『春の歌うたえば—養護施設からの旅立ち』（一九九二年、ミネルヴァ書房）を感動して読んだことを思い出していました。

同書は「養護施設児童の生活記録、とりわけ施設を巣立ってからの波乱に満ちた人生の証言」をまとめたものですが（同研究会副会長・小川利夫「序文」）、その最後の章「明日に希望を託して—手記を読んで」のなかで、やはり私の大学の同僚である竹中哲夫先生が、本書に掲載されている手記には、「あるべきものがなかった」という「欠如感」を、何とか克服しようとしている「長い努力の過程」が見られる、と述べています（「人生に形成期について」）。

そうした竹中先生のコメントの内容を私なりに要約すると、その時々の体験を「生活記録」として書いてみることが、その後の人生を築いていくための大切な「糧」（生活の再構築のための手がかり）になるということだと思います。そして、そのような視点からみると、今回の企画の趣旨は、今から一六年前に取り組まれた全国養護問題研究会（以下、養問研）の実践の内容を発展させようとしたものであるということが分かってくるように思われます。

お兄さんの作文に励まされて

なぜ、私のなかに、同書を読んだ時の記憶が、今も鮮明に残っているかというと、実は、同書の最初に掲載されている高藤妙子さん（仮名二四歳）の手記の内容が、とても印象深かったからです（「生まれてくる子に何から……」）。

高藤さんの手記によると、彼女は、両親が離婚した後に同居していた父親が出稼ぎに行くことになったため、小学校一年生の時に、お兄さん（小学校三年生）と妹さん（六歳）の三人で施設に入所していますが、その当時のことをあまり憶えていないために、手記の中では、お兄さんが小学校五年生の時に、父親が出稼ぎに出て行く時の様子を書いた作文の内容を紹介したうえで（斉藤克己「父のこと―地図帳で出稼ぎ先を調べてみる」）、私には「兄に頼って、兄に守られていたことだけは、実感として残っています」と記しています。そして、彼女が小学校四年生の時に、父親が出稼ぎ先で亡くなった時の様子についても、お兄さんが小学校六年生の時に書いた作文の内容を紹介したうえで（「父の残してくれた言葉」）、「私は、その写しを今も大事に持っています。私の気持ちを書いてくれていたと思うからです。そして、あの時のことを忘れないためです」と、記しています。

私が、この高藤さんの手記を読んで感動した理由は、その中で紹介されている、彼女のお兄さんが小学校五年生の時に書いた作文が、全国社会福祉協議会・養護施設協議会編『作文集　泣くものか―子どもの人権10年の証言』（一九七七年、亜紀書房）の第一部「状況」のⅢ「おぼんになればとうさんが」のなかに掲載されたものであることを知ったからでした。

つまり、一九七七年という、高度経済成長から低成長という日本経済の転換期に取り組まれた、養護施設で生活している子どもたちの作文集を編集するという全国社会福祉協議会・養護施設協議会（以下、全養協）の実践の成果が、その一五年後の一九九二年という、格差問題の深刻化という状況に直面している現代につながる世界経済の転換期に取り組まれた、養護施設を出た後の生活を記録するという養問研の実践の中で、高藤さんの手記として現れてきていることを知ったからであり、言い換えると、一九七七年の全養協の実践の内容と、一九九二年の養問研の実践の内容を重ね合わせてみることによって、人びとの生活を息長く支え続けていくことが求められている社会福祉の実践の重みが、感覚的に分かったような思いがしたからでした。

このように考えてくると、今回の作文集の取り組みは、一九七七年から取り組まれてきた全養協や養問研の実践の内容をさらに発展させたものになっていると言うことができるように思われます。そのうえで、今回の吉田さんの作文の内容を、一六年前に書かれた高藤さんの手記の内容と比べてみると、高藤さんのお兄さんの作文が果たした役割を、吉田さんの場合には、自分自身と向かい合おうとしている、もう一人の吉田さんが書いた作文と、そうした彼女を支えてきた井村さんのコメントが、ともに担い合うことによって、彼女がこれからの新しい生活を築いていくための「糧」になってくるように思われてきます。

社会福祉の実践と自由の実現

以上のような私のコメントに、なぜ、「社会福祉の実践と自由の実現」というタイトルを付けたのかという理由について、最後に、簡単に述べてみたいと思います。

現在、私は、ある障害者福祉施設の苦情解決委員会の仕事に携わっていますが、一二年ほど前に開催された苦情解決委員会において、二〇〇五年に制定された障害者自立支援法のもとでの障害者福祉施設の今後に不安を感じ始めた、高齢の保護者の方から、「次第に身体が弱ってきている子ども（障害者福祉施設の利用者）と一緒に死にたい、という思いから離れることができなくなった」という深刻な悩みを打ち明けられたことがあります。

その時に、私は、今回の場合と同じように、苦情解決委員会の仕事を引き受けたことを、とても後悔しました。思いつめたような表情を浮かべている保護者の方を前にして、受益者負担という名目で利用料を徴収することを認めた障害者自立支援法の問題点を説明しても、ほとんど役に立たないことがよく分かったからです。その時の私は、困ったような顔をして、曖昧に頷くことしかできませんでした。

ここで、その後の経過を説明することは省略しますが、今後開催される苦情解決委員会において、もしも、同じような悩みをもった保護者の方に出会うようなことがあった場合、私は、障害者福祉施設で働いている職員の方々を代表しているような気持ちで、次のように語りかけてみたいと考えています。

私たちとともに―新たな始まり―

あなたの、これまでの生活が、どのようなものであったとしても（過去の生活）、
あなたの、いまの生活が、どのようなものであるとしても（現在の生活）、
あなた自身の願いを、大切にして（精神的な自律と尊厳性）、
あなたの、これからの生活を、新たに築いていくことができるように（未来の生活）、
私たちとともに（共感と福祉的関係の構築）、
歩み出してみようではありませんか（社会福祉の実践）。

このように語りかけてみようと考えたことの基礎にあるのは、社会福祉の仕事（実践）とは、一人ひとりの自由を実現することであり、その自由とは、新たに始めることができることである（因果律の切断）、という考え方であり、要約すると、社会福祉の実践とは、自由を実現することであるという考え方です。

これが、子どもと一緒に死にたいと打ち明けられた保護者の方の問いかけに対する、その後たどり着いた、現在の私なりの答えです。そして、このような考え方を紹介することによって、吉田さんの作文に対する、私のコメントの結びにしたいと思います。

私にとっての家族

橘　渚（高三・女子）

渚は現在高校三年生である。両親の離婚後、養育困難ということで、きょうだい四人とも児童養護施設（以下、施設）に入所した。六歳から一八歳までの一二年間を、母を想いながらも親子別々で暮らさなければならない葛藤を抱きながら、施設で暮らしてきた。

私は施設に入った日のことを、ハッキリではないけれど覚えています。六歳の時のことです。施設に着くまでの道のり、車の窓から見慣れない景色を見ていたのを覚えています。車には母と兄、妹、弟、そして私が乗っていました。施設に着くと母から離れ、知らないおとなの人と外で遊んでいました。しばらくして私たちきょうだい四人の荷物は施設の職員に渡され、母は私たちに何かを告げると行ってしまいました。当時の私は物心がつく前の年齢で、母が言っていたことはよく分かりませんでした。ただはっきり覚えているのは、自分たちはこれからどうなるのかという不安です。

私たちは少しすると食堂に連れて行かれました。そこでみんなに紹介してもらうのですが、施設に住んでいる子どもたちがいっせいに自分たちを見ていて、緊張したのを覚えています。私と妹、弟は、夜になると年上の三人くらいの子と一緒の部屋で寝ました。その日、弟はいつもいるはずの母がいないからか泣いていました。私はその時、なぜかとても寂しく感じました。その日から母のいない施設の生活が始まりました。

私は六歳から一八歳までの一二年間、ずっと同じ施設で生活してきました。だけどそこを自分の家だと思ったことは今まで一度もありません。理由はきっと自分の意思で施設に来たわけではないからだと思います。「なぜ自分はこんな所にいるんだろう……」「(学校から帰る時、)なぜ自分の帰る場所はこんな所なんだろう……」「なぜ帰ってきた時に『お帰りなさい』と言う人が赤の他人なんだろう……」、そう思っていました。

母の顔を見たのは、そして母の手料理を食べたのは、もうどれくらい前になるだろう……。よく手料理を「お袋の味」なんて言うけど、母の料理の味を覚えていない自分。きっと施設で生活しているほとんどの子は、「こんな所に来たくなんかなかった」「親に連れてこられてしまったからしょうがなく……」「ここで生活するしか生きていけないからしょうがなくただいるだけ」と思ってきたのでは……。私は家族で過ごした時期の記憶がほとんどないから、家族というものがどんなものなのか分かりません。

施設の生活では、あまりいい思い出がありません。私のなかでの最悪な思い出は中学二年生の秋のことです。私は高校生の美樹さんと同じ二人部屋でした。美樹さんが三日間修学旅行でいない時に、その事件は起きました。私は部屋に一人になり寂しかったので、別の部屋に移動して寝ていました。その日の夜、部屋にいた一歳下の由希ちゃんが他の子が寝ている時に起き出してしまいました。その時、私も眠っていたのですが気配に気づいてわずかに目を開けました。由希ちゃんは同じ部屋の子が起きていないか辺りを見回し、そのあと隣の部屋の私と美樹さんの部屋に入っていったらしく、照明がつくのを見ました。私はその時、眠くてあまり深く考えずにそのまま寝てしまいました。

次の日に美樹さんが帰ってきました。私が他の子の部屋で遊んでいたら、美樹さんと由希ちゃんが来て、私にいきなり「お菓子パクッたでしょ？」と言ってきました。もちろん私は身に覚えがなく否定しました。なぜ私が疑われたのかというと、私の机の上に美樹さんのお菓子の空袋があったからでした。それを聞かされた時に私は「やられたっ！」と思いました。お菓子の空き袋を第一に発見したのは由希ちゃんだったのです。由希ちゃんと美樹さんはその時一番仲がよかったので、まず由希ちゃんが疑われることはなく、同じ部屋の私を犯人に仕立てあげることくらいは簡単だったのです。

その後しばらく、私の生活は悲惨なものでした。犯人扱いされたおかげで、部屋に美樹さんがいる時は気を遣って入ることができず、寝る時には職員の知らないところで部屋から抜け出して、他の子の部屋で寝ました。こそっと抜け出していたということもあり、布団を部屋から持ち出すことができずに、夜寒くて寝れずにいました。

当時美樹さんが女子のボス的な存在だったので、周りの女子のほとんどは美樹さんの味方で、あえて美樹さんの喜ぶようなことをしていました。ある時、由希ちゃんは私のロッカーの鍵を勝手に持ち出し、私の物をロッカーの中からとっていってしまうという嫌がらせをしました。しばらくは、こんなふうに辛い生活を強いられていました。

しかし、我慢するにも限界がありました。職員に言ってもきっと何もしてくれないだろうと思い、母に連絡して職員に部屋を変えるように言ってもらいました。そして部屋を変えてもらったことで、ようやく私の生活は事件が起こる前の状態に戻りました。今だから言える事です。

だれも信じられなかった日々

今まで長い間施設にいて、いろいろな職員に出会いました。私が小学校低学年の時、帰省先から施設に戻ると、弟は母との別れが辛くて泣いてしまいました。母の姿が見えなくなっても玄関先で母を求めて泣いている弟の姿を見て、私も悲しくなって泣いてしまいました。その時、一人の職員が私をひざの上に乗せて、泣き止むまでずっと頭をなでてくれたことを覚えています。でも自分の本音を言える職員はいませんでした。小さい時はただ無条件に職員に甘えるだけで、人を信じるとか信じないとかそんな感情もなかったけど、歳を重ねるにつれておとなを信用しなくなり、一時期は誰も信じられなくなってしまいました。親友と思っている子や自分の家族でさえも信じられなかった。信じるって何？　信じるって何をもって信じるっていうの？　何もかもが分からなかった……。職員は、私たちの気持ちなんて分からないくせに、ただ歳が上で大学を出たっていうだけで、うちらにものをいうなんて偉そうなことすんなっ！　同情で施設で働いてもらっても、うっとおしいだけ。私たちは可哀想なんて思ってもらいたくなんかない。そう思っていました。

でもそんなことを思っても何かが変わることはないと思って、考えるのを止めました。だって家庭で過ごせなかった自分のひがみでしかないから。

私は、今まで普通の家庭で過ごしてきた人たちを、自分より下の人間だと見下していました。両親の愛情を受けて、なに不自由なく過ごせて、何かあったらすぐ親に頼って、でも親が自分の思い通りに動いてくれないと親を悪く言って。親のありがたみなんてこれっぽっちもわかっていない人間を馬鹿にしていました。でも一番のバカは自分でした。

ゆれ動く家族への思い

高校一年生の秋に、母とメールでケンカをしました。きっかけは友だちにクラブ（※遊興）に誘われたため、母に「今日、友だちとクラブに行きたいから帰省したい」（※施設では認められないため、帰省という形をとろうとした）というメールを送ったことでした。母からは「当日に言っても無理だよ」と、返事が返ってきました。仕事があるから無理なことくらい、私にだって理解できました。しかし、その時の私は精神状態がおかしくて、今まで溜めていた母親に対する不満が一気にあふれ出て、ひどい事を言って傷つけてしまったのです。「私が寂しかった時にそばにいてくれなかったのに、母親面しないで」とか何とか、いろんなことを言ってしまいました。母からは「お金が欲しい時だけお母さんを利用してるくせに。そんなこと言うんだったらこれからは自分でなんとかしなさい」みたいなメールが返ってきました。

「なんて母親なんだ。あんなの親でもなんでもない！」

そう思いながら沢山泣いてしまったことを覚えています。その後、兄やおばあちゃんや親戚に「母親と縁切ったから」とメールを送ったら、すぐに兄から電話がかかってきました。

あの時、兄やおばあちゃんから心配して連絡がきたことは嬉しかったです。私は電話で兄に内容を話そうとしましたが、泣けてしまって話すことができませんでした。母にひどいことを言ってしまった後悔からなのか、母に見捨てられてしまったと思ったからなのか、とにか

く泣けました。

当時の私は、母の気持ちなんてこれっぽっちも分かっていませんでした。むしろ自分たちのことをいらないから施設に入れたのではないか、本当は自分たちがいなかった方が、母にとって幸せなんじゃないかと思っていました。ケンカの後は二カ月くらい母からの連絡を無視しました。留守電が入っていたけれど自分では聞かず、施設の職員に聞いてもらっていました。でもずっとこの状態ではダメだと思っていた時に、高校の三者懇談会に母が来ることになりました。面と向って話せるチャンスかもしれないと思いました。

話し合う機会が与えられ、母と話しているうちに、今まで私は母のことを誤解していたことに気がつきました。母は私たちの父と離婚した後、とても苦労してきたこと、そして施設に入ることでしか、私たちは生きてこられなかったことなど、私が知りたかったことを話してくれました。母は私たちきょうだい四人をちゃんと愛してくれていたんだ、そばにいて与えるだけが愛情ではないんだと知りました。

しかしその一方、母の話を聞いて、今度は父に憎みや怒りを感じ始めました。まさか父がそんな事をしていたなんて……。私はきっと一生父を許すことはできないだろうと思いました。そして、父は最初からいなかった、そう思うようにしました。それは今現在も変わっていません。

父と過ごした記憶はあまりありませんが、ただ一つ覚えているのは、父が家から出て行った時の記憶です。昔、おばあちゃんの家で、家族六人で幸せそうに写っているアルバムの写真を見たのを覚えています。まさかその時はこんなことになるなんてだれも思っていなかったと思います。

私は時々、もし今家族で過ごせていたら、どんな家族になっていただろうと考えることがあります。でもやっぱり父が悪い人だから、きっと今のように施設で生活するようになっていたんだろうなと思います。父のせいで全てを壊された。すこしでも私や母に愛情があったなら、会いにくるなりできたはずだし、現実問題、お金を送ってくるはずで、父は私たちに愛情なんてなかったのでは。その証拠に、この一四年間、一度も父からの電話や手紙などなく、母にお金のことなどすべて背負わせてきました。きっと今頃は私たちのことなんか忘れているに違いありません。そんな人をだれが何て言おうと許せるわけがありません。

私は母から父のことを聞くまで、父のことを忘れた日はありませんでした。きっと父は、何かどうしようもない理由があって離婚して、私たちの元からいなくなったんだと思っていたのに、まさか私たちを裏切って私たちを捨てていったなんて。そう思ったら、今まで父のことを思っていた自分が情けなくって、馬鹿らしくなってきました。父が憎い、どうしても許せない。そんな感情が出てきました。これからもきっとこの思いは変わらないと思います。

母は父のことをどう思っているのか聞いたことがないから分かりませんが、父と出会って私たちを産んだことを後悔していないか不安でした。もし産んだことを後悔しているなら、母に必要とされていないなら、自分は生まれてきた意味がないと思います。でも母はきっと、私たちを産んだことを後悔していないと思います。私の思い込みかもしれないけど……。

私は母に必要とされているなら、これ以上の幸せはないと思います。これに気づくのに何年もかかってしまいました。私にとって母は尊敬できる人だし、母も含め兄弟は私の一番大切なものです。昔の私だったら絶対こんな感情をもつことはできませんでした。大切なことに気づけてよかったです。

母の再婚

そんな母も、二〇〇七年に大切な人と再婚し、妊娠しました。私は相手の方と六年生の運動会のときに初めて会いました。その時は母から仕事仲間と聞かされました。そうなんだと思う反面、本当は恋人なんじゃないかなと思いました。でも母の口から恋人と紹介されることはありませんでした。しばらく日がたって、母はその男性と一緒に暮らしはじめました。

母と恋人が一緒に住む家に初めて帰省した時、母が住んでいる家を見て、ここには母の生活があるんだと思い、悲しくなりました。なぜ自分たちはこの環境にいないのだろう、なぜ一緒に暮らせないのだろうと思いました。それからはあまり深く考えるのをやめました。考えてもどうにもならないからです。内心、私は、どうせまたすぐ別れるかもしれないと思っていました。

帰省しても相手の方とまったくといっていいほど会話もしない、そんな状態が四、五年続きました。相手の方も私たちに話しかけることもなく、私たちもどうしたらいいか悩んでいました。いつも用事があるときは、お互いに母を通じて用事をすましていました。きっと、こんな状態がずっと続くんだろうなと思っていた時に、結婚するかもしれないと言われました。でも、その時、私は母に「おめでとう」が言えませんでした。自分でも理由は分かりません。

それからしばらくして、電話がかかってきて母の妊娠を知りました。それを聞かされた時、私は泣きそうでした。嬉しかったからではありません。母に新しい家族ができる、私たちがしてもらえなかったことを、その子はしてもらえるのかと思うと悲しくなったからだと思います。母に新しい家族ができると、私たちはどうなるのだろう。私たちはいないほうがいいのかな。その方が母も母の旦那さんもこれから新しい家族三人で幸せなんじゃないのかなと思いました。旦那さんも母と自分の子どもができることによって、きっとこれから私たちを邪魔に思う日がくるかもしれない。ひょっとしたら既に今までにもそう思ったことがあるかもしれないと思いました。

私はこれからどうしたらいいか考えていました。あまり関わらないほうがいいのか……。自分の母親なのに他人に思えてきました。そんななか、兄を除いて私と妹、弟は母の入籍とともに旦那さんの養子となっていたことが分かりました。

ある日、母は用事があって旦那さんと施設に来ました。ちょうどその日、三年前に施設を卒園した兄も遊びに来ていました。母の用事が終わって玄関を出ると、旦那さんと兄が話していました。私たちも話しているところに行きました。最初は気まずかったけど、兄と旦那さんが話しているうちに、私たちも自然に話に入っていけました。

母、旦那さん、兄、私、妹、弟で、たわいもないくだらない話をして笑い合うことができ、楽しかった。お父さんってこんな感じなのかなとか、家族ってこんな感じなのかなとか、私が今までほしかった家族というのはこんな感じなのかと思いました。今まで当たり前のように家族がいて過ごしてきた人たちには、絶対にわからないと思います。家族とたわいもない話をする、それが私にはとても嬉しく幸せと感じました。こんな時間がこれからもずっと続けばいいのにと思いました。

それから時が経ち、二〇〇八年のお正月におばあちゃんの家に帰省した時のことです。朝、私と弟は散歩に出かけ、そこで弟と一緒に旦那さんのことを何て呼ぶか話し合いました。

私たちと出会ったのは小学生の頃だけど、今はもう自分の本当の子どもがいるし、私たちもみんな高校生以上になり、自分で稼いで生活もできなくはない年齢なので、私たちを自分の子どもとして見ているのか、私たちのお父さんになってくれるのか不安でした。今でもどう思っているのか聞けずにいます。でも、母が選んだ人なので、きっと私たちを邪魔だとは思っていないと思います。やっと私にもお父さんができました。

家族と一緒に暮らせているのが当たり前だと思っている人に言いたい。家族がいて当たり前だと思わないでください。いつ自分の家族がなくなるか誰にもわかりません。ひょっとして何かがきっかけで明日にはなくなるかもしれません。

今家族と過ごせている人は、家族を大切に、家族と過ごせる時間を大切にしてください。家族はなによりも大切な宝物です。たとえ家族の誰かと血がつながっていなくっても、自分が家族だと思ったら、血のつながりなんて関係ないと思います。

私の大切な家族へ

お母さんへ

あの喧嘩がなかったら、今でもお母さんの大切さに気づけなかったと思います。喧嘩をしてよかったのかもしれませんね。これからも迷惑ばかりかけてしまうかもしれないけどよろしくね。

お父さんへ
　血は繫がっていないけど、本当のお父さんだと思ってもいいですか？　これから家族七人で仲良くやっていこうね。そしてお母さんを支えてあげてくださいね。お母さんをよろしくお願いします。
お兄ちゃんへ
　私がここまでお母さんを大切に思うようになれたのも、お兄ちゃんが私たち姉弟を大切に思ってくれたおかげだよ。ありがとう。なにかあったらその時はよろしくね。
妹・弟へ
　普段一緒にいる時間は一番長かったのに、お互いが本音で話せずにいたね。これから少しずつでいいから話していこうね。

　施設にいた一四年間は辛いことばかりだったけど、施設にいなかったらきっと家族の大切さに気づけなかったと思います。家族と過ごせなかったのは辛かったけど、その分、今まで家族で過ごしてきた人たちよりも家族の大切さや絆は強いものになったと思います。家族は私の自慢です。この家族に生まれて幸せです。この家族でよかった。
　将来、自分の家族をもつ日が来た時、私は家族で過ごせる幸せを当たり前だと思わずに大切にしていきたいです。

それでも一番に聞いてもらいたかった存在は「お母さん」だった

山本純也（職員）

渚さんが施設に入所したのは年長さんの時でしたが、私が渚さんに出会ったのは、小学校二年の時でした。当時の渚さんは今に比べると断然おとなしく、あまり外に向けて感情を露《あらわ》にするタイプの子ではありませんでした。「明るく元気で無邪気」という意味での子どもらしさは見せず、こちらが尋ねたことに対して、首を縦か横に振るか、あるいは小声で片言を話すのがやっとという感じでした。

コミュニケーションを必要としないテレビや漫画などの娯楽を好み、お楽しみ行事などへの参加の時も、他の子と比べるとあまり楽しそうではなく、お付き合い的というか、どこか冷めたというか、妙におとなびて割り切っているようなところがありました。考えてみれば、人生で最も親に甘えたいし、甘えられる時期に、突然、親子離れ離れとなり、施設での生活を強いられるという境遇に置かれたわけです。寂しさからくるものなのか、職員など他人の関わりに対しては壁を作り、どう施設の中でやり過ごせばいいのか、いつになったらここ（施設）から出られるのか、ただそれだけを思って耐え忍んでいたのかもしれないと、当時の様子を思い起こしたりもします。

渚さんに限らず、とかく信頼関係が築けていない子どもにとって、職員から「○○しなさい」と指示されたり強制されたりすることは、違和感や怒りをおぼえるものです。集団生活であるがゆえということもありますが、自立支援としても施設内では一定のルールや日課があり、それを理解し守ってもらうために、職員は子どもたちと向き合い、ぶつかることがあります。渚さんは、攻撃的な態度こそとりませんが、無視したり、つんけんしたり、大きなため息をついたりというところがありました。それは「あんたに言われたくない」という心境の表れだったような気がします。職員として、渚さんの寂しい気持ちをどれだけ受け止められたのか、あるいは何をしてあげられたのか、そのことを問われた時には、おそらくは私自身、言葉に詰まってしまうのだと思います。

渚さんに聞くと、あまり小さい頃の記憶はないといいます。家の中で過ごしてきたはずの六年間もそうですし、小学生時代の施設生活のことも同様です。もちろんこれまでの人生の半分以上を施設で過ごしてきたわけですから、そこには職員と過ごしてきた日々があり、施設の行事などに参加した思い出があるはずなのです。アルバムには残っていても記憶として、あるいは感情として呼び起こされるものがないのだとしたら、それは大変、身につまされることです。

施設での生活はあまりいい思い出がなく、嫌がらせを受けていたことが文面に綴られています。なぜ、渚さんは嫌がらせを受けていた時に「職員に言っても何もしてくれないだろうから」と思ったのか。一番身近にいるはずの職員に対する不信感からなのか、それとも本当に頼りにならないと思ったからなのか。渚さんに尋ねても「自分でもわからない」と言います。渚さんは結局、母親を頼って自分の置かれている境遇について相談したわけです。これをシンプルに捉えるならば、一番辛い時に、一番に自分のことを聞いてもらいたかった存在が、「お母さん」だったということです。思春期という多感で反抗期にある時期に、施設に入れられたという思いから、母親に怒りがなかったといえば嘘になるでしょう。それでも本当に悩んだ時、落ち込んだ時に頼ろうとしたのが、〝お母さん〟だった。口では「誰も信じられなかった」と言いながら、苦境に立たされた時、思い悩んだ末に母のことを想った。それは母親に相談することを余儀なくされたというよりは、苦しいからこそ見えてきたものが、〝母への思慕の念〟だったようにも思います。親子の縁は切っても切れないとよく言いますが、まさしくその通りだと思うのです。

渚さんは高校に入る頃になると、それまで私が印象に抱いていた「おとなしい子」から〝おしゃべり好きな女の子〟へと変貌を遂げていました。年齢相応の女の子らしく、よく私に恋愛についての話をもちかけてきました。独自の恋愛観から「どうせ男なんて……」と言うのが渚さんの口癖でしたが、私の中で何かしらひっかかるものがありました。

〝男〟というひとくくりの発言に対し、よく「人それぞれ」という言葉を返したものでした。渚さんの「人間不信」の言葉にもある通り、連鎖的に全てを一括して結論づけてしまうこと、それがプラス思考なら良いのですが、どちらかと言えばマイナス思考になって、関係を絶っていく方向に流れていってしまう。可能性を信じて次につなげていく見方ができるようになることが必要だと感じていました。それができないことで、「信じるって何？」という具合に、疑心暗鬼に陥り、自分を余計に辛い状況に追い込んでいってしまうという構図がそこにはあるような気がしたのです。

それにしても渚さんは、自らが言うように何も信じない、だれにも話したくないという時期があったように思います。その頃に比べると、明るくなったし、悩みを一人で抱え込まず、だれかに話せるようになってきました。とりあえずは外に向けて思っていることを発信してみる。それが納得いくものであれば、「でしょう？」（私もそう思った）となるし、納得いくものでなければ「でも○○じゃない？」と自分の意見をはっきりと言うことができる。友だちから「聞きじょうず」と言われるそうですが、確かに人の話も聞くことだってできる。社交的だし、レストランでバイトを三年間続けてこられたがんばり屋さんでもある。以前、螢観賞に招待してくれたお爺さんに「よろしく」と握手を求められた時、他の女の子らが「キャー！」と叫んで失礼な態度で逃げていくなか、一人その握手に応え「よろしくお願いします」と礼を通したのも渚さんでした。繊細なだけに、思いやりのある子なのです。

しかし、一方でその繊細さゆえに傷つきやすく、未だに何かに怯えをもち、自分に自信がもちきれていないところがあるような気がします。一見、渚さんは自分の意見が言えるという点で、自分の気持ちに正直だと捉えられそうですが、実は自分が傷つかないように無理やり納得させているようなところがあるのではないかと思います。

「私は今まで普通の家庭で過ごしてきた人たちを、自分より下の人間だと見下していました」というくだりがありますが、実にその頃の渚さんの心境を物語っているように感じます。それは施設に実習に来る学生に対する態度にも顕著に表れていました。実習担当の私に「何で実習生が来るの!?」と苦情にも似た質問をよく投げかけてきました。渚さんの実習生への態度としては、とにかく無視。実習生にとってみれば戸惑いというか、泣きたくなるような心境であったでしょう。しかし、横柄な態度にも見えるそのような態度に対し、自ら「それはひょっとすると、家庭で過ごせなかった自分のひがみだったのかもしれません」という気づきと、それを認める素直さを示したことには深く感心させられました。

ただ、「家族」についての思いはどうでしょうか。「家族は私の自慢です。この家族に生まれて幸せです」という文面とは裏腹に、母に新しい夫ができ、子ができたことで葛藤し、「自分たちを邪魔に思うのではないか」、と途方にくれています。家族でするたわいもない会話が、渚さんにとって「とても嬉しく幸せ」と言いながら、新しいお父さんが自分たちのお父さんとなってくれるのか不安だけれど、その気持ちを母親にさえ言えずに苦しんでいます。

いつも寂しさに耐えながら、「きっと大丈夫。私は想われている」と自らに言い聞かせつつも、不安な気持ちを怒りに変えて、誰かにその矛先を向けることで解消しようとしてはいないだろうか。そんな風に切ないほどに、家族を慕い思い続けて止まない渚さんの気持ちが、切々と伝わってくるのです。

今、渚さんは自分の足が太いからとダイエットと称して、おやつは勿論、栄養バランスを度外視して食事制限をしています。頬がややこけてきており、ホームの職員は心配しますが、こうだと思い込んだらなかなか言うことを聞いてくれません。そもそも足が太いなんてことはないし、顔だって自信をもっていいほどかわいらしいのです。そう考えるとダイエットの理由が体型を気にしてというだけでは、理解し難いところがあります。説明のつかない思いが、体型に置き換えたところで、「こんな自分では受け入れてもらえないのではないか」と不安になっているのでしょうか。

私は強く「今のままのあなたでいい」ということを訴えていきたい。ただ、職員としては情けない限りですが、渚さんにとっては、やはり家族から受け入れられることが一番のようです。あるがままの自分を受け入れてもらえているという実感をもつこと、それが一番の特効薬だと信じて止みません。家族の方にもきっと渚さんの想いは届いているはずです。家族の愛によって誰を恨むわけでもなく、心から癒される日がくることを願って止みません。

あまり気持ちを表面に出さなかった小学生の時に、施設の畑クラブで作った「ししとう」を両手にひとつずつ持って、妹と仲良く笑顔で並んで映っている写真が残っています。私が撮ったのですが、ファインダー越しに、こんなに晴れ晴れとした屈託のない笑顔ができるんだと思い、感動すらおぼえたことを記憶しています。そんな一コマ一コマが私にとっては宝なのです。愛情を求めている一方で、おそらくは本人も自覚していないでしょうが、そうやって誰かを温かな気持ちにしているということ、渚さん自身がだれかを幸せにすることができるということも忘れないでほしいと思います。

どうか渚さんが人とのつながりを大切に、そして自らが言われるように、いつか自分の家族をもつ日が来たときには、家族の絆をだれよりも大切にし、愛情たっぷりの家庭を築かれますように。

お母さんを一人の女性として受け入れた渚さんに乾杯

柿本　誠（日本福祉大学教員）

渚さんの「私にとっての家族」を何度も何度も拝見しました。六歳で兄弟妹とともに施設に入居し、いつもいるはずのお母さんがいない寂しさと不安。母の手料理の味を忘れてしまった施設生活。中学二年生の時に経験した「お菓子パクリ」の濡れ衣。お母さんに口ぞえしてもらっての部屋換え。高校一年生の時に、帰省についてお母さんとメールで喧嘩。お兄さんやおばあちゃんに「母親と縁切った」とメール発信。一八歳までの施設生活でも常にお母さんを意識した記述が、私の心を捉えたからです。今は、お母さん、そして新しいお父さん、新しいきょうだいの家族七人の生活。「家族は私の自慢です」と渚さんは断言していますね。渚さんの児童期・思春期・青年期の成長が目に見えるようです。

さて、近年、母親（継母）や父親（継父）が乳幼児を虐待（児童相談所への虐待相談件数は二〇〇六年度、約三七三〇〇件）するケースや、逆に子どもが父や母に暴力を振るう事件も起きています。昔に比べて、家族の危機といえるような気がします。一方では、林道義さんの『家族の復権』（中公新書）が脚光を浴びています。林さんは、その著書で「家族がますます空洞化し、崩壊していくかのように言われることが多い。しかし、各種調査によると現在も日本人の多くは、家族が最も大切である、と感じている」と指摘しています。渚さんも「家族が一番大切」と考えていますね。私も家族の絆がとても大切だと思います。

私の父母の思い出ですが、還暦を過ぎた今も、私の脳裏にはっきり甦ります。私の父は胃がんで六一歳で亡くなりました（※当時癌治療は未成熟でした）。手術中の輸血を必要とする時、父は私に対して「苦学しているのだから、お前の血はいらん」と強く言い切りました。母は、父の亡き後、一家を遺族年金と農業で支えてきましたが、七八歳の時、脳溢血で帰らぬ人となりました。生前、母は、私が実家に帰省する度に、全国の各新聞（日経・朝日・毎日・読売・地元紙）の購読手配をしていました。「わが子が帰省していても情報社会に乗り遅れないよう」という配慮をしてくれていたのです。渚さんが、お母さんの立場を理解し、お母さんを一人の女性として、母親として、人間として認めたことは、すばらしいことです。そのことは渚さん自身が成長している証なのです。また、新しいお父さんを「母の旦那さん」から「本当のお父さん」として受け入れたことはさらにGoodです（渚さんたちを養子縁組するなど、新しいお父様もなんとすばらしい人格者か。お母様を愛しておられる証でもあります）。

渚さんが、このように、若者として成長していることは、けっして一人で獲得したものではありません。お母さんやお父さん、おばあちゃんをはじめ、兄・妹・弟の渚さんの家族の絆はもちろん、施設の先生方や施設の仲間たち、小学校・中学校・高校の先生や友人等、たくさんの人たちの支えがあったからだと思うのです。これからは、渚さんが、友人をはじめ、家族や、家庭や社会を支えていく使命があります。渚さんは、これから、青年期・成人期・高齢期と人生のライフステージを歩んでいくことになります。人間はそれぞれの生き方や価値観があります。常に相手の立場を考え、これからもいろんな考え方の人間を受容してください。

最後に私の尊敬する作家、灰谷健次郎さんの言葉を紹介します。

「すばらしい人間とは、自分の心にどれだけの他人の心をもてるかで決まるのではないだろうか」。

ぼくの大切な場所

田中和夫（中三・男子）

和夫は生まれて間もなく乳児院に入り、その後、児童養護施設（以下、施設）に入所した。脊柱側わん症と肩甲骨高位症を併せもつ五級の身体障害者で、九年間、養護学校で学んだ。

実母とは一切連絡を取れない状況が続いているが、一昨年から週末（ショート）里親宅に夏休みや正月に帰省できるようになった。

施設での楽しいこと

ぼくは、生まれて間もなく乳児院に入り、幼稚園の頃から施設にいるので、家庭での生活というものを知りません。幼稚園の頃は自分では何もできなかったから、職員の人に助けてもらっていたようです。三歳ごろから、トイレやご飯は自分でできるようになったと聞きました。

そのころの施設は、人数が少なくてとても静かでした。でも、そのうち人数も増えて、とても賑やかになりました。今では、うるさいくらいです。他にも楽しいことがたくさんあります。なかでもぼくは、調理実習が気に入っています。食べたいものを部屋の子たちと相談して栄養士さんと作って食べるのですが、楽しくておいしいです。他にも、誕生日外出で、外食に行ったり好きな所へ遊びに行ったりします。暇な時には、卓球やテレビゲームで遊びます。ゲームは『スマッシュブラザーズ』や『NARUTO激闘忍者大戦四』をして遊んでいます。とても楽しいし、おもしろいです。

夏祭りや施設行事では、みんなで役割を分担し、お店を出したり受付をやったりします。他にも、施設対抗でソフトボールやYリーグにも行きます。ソフトボールは、いろんな施設が集まって試合をします。ぼくは、ピッチャーを何回もしたことがあります。Yリーグは、一回戦勝ちました。他にも、卓球大会があります。この前の大会では、中学生の部で三位と小学生の部で準優勝しました。

施設のご飯はとてもおいしいです。それに、月一回のバイキングはとってもおいしいです。唐揚げや寿司が出ます。他にも、クリスマス会でレストランを借りていっぱい食べて、みんなでゲームを考えて遊びます。職員の劇もあり、とても楽しいです。卒園式は、少しさみしい。僕も高三になったら施設を出ていきます。

喧嘩もあります。でも、すぐに仲直りをします。土曜日や日曜日には、たまにＤＶＤを借りにレンタルショップに行きます。怖い映画とか面白い映画を観ます。四月には、鯉のぼりをあげます。七夕では、笹の葉に願いを書いた短冊をつけます。手術の前には、「早く首が治りますように」と書きました。夏休みは、好きな所に外出ができます。ディズニーランドやＵＳＪ（※ユニバーサル・スタジオ・ジャパン）に行ったり、自分で計画を立てて行ったりします。とても楽しいです。

大晦日には、施設に残っているみんなで焼き肉を食べたり花火をして、新年を迎えました。三月には、ひな人形を飾ります。でも、夜見るととても怖いです。だから、夜はあまり見ないようにしています。

施設の仲間と職員さんにありがとうを……

施設は、とても楽しいし、おもしろいです。中二の慶くんは、いつも年下の子をいじめるから職員の人に怒られてばっかりです。とても生意気だしすぐに人のまねをします。職員でいちばんやさしいのは伊藤さん（※担当）です。伊藤さんはいつも笑顔で話してくれるし、悩み事がある時にも、相談にのってくれます。六年生の明くんは、入ってきた時はとってもおとなしかったけど、だんだん騒ぐようになりました。四年生の純くんは、ＨＧ（※レイザーラーモンＨＧ／日本のお笑いタレント）のまねばかりしていました。とてもおもしろかったです。職員の若林さんもＨＧのまねをしていました。ゲームで負けた人の罰ゲームでＨＧのまねをして職員も一緒にやっておもしろかった。内藤姉妹、この四人姉妹はとてもうるさかった。特に二番目の祥子ちゃんがすごくうるさかったです。高一の正弘くんと悠樹くんとは、たくさん遊びました。正弘くんの部屋には冷蔵庫とテレビが置いてありました。たまにかき氷を食べさせてもらいました。おいしかったです。

ぼくにとって、施設はいろんな思い出が詰まった宝物の存在です。だから、ぼくにとってこの施設は大切な存在です。

境遇にめげないガンバリ屋

加藤茂樹（職員）

病院の人気者

和夫は、小柄で年齢よりもうんと若くみえる。彼は、脊柱側わん症と肩甲骨高位症を併せもち、五級の身体障害者という状況にあるが、中二の春に、「高校に入る前に首の傾きを治したい」と強く希望し、病院で首の筋を伸ばして傾きを改善する手術を受けることになった。

手術直後、見舞いに行くと、和夫はベッドに固定され、頭に取りつけた金具の先には五キロの重りがつりさげられていた。「外して……」と小声で求める姿は、見舞う者にもつらい光景であった。しばらくしてから見舞いに行くと、ベッドから解放されて、ベストから伸びている二本のアンテナの先が頭を支えていた。その姿でぴょんぴょん飛び回る姿は、病院内で人気者になっていた。

一カ月にわたる入院生活の後、和夫は首のハンディを三〇度から一五度に軽減できた。少しでも良くなりたいと背負ってきた境遇に自ら立ち向かい改善していった勇気ある彼を、退院して学園に戻った時に子どもたち全員が拍手で迎えた。

境遇にめげないガンバリ屋

小柄で年齢よりも若くみえるため、年齢相応に見てもらえないことに不満をもっていた和夫だったが、この時のがんばりを契機に、頼れる兄貴分として施設の子たちのなかで一目置かれる存在となった。中学卒業までの九年間を養護学校で学び、現在は高校一年に在籍する。高校入学から間もない時に、体のことでいじめに遭いながらも、職員の励ましを受け、中途退学の危機を乗り越え、毎朝元気に通学している。

実母とは一切連絡を取れない状況が続いている。そんななか、一昨年から週末（ショート）里親宅に夏休みや正月にも帰省できるようになった。里親宅で暖かい家庭を味わいながら、よい家族像のイメージを構築しつつある。（※私たちの施設では、一児童に一里親とし、ぼくだけの里

親、ぼくだけの帰省先としてしっかりと向き合える関係を大切にしている）

今では、アルバイトをしたいと口にするほど、彼の社会性は広がりつつある。この作文は、和夫が中二の秋に他の六人の子たちと一緒に万引きをしてしまった時に、その場限りの反省文で済ませるのではなく、自分自身を見つめるために取り組んだ時のものであるが、「こんなに素敵な自分」を発見することで自己肯定感を高めてほしいと願って取り組んだものである。この題は「幼い頃の自分」「友だちについて」「学校について思うこと」「学園について思うこと」「楽しかった思い出」「つらかった思い出」「大切にしていること」「悪口について」「恥ずかしかったこと」「障害のある人にしてあげたいこと」「お年寄りにしてあげたいこと」「戦争と平和について」「将来こんな仕事がしてみたい」等々。この作文は、その中の一編である。

この作文を書き終えた後、「お年寄りにしてあげたいこと」の実践として、理解ある宅老所やデーサービスにおもむき、お年寄りと一日を過ごすことを重ねてきた。その都度、「和夫くんが来てくれてとても楽しかった　また来てね」というお年寄りの言葉に励まされ、人の役に立つことができたことを実感し、「また行く」と暇を見つけてはボランティアをつづけている。

思春期・青年期のライフステージの視点と指導の内容・方法I

小川英彦（愛知教育大学教員）

和夫は、身体に障害のある中学三年生の、思春期・青年期にいるケースである。この時期への実践的な着目については、戦後の障害児者福祉に開拓的役割を果たした、かの近江学園を創設した糸賀一雄の主張に端的に表現されている。糸賀氏は、「社会的、教育的なひとつの節は、義務教育を修了する時期ではないかと思う。一五歳ないし一六歳という年齢は、なんらかのかたちで実社会に直結する年齢であり、社会的な雰囲気を肌で感ずる年齢である。意識的にはまだ未分化であっても、分化しようとするレディネスが促される状態である」としている。ここからは、思春期・青年期のもつ独自の教育的、心理的な意味があって、それに則した指導の内容や方法が必要であることが読み取れる。

このケースにおいては、脊柱側わん症と肩甲骨高位症という障害（※五級の身障）のある和夫が、幼児期に入所した施設の生活を豊かに過ごし、学齢期は養護学校（※今日的には特別支援学校）の教育と病院の治療を通して、自らの障害を克服させようとする姿が鮮明に伝わってくる。特にこの記録からは、施設での行事や自治的な活動がトーンとして感じられるが、こうした指導の内容や方法を意図的に取り入れていくことが生きがいや居場所（※ここでは安心できる場と人という感じが強い）を得ることができるようなり、思春期・青年期の障害者の生活をより豊かにしていくことになると理解できよう。これはとりもなおさずQOLの向上である。それに加えて、レクリエーションといった活動の意義を見落とすことができないのではないかと考えさせられる。レクリエーションとは、本来、レ・クリエーションであって、再び創造する、再生するという意味である。余暇時間の中での自己表現や自己実現という発達的意義を思春期・青年期というライフステージにおいてはもっと重視され各地の実践で展開されることに期待したい。

また、和夫は「将来こんな仕事がしてみたい」としてお年寄りのボランティアをするなかで、人の役に立つことの実感をもったと書いている。と同時に、仲間や職員への思いをふくらませ、社会性を獲得していることが読み取れる。まさしく、〝自分さがしの旅〟に出て人との関係づくりの中で自分を発見しているプロセスといえよう。担当職員の「自己肯定感を高めてほしい」という指導の目標が達成されていると評価できるのである。

障害児者をめぐる福祉や教育の実践の積み重ねで、障害児者の理解については三つの視点が大切であると認められている。第一に、障害をみつめることである。第二に、たとえ障害があろうとも発達してきており、これからも発達をしていくという発達の可能性についてである。第三に、これまで過ごしてきた、あるいは今送っている生活との関係でみるということである。障害・発達・生活がキーワードになっているが、ここでは、これら三つをつなげて、相互に関係するものとしてみていきたい。それは、障害の軽減や克服をはかるために大きな手術をして日々のリハビリのたいへんさを経験することで、「この時のがんばりを契機に、頼れる兄貴分として施設の子たちのなかで一目置かれる存在になった」点にあらわれている。

たとえどんなに障害が重かろうと、その子どもの発達は全生活のなかで育まれ達成されていくものである。その発達が能動的な達成となるためには、まずは、子どもが生活の主体であることを確かめ、それにふさわしい生活が組織されるべきであるととらえられる。もちろん、この生活の組織化には、施設での指導の内容と方法がふくまれることは当然のことである。

今日、障害の理解については、WHO（世界保健機関）が提唱したICF（国際生活機能分類）という構造的な理解が一般的になってきている。そのモデル図は、私たちに、障害は特定の個人に帰属するものではなく、社会環境、生活環境によってつくり出される機能状態であること、障害のある人を対象にしてノーマライゼーションを進めていくには、環境要因の整備拡充を図る必要があることが強調されている。このように、障害児者の理解には、生活をはじめ環境からみることが時代の流れにあることを教えてくれている。

支えられて育ってきた

佐々木恵子（高三・女子）

両親は不仲で別居している。父親はリストラされ、収入がほとんどない状態にあり、アパートの家賃を滞納し、電気、ガスも止められる寸前の極貧生活であった。生計の維持が困難で、養育が無理と判断され、恵子は児童養護施設（以下、施設）に入所することになった。
六年生の二月に妹と二人で、福祉司に付き添われて入所したが、学用品以外の所持品はほとんどなかった。

小学六年生の二月、二つ違いの妹と一緒に、家から遠く離れた施設に入ることになりました。普通の人たちのように、私もお父さんとお母さんと妹の四人で一緒に暮らしたかったけど、子どもの私にはどうすることもできなかったのです。しかし、時が経つのは早いもので、私が親元を離れてから、はや六年が経ちました。

施設での集団生活がはじまりましたが、一日の流れ、仲間との交流に馴染むまでに少し時間がかかりました。私が中学一年生のころ、仲間関係でとても悩んでいた時期がありました。とにかく「この場から逃げたい」と思い、何回か施設を出ました。

「だれも私を心配してくれる人なんかいない」

そんなことばかり思っていました。でも、私の思い込みだと気づかせて下さったのは施設の先生でした。

「なに考えてるの。逃げてばかりいたら問題は解決しないよ」

この言葉を聞いて今まで逃げていた自分をとてもはずかしく思い、新たに気持ちを切り替えて、その子のいる場所から逃げませんでした。これをきっかけに集団生活のなかでも私のことを本当に大切に思ってくれる人がいることを知り、安心して生活できるようになりました。また、中学二年生のころ、不登校になり落ち込んでいた時も、支えてくれた人がいたから学校に行けるようになりました。

こうした私の体験から、高校は福祉ライフ科を受験することにしました。「人の役に立ちたい」と思ったからです。高校に入って老人福祉施設の実習を何度か行いました。おばあちゃんに挨拶をすると笑顔で返して下さり、「今日はあなたのおかげで幸せだったよ」と言って下さいました。

私は、今まで施設で支えられて育ってきました。やってもらうのが当たり前だと思っていましたが、私を大勢の人たちが支えて下さったことに気づき、今では感謝の気持ちでいっぱいです。今年（二〇〇八年）三月から、私はホテルに就職します。接客の仕事なので笑顔からはじめ、お客さんが和み、幸せだと感じていただけるような仕事がしたいです。

いつしか、両親と暮らしたいという言葉は聞かなくなり

加藤茂樹（職員）

入所してきた頃の恵子は「私には、お父さんがいてお母さんがいて、妹と私の四人で暮らしたい。そんな当たり前のことをどうしてお父さんとお母さんはわからないの……」と、両親に対する疑問と、親から離れて暮らさなければならないという選択を強いたおとなの身勝手さを、悲しげな言葉で繰り返し訴えていた。「なんて、純粋な子だろう」という印象だった。その純粋さゆえに、学校での友だち関係の崩れや、施設のなかでの支配的な子から受ける抑圧を敏感に感じ取って学校を休んだり、ふさぎこんだりすることもあった。恵子はそんな時、よく職員

に相談し、自分の気持ちを吐露し、おとなの話もよく聞いてくれた。何より、施設の職員を信頼して頼ってくれたことが、彼女の安定感につながっていったのではないか。

中学三年生の頃からは、見違えるように芯の強さを表面に出せる子になっていった。高校は、「福祉の仕事がしたい」といい、福祉系を選んだ。高校に入ってからは、見た目はいまどきの女子高生の容姿に身を包んでいった。そうしないと仲間には入れないからというが、いまどきの女子高生を率先して楽しんでいたようにも思えた。おかげで、友だちにも恵まれ、施設にも何人かの友だちを連れてくる社交的な一面を見せてくれた。

学園の職員だけでなく、高校に入ってからは、親身に相談に乗ってくれる週末里親（ショート里親）との出会いがあり、困ったときには相談に乗ってもらい、里親さん宅に何日か泊まり込み、郷土料理も教わり、生活経験を聞き、得難い幾多の生活スキルを身につけ逞《たくま》しくなっていった。今も時々お邪魔をし、暖かい家庭を味わいながら、家庭、親、家族の意味づけを行っている。就職についても、アドバイスをもらい進路決定していった。もちろん、施設職員もたびたびこの里親宅にお邪魔をし、あるいは施設に顔を出していただきながら日常的なおつき合いをしている方である。

いつしか、「お父さん、お母さんと暮らしたい」という言葉は聞かなくなり、就職に際しては家庭復帰ではなく寮生活を選んだ。今は、残り少ない高校生活を楽しみながら、アルバイトで貯めたお金を元手に自動車学校へ通う毎日である。これからは、まず新天地で自分の生活を築き、妹のことを思い、父親、母親とも適度な距離をとりながら関係を維持してほしいと思う。

思春期・青年期のライフステージの視点と指導の内容・方法Ⅱ

小川英彦（愛知教育大学教員）

入所した小学校六年から高校三年までのおおまかな発達の過程がうかがえる。人間が発達していく過程にはいくつかの質的転換期があると提起されるが、このケースでは中学三年生に転機があるといえよう。それは恵子のことばを借りれば「人の役に立ちたい」「福祉の仕事がしたい」とあるように、職業的自立・卒業後の進路に向けての本児の新たな姿勢によるものであろう。そして、職員によく相談でき、信頼できる関係が本児と職員の間には築かれていったからである。また、この施設のホームページをみると、経営方針のはじめに「一、子どもの権利を尊重した援助」「二、個別性を尊重した援助」が掲げられている。換言すれば、一人ひとりのニーズを聴き、持ち味を大切にする指導観といえよう。こうした学園での一貫性・チームワークのある指導が、本児の変容を生じさせたのかもしれない。

思春期・青年期を充実させるために、一人ひとりの願いや生き方がどう指導の内容や方法に反映させるかという観点が不可欠になってくる。さらに、自立に向けて当面培《つちか》いたい能力を短期目標に、卒業後の進路やライフステージを見通した上で培いたい力を長期目標に掲げて、ここまで諸能力が獲得されてきたから次のステップへといった指導の系統性、すなわち、本人の到達点と課題点を加味した内容と方法を工夫する大切さがあるといえよう。昨今、福祉と教育の場においては、個別の支援計画が強調されるようになってきたが、指導の目標、内容と方法の設定にあたっては大きなポイントになると考えられる。

筆者は、この後半のケースからもう一つ自立という点を考えさせられた。青年期の自立を取り上げる時、目標概念として、つまり、自立しきった人間というのではなく、自立に向かって歩む存在であるという見方を大切にしたい。そして、自己選択や自己決定という本人の意見や意思を尊重して、依存しつつ自立していく姿をみることができるといった見解である。単にできる—できないという見方ではなく、一人ひとりのニーズや持ち味をもとに、その人なりの自己表現や自己実現をめざすという人格的社会的な見方が重要になってくると思われる。

前出の田中和夫君と佐々木恵子さんの綴りと担当職員のコメントを読ませていただいて、筆者は、思春期・青年期の特質を、自立に向けて諸能力を培う準備期であること、自他の交流を通しての自我形成、他人に気づき自分を表現する、すなわち、社会的存在として個を自覚したり確立したりする時期であると考えさせられた。それは、障害があろうとなかろうとすべての人間に共通する普遍的な特質であるといえよう。

最後に、和夫が「ぼくにとって、施設はいろんな思い出が詰まった宝物の存在です」と述べ、恵子が「私は、今まで施設で支えられて育ってきました」と述べているように、施設のいっそうの指導の内容や方法の充実と、子どもたちの発達を保障したいものである。

「自分」に気づかせてくれた職員に感謝

川内恵理（高三・女子）

父親のDVと家にお金を入れなくなったことが原因で、母親と子どもたちは各地を転々としたが、恵理が小学二年生になった頃、母親は精神的に不安定になり、仕事に行けなくなったり何日も家を空けるようになった。育児放棄や身体的虐待の可能性もあったため、姉たち以外の三人のきょうだい（恵理と妹の楓、弟の浩）は一時保護所に保護され、その後、児童養護施設（以下、施設）に入所することになった。

私は一九八九（平成元）年一一月にN県に生まれ、そこで六年間暮らした。その六年間の思い出はあまりないけど、楽しかった記憶もあるし、つらい記憶もある。「つらい」と思う記憶は、当時の自分にとって衝撃的な体験だった。それは父親が母親と弟にティッシュを投げていたという記憶。その時は何がなんだか全然分からならなくて「なんで？なんでお父さんが怒ってティッシュ投げているの？」という気持ちしかなかった。今思えば、それは家庭内暴力と身体的暴力だった。

それがきっかけだったと思うけど、保育園の年長の時、突然引越しすることになった。その原因の一つが父親から母親への家庭内暴力であり、もう一つは父親が家に一切お金を入れなくて、金銭面でも生活ができなくなってしまったということだった。そして各地を転々として、祖母の家に来た。その引越しの時に姉の桜と柚と別れた。姉たちはN県の施設へ入ったということを、後から知った。

私が小学二年生くらいになってから母親の様子がおかしくなった。最初は帰ってこないということが何度かあって、それから一週間、二週間と家に帰ってこなくなった。子どもたちの面倒を全くみなくなって、養育放棄をしてしまった。ご飯が食べられない日が何日も続いたり、お風呂にも一カ月くらい入れなかったりした。それでみんなから「臭い」と言われたことが何度もあり、イジメにもあっていた。

正直そんな生活だったから、「自分は存在していて本当にいいのか」とか、「生まれてきて良かったのか」とか、「こんな思いをするくらいなら生まれてくるんじゃなかった」とか、いろんなことを思った。実際「死んでしまいたい！」と思い、死のうとしたことも何度かあった。その時は本当にその生活がいやで、母親にちゃんとしてほしいという思いが強かったけれど、どうすることもできなかった。

母親が養育放棄をしてしまったため、代わりに育ててくれたのが姉の彩だった。しかし、姉もまだ高校生で、私や妹や弟を育てられなかったため、姉以外の私たち三人は、児童相談所の職員の方が迎えに来てくれて、一時保護所へ向った。「仲良くできるかな?」「いじめられたりしないかな?」といった不安感や恐怖感で一杯だったことを、今でもよく覚えている。そして母親に対しての不信感や嫌悪感もあった。それからしばらくして今の施設にやってきた。

施設に入所してから中学三年生まで

施設に入所してからいろいろなことがあった。私が入所した頃は小学生の派閥みたいなのがあって、年上の子から命令されて職員を無視するとか万引きとか、いろんなことをやらされていた。今は、「なんであんな事をしたのだろう。もう絶対にそんなことはしたくない!」と思っている。しかし当時は、年上の子からの命令は絶対で、毎日圧力をかけられていた。そして、職員に伝えればもっといじめられると思い、ずっと話すこともなく、怯えた生活を小学生の頃に送っていた。でもあの時、私が職員に相談していたらきっと助けてくれただろうと、今は思う。今では「大きい子が小さい子やハンディのある子をいたわろう」という施設の風土があって、圧力やイジメはなく、逆に大きい子が小さい子の面倒を見て、可愛がり、大切にしている。また、職員のお手伝いをして、みんなで生活を支えている。

中学生になってから生活が乱れはじめた。それは、自分が年上になったことで、好き勝手できるようになったからだ。私が小学生の頃、大きい子は好き勝手やっていたし、私も中学生になったら好き勝手に「自由」に生活をしたかった。そのため部屋の掃除はしない、自分の洗濯もしない、風呂も入らない、朝食も食べなかった。そんなことを毎日していて職員を困らせていたが、その時は「別に他の人に迷惑をかけるわけではないから、何やっても別にいいじゃん！」としか思っていなくて、本当に好き放題やっていた。

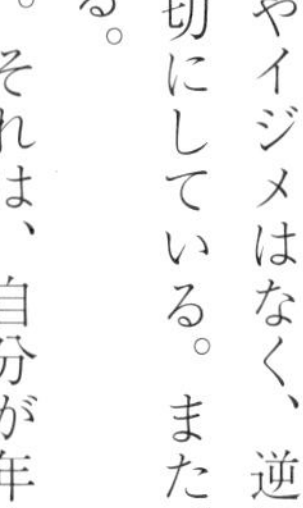

そんな生活を送っていたので、度々職員から注意を受けていた。それは私を心配して言ってくれていたのだろうけど、その時はただうっとうしいとしか思わなかった。そのため、注意されたら反省したふりだけして、内心は「早く話終わらないかなぁ」とか「なんでうちがそんなことをしなければならないの！　もうほっといてよ！」としか思っていなかった。

その時、職員が私に何かと指図している気がして、やりたいようにやらせてくれない職員が本当に大嫌いで、職員の存在がうっとうしかった。それに加えて私は頑固で意地っ張りだから、人が言ったことを素直に聞くことができず、そんなことを素直に聞こうだなんて少しも思わなかった。そんなだらだらした生活が続き、私は中学三年生になった。

中学三年生ということもあって、自分の進路について考えるようになった。その当時、「高校に行けて当たり前」だと思って生活していた。ある日、職員といろんな話し合いをして、自分がどれだけ周りの人に甘えているかを自覚した。その時職員に、「あなたは自分勝手に、それも思いっきり自立してしまっている。そしていつも、小学生の頃のことを言い訳にして、最低限やらなければならないことから逃げている。責任転嫁だ」と言われた。その時くらいから、本当の自分と自分の進路について考えはじめた。

でも、私の自分勝手さや、周りのことを考えていないという壁にぶつかったけど、自分が本当に向き合わないといけない問題には、絶対に向き合おうとは思わなかった。弱いくせに強がって、やりたいようにしかできなくて、逃げてばかりいた。今まで、自分の言われたくない自分勝手なところについてアドバイスをしてくれるのだけれど、「なんで、いちいちそんなことを言われなくてはいけないの」と思い、自分の都合の悪いことを言われるのはいやだった。でも職員は最後まで粘り強く私と向き合ってくれて、私も少しずつ話をしていくようになっていった。そして、私を助けてくれた。あの時、職員が向き合ってくれていなかったら、きっと今でもやりたい放題やっていたと思う。そんな話をずっと職員と一緒にしていて、高校受験のことも一緒に考えてもらっていた。

私は中学二年生の時から高校のことを考え、商業高校にずっとこだわっていた。なぜなら、小学四年生の時までずっと家が貧乏だったから、安定した生活を送りたくて、資格をたくさん取って、就職する時に活用したかったからだ。それで、どうしても第一志望の高校に入りたく、恵まれない環境の子どものための「環境推薦」というものを狙っていた。「環境推薦」で受験すれば、ペーパーテストを受けなくてすみ、大抵は合格するため、簡単に高校に入れて楽だと思っていた。施設生活を「その環境は恵まれていない」ということにし、施設を利用というよりか悪者にして、努力もしないで受けようって思っていた。それだけでなく、「一般入試で受けた場合、合格は難しい」と中学の担任の先生から言われていたこともあり、すごく環境推薦で第一志望の高校へ進学したかった。でも職員は、私は英語が特に苦手なのを知っていて、「ペーパーテストから逃れたい」=「いやなことから逃げたい」という私の気持ちを知っていた。それで、「本当にそれでいいの？　いやなことから逃げないで、きちんと向き合わなくていいの？」とずっと話していた。

私のなかに、「やりたいようにやりたい」という気持ちや「嫌なことから逃げたい」という気持ち、「がんばろう！」という気持ちや「自分の好きにしたい！」という気持ちが入り混じっていて、すごく複雑だった。そして、「環境推薦」にずっとこだわっていた。しかし最後には、「一般入試でがんばろう！」と思い、一般入試に臨むことにした。英語のテストも、勉強をがんばり出したら少しずつ上がったので、自分にも少し自信がついた。

一年間もの間、学習の援助だけでなく、自分を最後まで見捨てずに一緒になってやってくれた職員に対して、今は本当に感謝している。そのような体験を積み重ねるうちに、職員に対して信頼感をもつようになった。結果的には、第一志望の高校に合格することはできなかった。精一杯努力したので、最初はショックだったけど、一般入試にして良かったと、今は思っている。なぜなら、苦手なことでもがんばればできることが分ったし、自分に自信がついたからだ。以前、「死にたい」とまで思ったことがあったけど、この体験を通じて、自分だって捨てたものじゃないと思えるようになった。

私の受験の時期に職員は、私の向き合わなくてはいけない進路についての課題と向き合わせてくれた。だから、私は職員には、言葉では表せないくらい感謝している。それまで、すごくいろいろなことから逃げていたけど、これからは逃げずにがんばっていきたいと思えるようになった。

自分勝手な私、自分勝手な親

私の父親は、母に暴力を振るったりイジメたり、姉の彩や妹の楓や弟の浩を殴ったりと、さんざんな父親だった。その上、家にお金を一切入れず、二〇〇〇万円の借金があったり、母以外の女性と浮気して何週間も帰ってこない日が続いたりもした。そんな父親だった。小さい頃だったのであまり記憶はないけど、本当に最悪な父親だった。そして母は、そんな父親に対して愛想をつかし、私たちをつれて逃げた。それでM市の祖母宅に行き、離婚の準備をして私が小学二年生の時に離婚が成立した。正直なところ、父親に対しては特に何も思ってなかったし、存在自体も自分の中では「あー、いたんだ」ってくらいしか思わなかった。だけど小さい時から「絶対こんな人間にはなりたくない」とずっと思っていた。

母は、私と同じ性質をもっていて「自分勝手にやりたい」とか「他の人がどう思っても自分さえよければ何をしてもよい」といった面がある。周りから見たら、それはすごく自分勝手で「この人いやだなぁ」とか、「この人とは関わりたくない」とか、「変な人だな」とか思ったりすると思う。でもそんなことに私は気づかないで、そのような面が当たり前であり、正しいと思い、自分もそれが当たり前のように生活していた。私の親も好き勝手やっていたけど、私も好き勝手やっていた。そして、好き勝手やらせてくれる母親が大好きだった。

職員は、私が受験の時、進路の事だけでなく、自分の親のことに対しても真剣に向き合ってくれた。そういった過程で、母親の好きな面、嫌いな面、直してほしいって思うことなど、いろんなことを考えるようになった。それと同時に、自分が母親と同じことを同じように、職員に対してやっていることに気づいた。しかし、自分が母親と同じことをしていることを認めるまでには、すごく時間がかかった。なぜなら、それを認めてしまったら自分が好き勝手やっていて周りの人に迷惑をかけているってことを認めることになるからだ。それは当時の私にとって、職員との勝負の上で、自分の負けを認めることになるからだった。だから認めたくなかった。

当時、施設の先輩が「体験発表」をしていた。その先輩は、中学生の頃、施設内でのイジメ、圧力、パシリ、性的ないやがらせ、登校拒否、昼夜逆転、無外（※無断外泊）、非行へと走った。当時、職員は施設の立て直しに取り組んでいた。「何でも話し合いで解決しよう」をスローガンに、子どもたちと生活のあらゆることを話し合い、できることから改善していった。イジメも無くなった。大きい子が小さい子を大事にするようになった。行事も話し合って考え、みんなで手づくりで実行するようになった。また、パソコンが欲しいという要求を出した時は、電気代を節約して児童用パソコンを購入し、子どもたちが話し合ってルールを作って大切に使うことになった。このように、やりたいようにやる自由ではなく、本当の意味での自由が少しずつ広がった。そういった取り組みをその先輩は職員と共にやっていくなかで、私と同じように職員に「勝つか負けるか」ということで悩み、結局は職員を信頼し「勝ち負け」へのこだわりを乗り越えていった。そして先輩は、私を含めたみんなに「早く乗り越えてほしい」と言っていた。

私は「体験発表」や「中学生・高校生話し合い」の中で、職員だけでなく仲間から多くのことを学んだし、みんないろいろな課題を抱えているけど、自分も同じだと気づかされた。また、職員といろいろなことについて話し合うようになった。成育史も一緒に振り返った。それにより、認めたくなかったけど、どう考えても自分は親と同じことをしていて、好き勝手したいようにしているという答えにしかたどりつけなかった。そして、職員や仲間に支えられて、私が自分勝手だと本当の意味で認めて、受け止められるようになった。それに気づかせてくれたのは職員と仲間で、もし今でも私に向き合ってくれなかったら、きっと今でも好き放題にやっていたと思う。気づいたとき本当に頭が真っ白になって、とても恥ずかしいことをしていたと思い、それに気づかせてくれた職員や仲間には言葉では表せないくらい感謝している。

今でも、「職員大嫌い！」と思っている子がいると思う。でもそれは何でなんだろう？自分のいやなことを言われるから？　でも、みんなうっとうしいと思うかもしれないけど、間違ったことを職員は言っているのだろうか。私は、当たり前のことを言ってくれているのだと、今は思う。自分の言われたくないことを言われるのは、確かにうっとうしいかもしれない。でもそればっかりで「ムカつく」とばかり言って、みんなは自分の性質（人間性）を見ることができているのだろうか。私はいつも逃げていた。そんなところを見たくなかったから、「見たら負ける」と思っていたから、見ることができなかった。

みんなはどうなのだろうか。認めたくないのではないか、考えてほしい。それと、「やりたいようにやりたい」と思っている子はどうしてやりたいようにやりたいのだろう。自分の好きなようにやっていたら楽だから？　そのほうが苦しくないから？　それじゃ逃げている卑怯者だよ。私も「逃げたい、逃げたい」というばかりだったから、人がどんな思いをしているのかとか考えたりできなかった。でも気づいてから、みんなには、それってどういうことを相手にしているのかを、自分の立場からじゃなくて、第三者の目で見て、いろんなことを感じてほしいと思っている。

職員に対して今まで思ってきたこと、今思っていること

職員については、存在自体がいやだったし、大嫌いだった。何かとうるさいし、自分の好きなことをやらせてくれない邪魔な存在だった。だから、進路の話とかそのときは本当にいやだった。もちろん全然信用してなかった。今思うと、自分勝手だと改めて自覚させられる。あの頃の自分をここまで育ててくれた職員を、粘り強いと思っている。職員は絶対あきらめるということをしなくて、いつも直球勝負だ。前向きで、一生懸命で、本当に大切な存在であり、こんな私でこれからもいろいろ迷惑とかかけちゃうけど、見守っていてほしいと思う。受験シーズンの頃からずっとここまで真剣に向き合ってくれて、自分のいろんなところを自覚させてくれた職員たちは本当に大事であり、尊敬している。これからもよい関係を築いていきたい。今度は私が、職員やみんなの力になりたいと思っている。みんなにはいろんな事に早く気づいてほしいし、だからこそ言われたくない事でもはっきりと言っていくと思う。私はみんなに対しても、真剣に向き合っていきたいと思う。

ずっと就職するつもりだった

私は将来、「安定した生活、毎日」が送れればいいと、ずっと思っていた。それが幸せなことだと思っていた。なぜ「安定」ということにこだわっていたかというと、幼い頃からずっと不安定な生活をしていたからだ。私が小学二、三年生頃から母親の様子がおかしくなり、そのうち家に帰って来なくなってご飯が食べられなかったり、お風呂にも入れなかったりで、今日はごはん食べられるだろうかといつも思っていた。毎日が不安だった。その頃から、「おとなになったら、ちゃんとした仕事について安定した生活を送ってやる」と思っていた。

中学二年生の頃から進路の事について考えていた時も、高校卒業したら就職して安定した生活を送れたらいいと思っていた。そのため、少しでも多くの資格を取れる商業科高校を志望していた。就職に有利だと考えたからだ。中学三年の時、進路の相談を職員にした時も、どういう将来を考えているのか聞かれ、即座に「商業科高校へ進学したい」と私は答えた。その後、職員に相談して進路のことで話をしている時、大学進学の話が会話のなかで上がっていたけど、大学進学なんて全く考えようともしなかった。そんな私に職員は、「この先、高校生活のなかでやりたいことが変わるかもしれないし、普通科だったら選択肢も増える。まだいくらでも変更できるから普通科も考えてみたらどう?」と言ってくれた。しかし、高校卒業したら就職すると決めていたから、普通科に行こうとは思わず、選択肢にも入らなかった。また、将来どんな職業に就きたいか聞かれた時も、「事務職」と答えていた。別にどんな会社でもどんな職業でもいいから、とりあえずは安定という気持ちしかなかった。そのため、「事務職に就いて安定したい。だから資格がたくさん取れる商業科にいきたい」とずっと言っていた。

その後の職員との話し合いでも高校生活でどんなことをやってみたいか聞かれても、交友関係や部活動ではなく「資格取得」と言っていた。私の頭のなかには、商業高校行って資格をたくさんとってそれを就職活動で生かし就職するという未来図が成り立っていた。だから、その自分の目標しか見ていなくて、進路の相談をした時も、「相談」にはならなかった。自分でやりたいことをあらかじめ決めておいてそれをやるために行動していた。自分のやりたいこと（※目標）が第一で、それ以外のことなど全く目に入らなかった。そして安定した会社へ就職するための手段として、どうしてもある公立の商業高校へ合格したかった。しかし、自らが努力するのではなく、一般受験より簡単で合格率が高い推薦受験を考えた。そのうえ、学力とかスポーツとか中学校生活でがんばっていた推薦ではなく、環境推薦という、恵まれない子どもの為の推薦枠を使って合格したかった。けれど、私は決して恵まれない子どもではなかった。環境推薦は本当に恵まれない子どもの為の推薦。私は親とは暮らしてはいないけど、職員の愛情のなかで生活し、ご飯も食べられる、お風呂にも入れる、なに不自由のない生活を施設や周りで支えてくれたおとな（※職員）のおかげで送らせてもらっていた。だから私がこの推薦枠で受験しようとするのはおかしいことだった。でもその時は環境推薦がおかしい事に気づかなかった。高校を合格しやすくするために、施設生活を恵まれない環境にし、周りで支えているおとな（※職員）の想いにも気づかず、堂々と「私は恵まれない子どもです」と言っていた。本当はすごく良い環境で生活させてもらっていることにも気づかなかった。自分のためなら手段を選ばなかった。

今思うと、その時の職員たちには相当いやな思いをしたと思う。職員が、自分のことよりも優先して、私たち児童の面倒を一生懸命見てくれているのに「私は恵まれない子どもです。だから推薦がほしい」なんて言ったら普通腹がたつだろう。それに、自分が育てている子どもに、そんなことをされたら傷つくと思う。こんな子どもとなんか関わりたくないと思うだろう。でも職員は粘り強くあきらめないで「環境推薦はおかしいよ」と、私と話を毎日してくれていた。でも職員の話など聞かなかったために、そんなことにも気づかずに、自分はおかしいことはやっていないと思っていた。職員は、そんな話を毎日毎日夜遅くまでやってくれた。そしてとても時間がかかったが、毎日の話し合うことで、ようやく自分が恵まれていることに気づいた。気づいたと同時に環境推薦がおかしいことだってことにも気づき、一般受験で志望校を受けた。

やはり自分がおかしいことに気づかせてくれたのは、私のことを想ってくれていた職員がいたからだと思う。いつも職員は、私たち子どものことを一番に考え、一緒に悩んだり、叱ったりしてくれた。だからこそ、私は気づくことができた。だから職員のことが好きになった。でも、安定した生活や職業に対する自分の考えが変わることはなかった。

受験の時に気づくことができたので、おとなへの不信感はなくなった。そして少しずつ職員を信頼するようになり、職員といて安心できるようにもなり、さらに、職員を尊敬するようにもなった。

しかし、高校生になってからも資格をたくさん取ろうと思い、就職する考えはやはり変わらなかった。そして部活動もコンピュータに強くなればいいなと思い、ワープロ部に入った。高校一年生の頃から資格をいっぱい取っていた。それは高校二年生になっても変わらなかった。二年生の頃の進路希望調査でも迷わず「就職」にしていた。

でも高校二年生の途中、その考えが変わりはじめた。それは私が職員を見ていて、職員のことを信頼するように、「施設職員ってすごい！」と思うようになったからだ。いつも勤務時間が過ぎているにもかかわらず、私に気になることがあれば、毎日あきらめずに話し合ってくれる。そのことに対し、中学生の頃は「それが職員の仕事だろ」と思い、残業なんか当然だとしか思っていなかった。高校生になってそれだけでは、施設の職員はできないことに気づいた。自分のためだったら残業なんて嫌だし、休日出勤なんてありえないと思う。

私はそういったことを通じて、自分のためじゃなくて誰かのために働きたいと思うようになった。それが、やりがいや生きがいにつながっている職員の生き方をいつも見てきた。だから、「すごいな！　素敵な人生だな」と思うようになった。仕事のなかでやりがいや生きがいを見出すってすごいことだと思う。いやなことでもそれをやりがいや楽しみに変えたり、見出せたりするような人生を送ってほしい、そんな人間になってほしいと、言葉では言わないが、いつもそんなエールを職員が私たちに送っているように感じた。私もそんな人生にあこがれた。でも、それとは反対に、「仕事は生きていくためにしなくてはならないものだ」とも考えている自分もいた。だから結局、自分のためにしか職業とか進路を選べなかったし、頭の根底には安定した生活の固定観念があったからそれを崩すのはできなかった。やっぱり安定した生活がしたくてそれにこだわっていた。二つの思いが自分のなかにあった。その時、「あなたは二者択一的思考だ」と職員に言われた。それって何だろう？

その頃、あたりに高校で、専門学校や大学や企業のインターンシップが行われた。私はコンピュータに関する学科に在籍していたので、コンピュータの専門学校へ行ってみた。コンピュータの事はもともと興味もあったから、ＩＴ関連の企業は安定しているだろうと思い、専門学校へ行って、コンピュータ関連の業界に就職したいと考えるようになった。それが、進学を考えはじめた最初の出来事だった。

それからいろんな専門学校や大学からいろいろな資料取り寄せ、専門学校や大学などのことを知るようになっていった。そしてまだ勉強できるなら勉強したいなと思うようになって進学したいという気持ちがでてきた。何を勉強するのか、将来どんな職業につきたいかには迷いがあった。福祉関係の職業にも興味があった。「誰かのために働く」ことへの憧れもあったが、自分の生活を安定させるためにはコンピュータ関係の職業のほうが安定しているだろうと思っていた。でもどちらか一つと言われたら、コンピュータの専門学校や大学の方へ進学したほうがいいという思いが強かった。

高校三年生の最初のころコンピュータ系の専門学校と大学の両方で進学を考えるようになった。しかし、コンピュータに興味はあったが、本当にコンピュータがやりたいわけではなかった。コンピュータへのこだわりは、安定した収入を得るためで、そういった企業に就職するためだった。本当は、まだ自分がやりたいことが見つかっていなかった。だから、とりあえずコンピュータの勉強をし、企業に就職しようと思っていただけだった。しかし、それで本当にいいのか考えはじめた。それは、高校二年生の頃からの福祉の世界に対する憧れがあったからだ。職員の姿を見てきて、職員のことを「すごい、かっこいい」と思い、自分も福祉の世界で働きたいという思いが強くなった。「人のために生きられる人生を歩んでみたい、その勉強もしてみたい」と思いはじめた。だからコンピュータの関係のことはどんどん薄れていった。自分のために働いて、毎日を安定した生活にするより、誰かのために生きてそれが生きがいになるような人生を送りたい。私も「施設の職員のような人になりたい、自分もそんな人生を送りたい」と思った。だから、「福祉に関する勉強がしたい」という思いが募り、本当の自分の気持ちが、大学進学へとなった。

　大学進学を含め、自分の将来のことについて私が向き合えたのは、職員がいてくれたからです。もし出会うことがなければ、自分の将来に対して「働いて安定さえできれば職業は何でもいい」と思っていただろう。そして、何の疑問ももたずに将来を送っていたと思う。そのような、毎日をただ漠然と生きる人生を送ることにならなくて本当によかったと思う。私をここまで育ててくれた職員の方々に、心から感謝しています。

　私は今まで自分勝手に、それも思いっきり「自立」していました。そして、自分の力ではできないこと（※進学や奨学金制度）は、利用という形で職員に依存していた。結局、自分には力がないということを認めたくなかったから、「間違った自分を正しいと思い続ける」ことで自分を正当化したかっただけだった。結局、自分が向き合わなくてはならない課題から逃げていただけだった。だから、今も本当の意味で自立できたとは思わない。退所後もその気持ちを忘れずもち続け、大学生活を通して自分の夢をどんどん深めていきたいと思う。職員の方々、そして施設の仲間のみんな、ありがとう。

誰もが安全で安心して生活する権利がある

安藤　聡（職員）

以前は施設全体が荒れていた時期もあったが、施設の立て直しに取り組んで今年で一〇年目になる。ここ数年、大学等へ進学する子どもがあり、この春には四人が卒院するが、その高校生のうち三人が大学へ進学することになった。子どもが夢を抱いて進学する状況は、私たち職員にとっても嬉しいことであり、立て直しの基本方針に「個と集団との育ち合いを軸とした集団づくりを、職員が子どもとともに取り組む」ことを、一貫して追求してきた職員集団の努力の結果でもある。

集団づくりを支えている一つの取り組みに「体験発表会」がある。当施設には三〇数名の中学生・高校生が生活しており、体験発表会は中学生・高校生と職員が参加し、これまでの生育歴や自分の課題や夢など、さまざまな体験を子どもが発表し議論する場である。ここに載せた恵理さんの作文は、恵理さんが体験発表会で報告した内容の一部を紹介し、どのように自分の進路を選択し施設を巣立っていったのかを紹介した。

施設入所の経緯

恵理さんは母親と妹の楓さん、弟の浩くん、そして異父姉の彩さんの五人で暮らしていた。

母は精神的に不安定になったり、仕事に行けなくなったり、また何日も家を空けることが頻繁になった。姉の彩さんがアルバイトをしながらなんとか恵理さんや楓さん、浩くんの生活をみていたが、経済的にも窮迫していた。ネグレクトや身体的虐待の可能性もあったため、彩さん（当時高校三年生）が恵理さんを含めた楓さんと浩くんの施設入所を希望し、恵理さんが小学四年生のとき施設入所になった。彩さんは自力で高等学校を卒業し、病院の事務職として現在も働いている。

誰もが安全で安心して生活する権利がある

七、八年ほど前までは、施設全体が崩壊しているかのように荒れていた。現状を何とかしたいという職員が核となって、一〇年ほど前から立て直しがはじまった。まず一番に解決したい問題は「傷つけ合う子ども集団」の在り方だった。弱いものへのいじめ（圧力、暴力、パシリ、借りパク、性的な問題……）をなくしたい、という思いで職員が結束した。「一人ひとりの人権――誰もが安全で安心して生活する権利がある！――」をスローガンに徹底的に子どもとの話し合いがはじまった。

今でも覚えているが、第一回目の話し合いの最後、中学生・高校生から出された彼らの訴えがとても印象的だった。その訴えは、「なぜオレは施設にいるのかその理由が分らない。一緒に調べてほしい」「親権が父親にあるが、虐待を受けている。母親へ親権は変わらないのか？」「父親と母親が離婚しなければオレはここにいなくてもよかった。離婚の本当の理由が知りたい」「母親の記憶がない、会ったこともない。母親を一緒に探してほしい」等々。このことがキッカケとなって、一人ひとりの成育史を紐解く作業が始まった。

同時に、いじめや暴力への対応も始まった。職員集団全体が、本気でこの問題を解決するという姿勢を子どもたちに粘り強く、長期間に渡って示す必要があった。当然、いじめや暴力の現場を見つけた時には必ず介入したが、被害を受けている子どもが被害をなかなか認めないということが続いた。また、ヒアリングをしても明らかに被害にあっているもののそれを認めなかった。私たち職員は、いじめる側も加害者であるとともに被害者であると捉え、「いじめや暴力はどんなことがあっても認めない」と統一的対応を継続し、同時に抑圧された感情をいじめという形で吐き出すのではなく、違う形で解放できることを願って対応した。それは、勉強であったり進路の模索であったり心の整理であったりスポーツであったりと、職員が子どもと一緒に取り組んだ。また、小さい子やハンディのある子を大切にすること、職員を助け共に生活を支えること、話し合いによる自由の拡大など、中学生・高校生の共通の取り組みとして、心の解放を目指した。粘り強い職員集団の取り組みによって、いじめや暴力はなくなり、逆に「大きい子は小さい子やハンディのある子を大切にしよう」という風土がつくられ、施設の基本方針にまで高められた。

見てみぬ振りしないで子どもと向き合おう

いじめや暴力（子ども間、対職員）と平行して、昼夜逆転、無断外出、深夜徘徊、喫煙、薬物、万引き、窃盗、恐喝、無免許運転、不純異性交遊、援助交際などの非行行為や非社会的行為、集団的な登校拒否などの問題が山積みになっていた。職員間では「見てみぬ振りしないで子どもと向き合おう」を合言葉に、こういった課題についても子どもたちとの徹底的な話し合いが始まった。

職員集団による徹底した姿勢によってこういった問題行動が減少していった。登校拒否という課題を職員集団の組織的な対応によって乗り越えたときは大きな達成感を感じたことが今でも印象に残っている。結局、抑圧された感情、それは学業不振、友だちができない、親の問題、様々だが、それを非行という形態で吐き出すのではなく、職員との信頼関係を築きつつ将来への夢や希望づくりへそのエネルギーを解放していくことになっていった。

子どもが主人公の施設づくりをめざして

六、七年前、施設内で行われるクリスマス会の準備がはじまった。それまで、クリスマスプレゼントは全員一律二〇〇〇円と決まっていた。これをどうするかという議論が中学生・高校生を中心に始まった。結局、プレゼント代の総額は決まっている、だから中学生・高校生はプレゼントを我慢し、幼児や小学生に用意することになった。彼ら、彼女らは「小さいときからいつも夢とか願望を諦めなければならなかった。服が欲しくても家にはお金がないし、何でも諦めなければならなかった。だから諦めるのが当たり前になっている。だから私には夢がないのかもしれない。施設の小さい子にはそんな思いをさせたくない。せめてクリスマスプレゼントぐらいの夢はかなえさせてあげたい」と言う。仲間は仲間のことを良く知っている。「〇〇ちゃんは親のところへの帰省がないからゲーム機買ってもらえないので、いつも人がやっているのを見ているよ」、「かなり高額だけどプレゼントでゲーム機を買ってあげたい」と。最終的には、小さい子には本人が望むもの、中学生・高校生は職員の思いがこもったものがプレゼントの内容になった。

こういった取り組みを通じて、事業費を公開することになった。水道・光熱費や日用品費の無駄遣いが目立った。これらの無駄遣いを減らし、その分、お小遣いや行事、衣料、文化活動などへ回すことになった。たとえば、居室のエアコンの管理が問題になった。夏、一八度に設定し布団をかぶって寝る子どもがいる。職員が介入しようとすればキレて暴れるといった極端な例もあった。話し合いの結果、子どもたちは扇風機を買ってほしいという。普段は扇風機を使い、暑い時は適切な温度設定でエアコンを使用し、リモコンも各自が管理することになった。定着するまでにずいぶん時間がかかったが、電気料金がかなり節約された。こういった見直しとルールづくりによって、お小遣いや行事、衣料、文化活動などの改善が行われていった。

日常生活で起きてくることについて、あらゆることが話し合いのテーマとしてあげられた。中学生からの携帯電話の所持、アルバイトのあり方、部活動への取り組みと自覚の形成、外出・外泊についてのルール、進路選択、ビデオデッキやノートパソコンの貸出制度、食事時間・入浴時間の変更など挙げればきりがないが、話し合いを通じてさまざまなことがバージョンアップしていった。また、こういったバージョンアップは、話し合いを軸とした職員集団の粘り強い取り組みによって成し遂げられた。

バージョンアップを通して職員と子どもとの取り組みのなかで、子どもが施設生活に依存するのではなく、おとな（職員）との適切な意味での依存関係ができていった。こういったおとなとの依存関係が子どもの情緒を育み、おとなへの信頼感へと育っていくと思う。このような取り組みで、生活上にルールが作られていったが、生活のルールは、子ども集団の目的（権利の保障と個の確立）を達成するために大切なものであること、個々の子どもの自由を拡大するためにも、それを通して一人ひとりが人間的に成長するためにも集団づくりが重要であることが分かった。「子どもが主人公の施設づくり」とは、子どもの幸せを常に軸として、考え取り組むことができるような職員集団づくり、子どもの集団づくりだといえる。

個と集団の育ちあい

恵理さんもそうだが、多くの子どもは、彼らの言葉で言えば「おとなをなめて」、課題へのおとなや仲間の介入を拒む。「なめている」状態では、おとなの関わりは跳ね除けられ、子どもと共に課題を深め解決していくことは困難であった。「自分がおかしい」とか、「今のままではヤバイ！」といった子どもの言葉で表現されているように、自分を客観的に見ながら「自分を本気で直していきたい」と本人が自覚（第一ステップ）しなければ次のステップにはいけないということが分った。

恵理さんがこのことに気づくまでには、多くの失敗とその都度粘り強く話し合いを継続する職員と仲間が必要だった。しかし、第一ステップを乗り越える為に、子どもたちはおとなや仲間によるエネルギーをどれほど必要としているのか途方にくれる時もある。ともすると職員も仲間もその課題の大きさを前にめげそうになってしまう。そういった時に必要なことは、職員相互の励まし合いであり、職員から子どもへの励ましであり、子どもから職員への励ましである。職員は子どもたちのちょっとした成長に触れるだけで励まされるのである。これまでの実践を通じて、第一ステップさえ、何とか子どもが多くの人々の支えを通じて乗り越えることができるならば、虐待関係を乗り越え、自らの力で個を確立していくことが可能であるということを実践の積み重ねが示している。

「自分がおかしい」と気づき「本気で直していきたい」と自覚して、被虐待関係を乗り越えた仲間が施設にはたくさんいる。この仲間たちは、施設職員との話し合いや課題への取り組みの体験をしている。そういった体験から、必ず恵理さんもこのことに気付いてくれるという思いで仲間も接してくれた。「オレも以前は職員や仲間をなめていた。だから気持ちはよく分かるけど……そのことに気付けて今は本当に良かったと思っている」、などと恵理さんにアドバイスしていた。また、恵理さんが「これからは職員の言うこと素直に聞いてみる」と言えば、「素直に聞くというぐらいの自覚ではダメだよ。自分がヤバイって本当に分って、自分の力で自分を変えていこうとしなければ課題は乗り越えられないよ」と助言していた。そして、「自分が大丈夫だなんて思った瞬間から元に戻ってしまう。だから常に自分を疑いながら生活することが大切だし」「自分を疑うことはイヤかもしれないけど、成長するほうがうれしいからがんばってほしい」などと、施設で職員集団と子ども集団が取り組んだなかで乗り越えてきたと自覚できる高校生仲間は説得力のある言葉で恵理さんに伝えている。子ども集団のなかで苦しみ励ましあう姿やそういった光景を見るとき、職員も励まされ、この仕事の大切さを感じる時でもある。

恵理さんの場合もそうだが、さまざまな問題があった時、必ず職員との個別の話し合いを行い課題の解決に取り組んでいった。また同時にその事実を子ども集団にも投げかけ、恵理さんの課題について、本人も交えて話し合いの場を設けていった。最終的には職員との関係で課題を少しずつ乗り越えていくのだが、子ども集団の支えなしには恵理さんも課題を乗り越えられなかったと思われる。また恵理さん以外の子どもたちも、彼女の課題について真剣に仲間として話し合うことを通じて、一人ひとりのもつ課題と向き合うことができ成長がみられた。一人の課題をみんなのものとして解決していこうとする姿勢とその過程のなかに、個と集団の育ち合いがある。

恵理さんは、このような施設の職員と子ども集団の取り組みのなかで施設を巣立ち、施設出身者に対して、特別な奨学金制度のある大学への進学が決まった。今後、施設から遠くはなれて自活することになるが、職員や仲間はハラハラ心配しながら恵理さんの自立を見届けたいと思う。

ひとりの育ちがみんなの育ちに、みんなの育ちがひとりの育ちに

浅倉恵一（名古屋学院大学教員）

恵理さんの作文と担当職員さんのコメントを読んでまず感じたことは、施設養護の特色とも言える「集団」（子ども集団・職員集団）が有する「育ちあう力」の素晴らしさでした。日頃施設の子どもたちのいじめの問題とか施設内虐待などの話を耳にすることが多く、施設の「集団」の劣位性だけが論じられ、施設の「集団」が否定的に考えられています。しかし集団のもつ力は「劣位性」の働きだけでなく、「優位性」の力もまた働くのです。施設で営まれる生活の中で「集団の優位性」の力がしっかりと発揮されると子どもも職

員も大きく成長して、結果素晴らしい集団養護実践が生まれることを忘れてはなりません。それを子どもの側からと職員の側から立証しているのが、今回の恵理さんの作文と職員さんのコメントの内容ではないでしょうか。

「体験発表」と子どもの育ち

恵理さんの作文は、一、「やりたいようにやりたかった」（高校一年生の時の体験発表）、二、「自分勝手な私、自分勝手な親」（高校二年生の時の体験発表）、三、「ずっと就職するつもりだった」（高校三年生の時の体験発表）という流れですが、それぞれに自分への素直な思いや職員への思いがうまくまとめられており、青年期の心が揺れ動くなかでの成長の様子がうかがえます。

職員さんのコメントによれば、「『体験発表会』は中学生・高校生と職員が参加し、これまでの生育暦や自分の課題や夢など、さまざまな体験を子どもが発表し議論する場」であり、子どもたちが自分や自分の現状を見つめる場といえます。

青年期は自分探しの時代でもあります。特に家庭環境に何らかの問題があり、施設に入所してきた子どもたちにとって自分探しは大切な営みではないでしょうか。「なぜ自分は施設に入所したのか？」「いつ施設から退所するのか？」「自分の将来はどうなるのか？」「自分の親は今どうしているのか？」などの課題に自分としてどのように向き合えばよいのか、それらが自分の中で不燃焼のままであれば、自己否定の方向に向かってしまうこともあるでしょう。

自分の今までの育ちや思いを見つめなおす作業は、青年期を迎えた子どもたちには必要なことです。現在の自分の存在を肯定し未来を展望するためには取り組まなければならない大切な作業でもあります。そういった意味で、「体験発表会」の取り組みは、子どもたちの集団つくりにとっても、個の自覚つくりにとっても素晴らしい実践です。

子どもたちは、この「体験発表」を通して、自分の生育の歴史を見つめ直すことができるとともに、現在の新しい自分や思いの成長を発見することでしょう。恵理さんは、作文「過去の自分」のなかで、自分の過去の辛い体験とその時々の思いについて、また親への思いについてしっかりと見つめ、仲間の前で語っている。そこにはその話しを真剣に受け止めてくれている素晴らしい仲間たちと信頼する職員たちとが居るからこそ素直になれるのではないかと思います。そして恵理さんの「体験発表」も、高校一年生の時の内容、二年生の時の内容、三年生の時の内容に段階的に大きな成長が見られます。きっと恵理さん自身も自分の心の成長に気がついていると思います。

子ども集団と職員集団の支えあい

「体験発表会」が現在のように実践されるようになる背景には、子どもたちを施設の主人公とすべき「施設つくり・集団つくり」の長年の取り組みがあったことが職員さんのコメントから窺うことができます。

子どもたちが仲間や職員たちの前で自分のことを安心して素直に話すことができるということは、恵理さんの「体験発表」のように、一人ひとりの子どもが「自分は仲間に支えられている」「自分は職員に支えられている」との信頼感ともいうべき思いがあるからに違いありません。そこに到達するためには、一人ひとりの子どもの育ちに真摯に立ち向かう一人ひとりの職員の存在があり、そしてその背後には一人ひとりの職員を支える職員仲間の信頼感があることがこの実践に感じられます。そして職員に支えられ成長した上級生が、後輩の子どもたちを支えているという図を恵理さんの作文から窺うことができます。「民主的な子ども集団は、民主的な職員集団によって育てられる」と言われていますが、まさにそれを実証しているようです。

施設の子どもたちにとって、職員は社会のおとなのモデル

私は恵理さんの作文を読んで、今更ながら子どもたちに対する施設職員の役割の重大さを感じさせられました。子どもたちは、常に身近な存在である職員の生きざまを見ています。特に信頼関係のある職員の考え方や趣味などは自分のなかに取り入れようとも考えます。

恵理さんが「大学進学を含め、自分の将来のことについて私が向き合えたのは、職員がいてくれたからです。もし出会うことがなければ、自分の将来に対して『働いて安定さえできれば職業は何でもいい』と思っていただろう。そして、何の疑問ももたずに将来を送っていたと思う。そのような毎日をただ漠然と生きる人生を送ることにならなくて本当によかったと思う」、また「自分のために働いて、毎日を安定した生活にするより、誰かのために生きてそれが生きがいになるような人生を送りたい。私も『施設の職員のような人になりたい、自分もそんな人生を送りたい』と思った」と語っているように、恵理さんの進路に対する考え方や職業観は、施設職員の働く姿勢や仕事に対する考え方に大きく影響されているように思います。

恵理さんへのエール

恵理さんも、これからの人生において、多くのおとなと信頼関係を結ぶと思いますので、沢山のモデル像を学習して自立に役立ててほしいと思います。また恵理さんが、作文の最後に書いた「退所後もその気持ちを忘れずもち続け、大学生活を通して自分の夢をどんどん深めていきたいと思う」との思いを大切に育てていって下さい。

私も、職員さんが「今後、施設から遠くはなれて自活することになるが、職員や仲間はハラハラ心配しながら恵理さんの自立を見届けたいと思う」とコメントの最後に書いているような思いで一杯です。

その先に見える夢と希望

上田　翔（高三・男子）
※まとめ　秋月　肇

翔が小学生の時に、母は再婚した。継父は、自分が中学卒業で調理の仕事に就き、厳しい修行のなかで若い頃を過したために、翔たちには勉強して良い学校へ行ってほしいという気持ちが強く、子どもたちの生活は、継父の思いのままに厳しく管理されていた。

門限、家業の手伝い、学習時間の設定、体力づくりのための運動。テレビはなし、夜は、九時には就寝、それが守れなければ、ビンタや足蹴りが飛んでくる。きょうだいは逆らえないので、継父の言うとおりにしていたが、翔だけが年齢とともに不満をもちはじめ、継父が決めた規則を守らなくなり、身体的虐待を受けるようになった。翔は高校入学と時を同じくして、体罰を担任に相談。それをきっかけに児童相談所への通告となり、児童養護施設（以下、施設）への入所となった。

一月も終りに近いある夜のこと、食堂で、風呂上りの高校三年生の翔くんに「インタビューしてもいいかな?」と声をかけると、「いいよ」とのことであった。数人の中学生はテレビをみていた。保育士は風呂のあとの洗濯物を干していた。テーブルに座った私は、彼にいろいろと聞いておきたいことがあった。

大学入試のセンター試験も終り、いよいよ受験の本番を控えている。翔くんはあと二カ月もすると、施設を巣立っていかなければならない。翔くんは私のインタビューに少し緊張したのか、声が高くなっている。私は椅子に座った翔くんに、「声を変えなくてもいいよ。私が質問をするから、その質問に思ったまま答えてくれたらいいよ」と伝えた。

まずはじめに、私は「なぜ、大学に行くの?」と質問した。すると翔くんは、「将来の夢が四大卒を条件にしているから」と答えた。私はその答えに、「そうか、自分の夢の実現には、大学を卒業することになっているんだね」と言うと、翔くんは「はい」と答えた。

次に、私が「じゃあ、がんばって大学にいかなきゃね」と言うと、翔くんは再び「はい」と答えた。私は、「翔くんは、ここに来てから何年になるかな?」と聞くと、翔くんは、「三年目です」と答えた。そして、私は、「家にいた時と施設に来た時とでは何か変わった?」と聞いてみた。その質問に対して翔くんは、「家にいた時は、勉強、勉強で家に帰ったら外に行けない。ここに来てからは、自分の意思で行動できる」と言った。私は、「ここに来て、翔くんの生活が変わったんだね」と言った。

そして私は、「学校では、施設で生活していることを友だちに話したりするの？」と聞いた。すると翔くんは、「一、二年の頃は、みんな部活で話せる時間がなかった。でも、今は、部活が終わったから話せるよ。家から通学している時は、部活はダメ、すぐに帰って勉強、家業の手伝い、体力作りのトレーニングで、帰宅後の外出は認めてもらえなかった」と話す。私は、「施設の生活のなかで、自分の意思で勉強するようになったから、勉強がいやではなくなったのではないかな」と言うと、翔くんは、「それもあるけど、ぼくは、図書館や学校では勉強できるけど、友だちがいたり強制されると勉強できない性格なんだ」と言った。私は、「では、中・高生に対して、施設では時間や場所を決めてから勉強時間を設定して取り組むことが多いけど、翔君はどう思う？」と聞いてみた。その質問に翔くんは、「高校に進学するとか、大学に進学するというのは自分の意思だから、勉強しなさいと言われたり決められたりするのはいやだ。社会に出たり、おとなになった時には、自分で判断したり決めたりしなければならないのだから」と言った。私は、「じゃあ、施設の生活のなかで、何か不満はないの？　後輩たちのために言っておくことはない？」と聞いた。しかし、翔くんは、「不満はない」と答えた。

その次に、「今年の運動会で応援団やってたね。高校生活の中で一番の思い出になったのでは。自分から立候補したの？」と聞くと、翔くんは、「友だちに誘われて。やってみてよかったと一番印象に残っている。高校生活が明るくなった。仲の良い友だちには、ここ（施設）での生活のことを話しているよ」と話してくれた。

最後に私は、「じゃあ、三年後はどうしているのかな？」と聞いてみると、翔くんは、「三年後は大学三年生。夢を見つけるために、努力していると思うよ」と言った。私は、「三年後を楽しみにしているからね」と言った。

親子関係が少しでも改善されること

工藤光一（職員）

翔くんへの身体的虐待は、継父の、翔くんをはじめとした他の姉妹への期待の大きさが、継父の暴力の激しさへと変わっていったのかもしれない。翔くんは、反抗期の頃から「自立」の道を自ら選択した。施設に入所して継父から管理された生活から開放され、テレビ漬けの生活になり、高校の成績は下降線を辿った。それに気づいて再学習やアルバイトをがんばり、三年間を過してきた。

夢に向かって大学受験。もう一度、「家庭」、「姉弟」、「継父」、「母親」を見直す力を養ってくれることを願っている。そして、三年後、親子関係が少しでも改善されていることを翔君の課題としたい。

また、翔君の夢は、エンジニアになることである。エンジニアとは、機械を作る仕事である。その他にも、大きなメーカーの研究室で働くことも考えているみたいなので、少しでも自分の夢に近づけることができるようにがんばっていってほしい。

生き急がなくてもいい。もっともっと長い時間をかけて

加藤俊二（日本福祉大学教員）

翔くんの作文を読みながら、今から二〇余年前（※当時、私は児童相談所の心理相談員の仕事をしながら、施設の職員の人たちと交流を深め、研究会活動をしていた）、私が関っていた何人かの少年たちが浮かんできた。

その少年たちは、ほとんどが中学校卒業で施設を退所し、高校進学は極めて稀で、ましてや大学への道はまったく保障されていなかった。そんな時代であるから児童虐待につい

ても、それは、「親の厳格なしつけ」の問題として捉えられていて、おとなによる「児童の人権への重大な抑圧と侵害」という視点は、まだ法的にも児童福祉の実践現場でも確立していない時代であった。

また、かつて多くの施設の児童たちはさまざまな規則で管理・拘束され、自由に意見や自分の意思を表明することは難しかった。しかし、今の施設を、翔くんは「施設では自分の意思で行動できる」、「高校、大学に進学するのは自分の意思だから、勉強しなさいと言われたり、決められるのはいやだ。社会に出たり、おとなになった時には、自分で判断したり決めたりしなければならないのだから」と断言している。

また、工藤さんのコメントで、「継父は、中学卒業で調理の仕事をしており、厳しい修行のなかで若い頃を過し……」、そういう「継父による管理された生活から開放され、テレビ漬けの生活になり、高校の成績は下降線を辿った。それに気づいて再学習、アルバイトをがんばり」は、翔君のこの三年間の施設生活の簡潔なスケッチでありながらも、その様子が私たち読者にも手に取るように伝わってくる。

今は、施設が「管理された不自由な生活からの開放の場」、「安心して息のできる場」、「社会的自立のための根拠地」として、〇歳から二〇歳までの子どもたちの自由と人権を保障する役割を担ってきていることを、翔くんや工藤さんとともに喜びたい。

「三年後は大学三年生。夢を見つけるために努力していると思うよ」と翔くん。夢に向かって大学受験中の翔くんへ、「もう一度、『家庭』、『姉弟』、『継父』、『母親』を見直す力を養ってくれることを願っている。そして、三年後、親子関係が少しでも改善されることを翔君の課題としたい」という工藤さん。

そう！　もっともっと長い時間をかけて、しっかりとした自分づくりをしていけばいい。生き急がなくてもいい。寄り道するのもいい。張り詰めた弓は折れやすいのだから。立ち止まって、大きく自分の息を吸うことも、時には大切なことなのだ。そして、幾度も失敗して、幾度も後悔してもいいのだ。

私が、毎年三年生の演習の授業で、かつて幼少期から少年期にかけて辛い体験をしてきた何人かの学生たちを含め、口ずさんでいる歌を紹介しましょう。

ともだちのうた　（ちあき哲也・作詞／小林亜星・作曲／前田憲男・編曲）

悲しいできごとに　すべてをうばわれて
深い川をみつめる　人がいる
神にもみはなされ　希（のぞ）みはくだかれて
わらう力もぬけた　あの人を救うのはだれ
ともだちであれば　手をさしのべて
ともだちあれば　いたわりあって
いのちを謳（うた）いながら
生きておくれ明日を
野に駆ける白い馬のように
だれでも人生の　ふとしたつまずきに

長い夜をさまよう　ことがある
いちどはあなたにも　おぼえがあるだろう
どんななぐさめさえも
耳になく　死にたいことが
ともだちであれば　光をあたえ
ともだちあれば　愛（いと）しみあって
ほほえみ　さがしながら
生きておくれ明日を
野に駆ける白い馬のように

翔くんも、今までいろいろな人との出会いがあったでしょう。その一人ひとりが君の心の奥深くに息づいているし、君を成長させてくれたのだから。そんななかで、少しだけでも辛い思いをしている人たちと幸せを分かち合ってほしい。

今の日本社会のなかには、働いても働いても貧しさから抜けることのできない、いわゆる「ワーキングプア」とよばれる人たちがいっぱいいる。一部の人たちが幸せになるのではなく、まじめに働けば、みんなが幸せになる社会をめざすのが福祉の仕事なのですから。

見知らぬ翔くんに出会えたことを私も嬉しく思う。これからの人生の中でもさまざまな障碍《しょうがい》に出会うでしょう。しかし、君という人間はこの世に君しかいないのだから。どうかこれからの長い人生のなかでいろいろな人にいっぱい出会い、いっぱい愛してほしい。

〝人間は人間にホレて人間になる〟のだから……。

第三章

羽ばたいていった子どもたち

劇的な母との再会

山本春樹（一九歳・男性）

両親が離婚して、その後、父が別の女性と結婚して、子どもができたため、春樹は児童養護施設（以下、施設）に入所することになった。小学四年生のことだった。この時から施設の生活がはじまった。

施設には、緑黄色野菜のようにいろいろな人がいた。私が入所した時は、上の人がきつくて、毎日のようにいじめにあった。殴る蹴るは当たり前。血を見るのも日常茶飯事だった。そんないじめに耐え切れなくなった私は、自殺しようと考えた。だが、ここで私が死んでも意味がないと感じ、上の人に負けたくないと思い、ふんばった。私が上の立場に立った時に、下の子たちには、こんな思いをさせてはいけないという決心も生まれた。私にとっての苦は、上からの圧力だけではなかった。遊び盛りであった私は、門限が早いということに腹がたった。五時という門限は、まさに時代の波に乗りきれてなかったと思う。周りの友だちからは馬鹿にされ、挙句の果てには、遊びに誘われなくなった。しかし、高校に入学すると部活動をはじめたので、門限や職員からの干渉を受けることも少なくなった。部活動は、とても気合を入れてがんばった。部活と同時に母親探しを続けた。何のあてもなく、ただ母親が育ったという場所しか分からず、ひたすらその場所を探した。何が私にそうさせたかは疑問だった。その疑問は、後に母親に再会した時に解けたのだが……。

こうやって過去の気持ちや行動を振り返ってみると、やはり施設での生活があってのことなのだなと思う。あんなに温かいご飯が食べ、毎日お風呂に入れるこの幸せは、当たり前のことなんだろうが、今になるととても充実していたと思う。衣食住が生きていくなかでとても大事なことに気づかされた。悪いことをしたら怒られるのは当たり前だが、怒られるにしても温かさが違う。怒られた後は気分が悪くないということにいつも気づかされる。そして、生きていくなかで大切なことだということを。

実母探し

もし私が施設にいなかったら、どんな人生を歩み、どのような人間になっていたのだろうか。今考えると、とても怖くなる。社会に出て適当に生きていた私は、人生適当に歩んでいたに違いない。それに気づかされたのは母親の存在だった。今まで追いかけた大きな背中。見たことのない姿、温もり、すべてを感じたかった。チャランポランに生きている時に、求めていた母親が以前勤めていた勤務先の電話番号を入手した。考える間もなく、母親に電話を取り次いでくれと伝え、母親からの電話を待った。ドキドキというか、もう言葉にならない思いが交錯して、携帯電話をずっと握って待った。

どのくらい待っただろう。知らない電話番号からの着信。すかさず出た。しかし、相手は無言。何度「もしもし」と言ったことだろう。ようやく相手からの応答があった。母親だった。あの時の異常なくらい感じた親近感と安心感。一刻でも早く会いたいと思った。

一九年ぶりに母親と再会

その電話から一週間後、二〇〇七年七月三〇日、空港で母と劇的な再会をした。多分、一般の家庭で育っていたら人生で一度も味わうことのない気持ちを味わうことができた。とても嬉しくて、新鮮で、特に憎むこともなかった。母親の背中をずっと追いかけて一九年。その一九年、いろいろなことを体験し、いろいろなことを感じ、考え、生きてきた。

再会の時、ドラマのワンシーンのような涙の再会だった（？）かな。会ってから家に帰るまで、何年分の話をしたのだろう。私の過去の話、母親の過去の話、たくさん話した。施設にいたこともすべて。母は施設の話をするといやがるだろうと気遣った。話したいことも話せない状況だった。しかし、多くの時間をともにしてきて、ようやく施設のことが話せるようになった。共感してくれることもあり、反論してくれることもあり、今は恋人のように何でも話し合えるようになった。そして、一九年生きてきたなかで、初めて母親が私と離れた真相を聞かされた。なんだろう……。

すごく胸が痛くて、同時に悲しくて、自然に涙が溢れてくる。その時、父親をすごく憎んだ。母親と再会してこの話をされた時に、私は父親と縁を切ることを決心した。苦渋の選択でも何でもなかった。今まで育ててもらったのは施設であって、父親に何をしてもらったという特別な思いはなく、私はその時点で心が母親一色に染まっていたのだろう。私が母親を探し続けた理由はただ一つ、抱きしめてほしかった。ただ、この理由だけ。疑問は、抱きしめてもらった時に一瞬で消えた。

社会に出て思うこと

母親に再会し、今生活しているが、施設ってすごくいいところだったんだなと、痛感する。母親探しが私の根本にあったのは、施設にいたからだと思う。生きていくなかで、私のなかで、社会人になった今でも、施設にいた時にやっていたことが習慣づいていることもある。それが、早起きすることであったり、掃除することであったり、早く家に帰ることであったり。学生時代は門限の早さに驚き、いやがっていたが、今となっては大切なことなんやと思えるようになってきた。今の生活は、まさに施設で過ごした八年間なんやと思う。職員の先生も頭ごなしに怒っていたわけでもないと痛感した。だって私たちの親代わりだったから。

将来の夢

私は将来、施設の職員になりたいという夢をもっている。どういう心境で親は、施設に子どもを預けるのだろうか？　子どもは親のことをどう思っているのだろうか？　多くの疑問や野心を抱いている。職員になりたいという第一の理由は、私は施設で育ち、福祉にはお世話になってきたので、福祉に恩返ししたいと思う。今すぐになれるという人間としての器もないし、子どもに対する接し方もまだよく分からない。一人の男として、人生の経験をしようと思うし、長いスパンで福祉に貢献していきたいと思う。地方によって方針ややり方も違っている。私はそのオンリーワンを大切にしてほしいと思う。今、グループホームのように小規模化しているが、それはそれでメリットもあると思うが、施設本来の姿はなくなってしまった。集団で生活し、同じ釜の飯を食うということがなくなってしまったのだ。「昔ながら」も、時代の流れには勝てないということだ。

施設で生活している子どもたちへ

最後に、施設にいる子どもたちに伝えたい。施設にいることを恥だと思ってはいけない。逆に誇りに思ってほしい。多くの人は両親揃って一緒に生活し、何事もなく生活している。しかし、施設にいる子どもたちは、いろんな境遇の子と生活し、多くの行事を体験し、親と生活していないという逆境を乗り越えているからだ。だから、施設によって生かされているという意識をもって生活してほしい。そして、いつでも産んでくれた親への感謝を忘れてほしくはない。私は母親と会い、施設の話をすることがとても後ろめたかった。しかし、一緒に生活し、そんな気持ちは一切消えた。施設への感謝の気持ちを、母親と一緒にかみしめている。

生きるってこんなに素晴らしいということを教えてくれた施設に、感謝の気持ちでいっぱいだ。だから、どうか感謝の気持ちを忘れることなく、施設で生活してほしい。そこには、大切な何かがいつも転がっているから。

当事者の語りの意義と可能性

貴田美鈴（岡崎女子短期大学教員）

この作文は、小学校四年生から八年間にわたり施設生活を経験した春樹君が、施設での生活、母親との再会、将来への夢を語ったものである。いわゆる「当事者」による語りである。これまで、児童養護の当事者の声は社会に対してほとんど届けられなかっただけに、これは貴重な声である。私たちは、ここから学ぶことができると考える。

「施設生活経験者」にとって重要な他者

春樹君は、高校生になってから自分で母親を探し始めている。彼はその理由を「抱きしめてほしかったから」と語っている。施設を退所することは、施設生活から解放され、「自由」を獲得するが、同時に「ひとりぼっちの孤立」感との闘いが始まるのである（市川、二〇〇八）。施設での集団生活から一転して一人になり、家族など頼る人がいない生活は、孤立を感じさせる。さらにそれだけでなく、さまざまな生活上の困難も待ち受けている。

たとえば、従来「施設生活経験者」は、連帯保証人がいないために就職に苦労し、アパートを借りることが難しく、住み込みの仕事につくことが多いとか、当たり前の家庭生活を経験していないために日常生活で困ることも多いなど、社会に出てからの困難さは施設職員など関係者の間で言われてきた。

施設退所者を対象にした東京都の調査では、最終学歴が高校の者が六一・三％、保証人や金銭的支援のない者が六四・一％であり、他にも人間関係、経済観念、家事等生活技術、情緒に問題を抱えているという結果が示されている（市川、二〇〇八）。

春樹君は、小学校四年生までは家庭生活を経験しており、施設を卒園後は母親と再会し生活を共にしている。したがって、当たり前の日常生活に困難さを抱えるとか、頼れる人がいないというようないわゆる「施設出身者」像には当てはまらない。とはいえ、自分に何ら非がなく施設へ入所しなければならなかった理不尽さや、春樹君も語っていたような子ども同士のいじめや施設の規則の厳しさなど、多くの当事者の経験には共通する部分があるといえる。このような経験をしていながら、春樹君は、「施設ってすごくいいところだったんだなと、今痛感する」、「施設への感謝の気持ちを、母親と一緒にかみしめている」と語っている。春樹君をこうした心境に至らせたものは何だったのだろうか。

当事者である市川太郎氏は、「重要な他者との出会い」が逆境からの回復力につながる（市川、二〇〇八）と指摘する。また、同じく当事者である草間吉夫氏は「信頼する人に出会えて、私は初めて自分の人生に向き合えたように思う」（草間、二〇〇二）と述べている。自分のことばや価値観でもって自分を語り、聴いてもらえたという実感をもつことは、自身の被害者性ともいえる「怒り」をともなう感情から、自己認識に向かっていく契機を提供してくれるのである（林、二〇〇六）。春樹君にとっては、心が母親一色に染まるくらい母親は重要な人である。春樹君は、母親に施設のことを聴いてもらい、母親と話をするなかで、施設に対して感謝の気持ちをもつようになったのではないだろうか。

当事者が語ることの意味

春樹君は「施設にいることを恥だと思ってはいけない。逆に誇りに思ってほしい」と、施設で生活する子どもたちにメッセージを語っている。このメッセージの背景には施設生活を友人・知人などに「知られたくない」「施設出身者」とよばれているが、「施設出身者」という子ども（市川、二〇〇八）の存在があろう。施設で生活を経験した人々は、「施設出身者」という言葉には、その人の「出自」を問うという社会的「スティグマ」のニュアンスが抜きがたく内包されている（市川、二〇〇八）。つまり、「施設出身者」という烙印を押されることにより、それが偏見や誤解を生むことを指摘している。

しかし、春樹君は、こうした「施設出身者」としてのネガティブな部分ではなく、ポジティブな部分に目を向けている。施設での生活があったから、良い生活習慣が身に付いたし、母親を探すことをもできたと語っている。なにより、親と生活できない逆境を乗り越えてきた、と自負している。こうした思いが、現在の彼を支えているのかもしれない。

さらに、将来、施設の職員になりたいという夢をもっていると春樹君は語る。「どういう心境で親は、施設に預けるのだろうか？」「子どもは親のことをどう思っているのだろうか？」と、当事者である春樹君が、子どもを預けた親や預けられた子どもの気持ちに思いを馳せる。それは、児童養護の当事者を包括的にとらえることにより、自分の経験を一般化しようとする試みのようにも思える。

ところで、当事者の語りをどのように捉え、聴き、向きあうのかは、「ナラティヴ・セラピー」の考えに学ぶところが大きい。ナラティヴ・セラピーでは、自分のストーリーを語ることは、体験を語り直すことであり、現在という紙の上に歴史を書き上げることとされる（アンダーソン・グーリシャン、一九九七）。つまり、自分を主人公とした人生のストーリーは、歳を重ねるたびに、あるいはいろんな経験をするたびに書き直されるといえる。春樹君の母親への思い、施設での生活への思い、将来への思いとしてそれぞれ語られたことは、いろいろな人との出会いや経験の中で、語り直されていくであろう。

当事者として語ることの意義は、別のところにも見い出すことができる。近年、施設では、体罰やいじめ、セクハラ等、利用者に向けられる施設職員が起こす暴力の問題（北川、二〇〇七）が表面化してきている。こうした人権侵害に対して当事者が声をあげられることが必要である。当事者を権利主体という視点からみれば、子どもの権利条約は、子ども自身が自己にかかわるさまざまな問題を自分で考え、意見を述べ、判断し、場合によっては権利主体として自ら権利を行使することを認めている（許斐、一九九一）。また、権利は恩恵として外から与えられるものではない。当事者自身が、闘って勝ち取り、そしてそのつど、守りつづけるほかない（中西・上野、二〇〇三）という側面もあるだろう。

今後、当事者が声をあげていけるためには施設内での権利擁護とともに、もう一歩進んだところで、施設や地域の枠を越えた当事者団体、当事者への支援団体の活動や運動が望まれる。以上、春樹君の作文に対するコメントというよりは、春樹君の語りを通して、いろいろ思考をめぐらせた。最後に、今後、現場の関係者や研究者には、今まで以上に当時者の語りに真摯に耳を傾け、当事者から学び、当事者とともに歩むという姿勢が求められているのである。

〈参考文献〉

林浩康　2007　「子どもの権利と児童養護」山縣文治・林浩康（編）『社会的養護の現状と近未来』明石書店、一一三～一二八頁

市川太郎　2008　「児童福祉施設に求められること—当事者参加視点からの現状と課題および展望」『こころの科学』一三七号、日本評論社、五九～六五頁

北川清一　2007　「施設における不祥事発生のメカニズム—専門性と意味世界のはざま」『社会福祉研究』第一〇〇号、一五四～一六一頁

許斐有　1991　「児童福祉における「子どもの権利」再考—子どもの権利条約の視点から」『社会福祉研究』第五二号、四九～五五頁

草間吉夫　2002　「当事者からみた一〇の自立支援」許斐有・望月彰他（編）『子どもの権利と社会的子育て』信山社、二〇一～二二一頁

中西正司・上野千鶴子　2003　『当事者主権』岩波新書

ハーレーン・アンダーソン、ハロルド・グーリシャン　1997　「第二章クライエントこそ専門家である—セラピーにおける無知のアプローチ」S・マクナミー、K・J・ガーゲン（編）、野口裕二・野村直樹（訳）『ナラティヴ・セラピー　社会構成主義の実践』金剛出版

児童養護施設での生活と親への思い

中田綾子（二一歳・女性）

綾子が小学四年生の時に、両親が離婚した。しばらく綾子は父親のところで暮らしていたが、父親は運送関係の仕事で忙しくゆとりがないため、基本的生活がしっかりできていなかった。母親は離婚後、体調が悪くて働くことができないため、生活保護を受給して暮らしていた。父の所では生活が困難なため、一年後に綾子は母に引取られたが、中学一年の時に母が病気になり、子どもの養育が困難であるということで、児童相談所へ保護され、児童養護施設（以下、施設）に入所した。

一時保護所に一週間ほどいたが、そこには数人の子どもたちがいた。施設へ措置される前に、自分の意見を聞かれ、「どこでもいい」ということを児童相談所の職員に話したところ、あの施設はどうかと勧められたことで入所することになった。

施設に入所する直前に、お母さんから「あなたがいい子にしていないと追い出されてしまうから、施設ではいい子にしないといけない」と、強く言われていた。そのため、施設へ入所した当時は、職員や周りに慕われようとして何でも「いいよ」といって引き受けてしまい、自分を出せずにいて窮屈な思いもした。それから、長く入所している上級学年の子どもたちからいじめやからかいがあったことが辛かった。その場にいた職員も話を聞いてくれて、直接その子たちに注意してくれた。いじめやからかいは徐々になくなっていったが、正確にはその状況になれてきてしまったという感じもある。

親への思いについては、小学生の頃は他の家はなぜ離婚していないのに、うちだけ離婚してしまったのかという思いが強かった。お母さんについていきたいという願いもかなわず、一方的にお父さんのところに行くことになって、とても辛い思いをしてきた。現在は、お父さんとは連絡をとっていない。お母さんとは、今も連絡はとっているものの電話で話すくらいである。

今の段階では、自分も社会人として働きながらではあるが、大学三学生である。本当は「生んでくれてありがとう」と親に言いたいけれど、素直に言えない複雑な思いがある。おそらく、実際に親になったら気持ちが分かるのかなという感じである。

施設での生活を振り返って、退所時の思いなど

施設での生活で良かったところは、行事でどこへ行きたいかなど、子どもとの話し合いの場をもってくれたことである。特に日帰りで関西地区のテーマパークに行った時は楽しかった。その他、私が施設を退所する直前に開かれた「卒園生を送る会」では、担当の職員から手紙が読み上げられ、それが恥ずかしくもあったが、嬉しくて感動した。

施設の子ども同士の関係では、部活があってなかなかじっくり関わる機会は少なかったが、四歳はなれた中学生の女の子がいて、その子とは部活の話がいろいろできて、お互いに励ましあったりして楽しかった。高校での部活は、陸上部に所属して、施設の先生に「やるからにはしっかり続けるように」と言われて、三年間続けてがんばった。

保育士をめざそうと思ったきっかけは、自分がいた施設で職員から小さい子を見ていてと頼まれ、保育士をやってみたいという思いを漠然と抱いたからである。その後、現在通っている保育士と幼稚園教諭の資格が取れる短大へ進学することになった。ここでは、その経過についてふれたいと思う。まず、高校三年のときに私が短大に進学したいということを施設の職員に相談したところ、施設の担当職員二名が高校へ行って、進路指導の先生にそのことについて話をしてくれた。職員は施設の子どもが活用できる返済不要の奨学金をいくつか探してくれるなどいろいろと力になってくれた。ただ、親の支援が受けられないため、働きながら通える短大に行くことになった。仕事も寮がついている所を職員が

高校へお願いして、高校の先生が求人票をもとに仕事を探してくれた。三年生の一月に会社の人が高校に来るからということで面接し、合格した。そして、一月末に担当職員と会社を見学させてもらった。

職員との関わりでは、夜に子どもが寝た後、一緒に勉強してくれたり、お菓子を持って来てくれたり、いろいろとお世話になった思い出がある。高校を卒業して会社に入った当時と短大の施設実習で子どもたちと生活を通して関わることができる施設で働くことができたらいいなと思うようになっていった。

大学生活と仕事の状況

先ほども述べたように、進学先は学費のこともあるため、紡績会社で働きながら三部の短大に通うことになった。その会社は、週交代で早番と遅番があり、交互の空いた時間に短大に通うという形で働いている。

最初は、会社で働くこともそこでの人間関係も初めてのことで、自分の居場所や一人の時間がなくてしんどい思いもした。特に、施設は賑やかだったこともあって、会社の寮（ワンルームの三畳くらいの部屋）に一人で生活することも戸惑った。

会社には同じく三部で働きながら短大に通っている九州から来た子と学校に行っている。会社の寮の友だちとは、最初は気を遣っていたけれど、ずっと一緒にいる分、次第に気楽に過ごせる仲間になっていった。会社の友だちとは、大学でも一緒にいることが多い。

短大では、一般の学生と三部に通う学生（※通称、企業生）がいて、お互いの雰囲気もかなり違うのだが、企業生だけの授業の時は先生が「みんな大変だね」とねぎらってくれた。また景品つきのスポーツ大会をするなど、企業生と教員だけの関わりもあって楽しいこともあった。授業は、働きながらのため練習時間が少なく、ピアノなどで他の一般学生よりはうまくならないけれど、単位は持ち込み可の試験もあり、なんとか取れた。施設で働いていた先生が短大の授業を教えに来ていたのは複雑な思いだった。

仕事でのやりがいはひとつのことに集中して取り組むこと。大変なことは、紡績関係の仕事で機械相手のため、自分の思い通りに行かないことと、重いものを運んだりしないといけないこと。体力的にきついけれど、そのおかげで筋力はついたと思う。

今後の展望など

今後の夢は、これからがんばって保育士になること。今、施設の採用試験を受けているところが、もし駄目だったら保育園に就職するという気持ちもあって少し迷いもある。以前は施設で働きたいという思いしかなかったが、今は保育園、幼稚園も含めて広い視野で考えている。他の職場で働いたうえでいずれは施設で働くことも考えている。なぜ気持ちが揺らいだかというと、就職活動していくうちに就職が難しいことや、保育園で経験を積んでからという道もあるのではないかと思いはじめたからである。短大の保育園と幼稚園実習で結構楽しめた部分もあったのでそう思えた。

現在の施設職員に施設生活経験者として言っておきたいことは、これからの自分も気をつけていかなければと思うが、子どもを見放さないでほしいということである。例えば、子どもと意見が違っても納得するまで話を聞いてから、決めてほしいと思う。将来、私もそれが実行できる保育士になりたいと考えている。

児童養護施設の子どもたちとその未来に熱き想いを託して
――自分の将来展望を切り拓け！――

高橋正教（中京女子大学教員）

一九七〇年代に学生だった私は、学習ボランティアとして名古屋市内の施設に毎週（週一・二回）通い、子どもたちと触れ合いをもっていたことがある。当時まだその施設には高校生はおらず、幼児から中学生までが生活していた。当時の入所理由として注目されていたのは、夫婦どちらかがある日突然いなくなる、いわゆる「蒸発」である。しばしば戦後直後の施設創設期の戦災孤児中心の入所理由との違い、大きな転換が指摘されていた。高度経済成長を経て庶民の生活は大きく変化し、労働力再編成・大量生産大量消費の時代の波に飲み込まれ、そのひずみが新たな家庭崩壊を生み出す要因となってきていた。そうした社会の動きは当然のことながら施設の子どもたちにも大きな影響をもたらしていたことはいうまでもない。

毎週施設に行くと幼児さんたちは、一見屈託なく寄ってきて抱きついたり一緒にはしゃぎまわったりしていたが、そのなかに切実におとなの愛情を求める姿があった。中学生は数名で寝たり勉強したりする中学生部屋を中心に生活していた。ある日、その中学生のひとりに「俊夫くん、君は大学まで進学するよな。」と尋ねると、赤面して急に黙ってしまったことがあった。それは当然のことである。一九七〇年代には施設の子どもの高校進学率は低く、その施設からはだれも高校進学が許されていなかったからである。高校へさえも進学できる見通しがないなかで大学など考えもつかなかったのであり、私の質問によって俊夫くんの心に大きな無力感を増大させた可能性があったのである。

今日では高校などへの進学が以前より前進しているとはいえ、まだ一般との隔たりがあるだけでなく、日常的な文化的教育的な環境整備という点では不十分な状態が続いている。そうした条件のなかで、青年期に達した子どもたちは、ますます生きづらくなっている社会に自らの渾身の力で立ち向かっていかなければならない。社会の主人公となろうとしている若い人たちに求められるのは、何よりも自分のこれからの人生に対して夢や希望で胸を膨らませて歩もうとすることである。自分の人生を自らの手でつかみ取ろうとする意欲に満ちた主体的な進路選択・人生選択こそが求められているのである。

子どもの主体的な進路選択・人生選択とは、子ども自身が新たな社会的諸関係と能動的に切り結び、その諸関係をみずからの生きる力としてその子なりに獲得していくことである。その生きる力の獲得に当たっては、主体的・能動的であることが肝要である。子どもの主体性・能動性は、何らかの生きる意欲や見通しをもち得たときに、その子なりに納得のいくかたちで発揮される。そのことは施設の子どもたちにとってとりわけ重要な意味をもっている。施設の子どもたちが生きる意欲や見通しをもって主体的に自分たちの進路選択・人生選択をするためには、それを可能にする条件がつくられる必要がある。何よりも求められることは、精神的な安定、とりわけ周りの人間関係を中心とする社会との関係、確かな社会性が築かれることである。現実にはさまざまな葛藤を経て社会性は形成されるのであるが、その前提として心の安定と社会的諸関係を築こうとする意欲が確保される必要がある。

子どもたちの抱えている精神的心理的な困難を癒し克服するために、幼児期からの取り組みは養護実践の重要な課題である。その蓄積の上にさらに、精神的社会的な自立に向けて揺れ動きながらも大きく飛躍することが求められる思春期・青年期の子どもたちにとって、その危うさゆえに秘められた大きな可能性を発揮できるように支える取り組みが、子どもたちの人生行路の大きな拠り所として機能することが求められている。

今日、一般に、ひきこもり・ニート・フリーターなどに顕著に現れる問題などを通して、青年の自立が困難さを増している課題として認識されてきている。そこでは、社会そのものを見通しの持てるものに変革していくことが最大の課題であるが、とりわけ、青年たちの現実に即したきめ細やかな青年期教育の充実が求められている。一般にそうした状況にあるのであればなおのこと、施設の子どもたちには、青年期養護実践の充実が求められていると言えるだろう。青年期に形成される自律性や社会性のあり方が、主体的な進路選択・人生選択の可能性を大きく左右するからである。そこでは、職員集団と子どもたちの調和の取れた響き合い、共感の高まりが築かれるような方向性を意識的に追求することが期待されている。

以前一九八〇年代、施設児童の高校進学率が全日制で三五％に達したころに、養護実践の課題として、「施設職員の人権意識の問題」と「青年期養護実践のとりくみ」を提起したことがある。今日のように中卒後の進学が普通になり、一八歳までの措置継続が多数になってきている状況では、ますます子どもたちを主人公とする施設養護実践とりわけ青年期養護実践の旺盛な展開が求められている。

子どもの抱えている生い立ちを暖かく包み込み、施設における生活が子どもたちの自信と意欲の確かな支えとなり、それが一人ひとりの子どもたちの希望・夢を大きく膨らませることのできるような施設・社会的養護であってほしいというのが、子どもたちの率直なねがいであろう。中田さんも書いているように、社会も施設職員も「子どもを見放さない」ことが重要である。そのためにも七〇年代から変わっていない職員配置基準の改善や子どもたちの青年期教育および養護ための財政措置の改善が必要とされている。一八歳後の措置継続や自立支援施設および制度のあり方の改善も課題である。

青年期の困難とあわせて、今日、労働環境は大きく変化し、それが青年たちの将来展望に大きな影を投げかけている。正規雇用の割合が減らされ、あたかも青年たちがそれを望んでいるかのような非正規雇用の増大が意図的に作り出されている。それは、新たな養護問題の再生産につながる事態を容易に想起させる状況となっている。青年たちにとって就職は、大きな希望であり飛躍が期待される人生の跳躍台である。その後の人生にとってきわめて大きなあるいは決定的な影響をもたらす関門である。

保育士・幼稚園教諭という堅実な資格を取得し就職しようとしている中田さんが、望ましい社会のあり方を見据えながら、自分たち元施設生活者を含めて施設で生活している子どもたちを暖かく包み込む想いで胸を膨らませて、確かな社会人としての歩みを踏み出してもらいたい。自分の殻に閉じこもらずに多くの人たちと出会い、確かな共感を広げ、心温まる連帯の輪を広げつつ、自分の人生を豊かに築いていってもらいたい。それは心ある多くの施設職員や支援する人たちの願いでもある。

施設での生活と職員へのメッセージ

斎藤梨奈（二五歳・女性）

梨奈は、中学一年生の時に児童養護施設（以下、施設）に入所した。父親は真面目に会社で働いていたが、母親の浮気と借金、また子どもの面倒を見ないということも手伝い、両親は離婚した。梨奈は父方に引き取られたが、父親一人では養育困難であるという理由から、施設に入所することになった。

私と両親の関係は元々良好なものではなく、特に、母は私に対して無関心であり、良好な関係でありませんでした。父親には短気な面が見られましたが、私のことは可愛がってくれていました。現在は亡くなった祖父も、孫のなかで唯一の女の子ということもあり、かわいがってくれた思い出が今も残っています。現在、私は施設を退所していますが、父とは現在も連絡をとっています。母は、兄のことは溺愛していましたが、私には関心がなく、現在も母とは連絡をとっていませんし、私から連絡をとろうとも思っていません。

父母の思い出といってもあまり良いことはありません。夫婦喧嘩ばかりしていて、その時は兄が私にその場面を見せないように上の階へ連れて行ってくれたことを覚えています。しかし、兄との関係も良いとは言えず、よく叩かれたり突き飛ばされるなどの暴力や暴言等、いじめのような冷たい仕打ちを受けたこともあり、今は連絡をとっていません。

私はこのような状況と、学校でいじめを受けていたこともあり、児童相談所に保護された時は、正直ほっとしました。中学一年で保護されましたが、一時保護所は大学のお兄さんがアルバイトでいて、勉強をみてもらったり話をするのが楽しかったです。元々通っていた中学の友だちの数人は、学校の先生の手紙をもってきてくれたりしましたが、施設へ行ってからは連絡が途絶えてしまいました。そのなかの一人とは施設を出てから一度、街中で偶然会い、電話番号を交換したけれど、結局連絡はとっていません。

施設での生活と退所時の思い

施設には中学一年の一学期末に入所しました。施設に入った当初は、一時保護所と雰囲気が違い、一時保護所の友だちとも離れて心細く戸惑いもありました。いじめや嫌がらせはありませんでしたが、最初は一人でいたり、部屋にこもったりしていたように思います。

施設の仲間と打ち解けていけたきっかけは、入所した時に同じ部屋の子が同じ年で、ちょうど同じ時期に入所したばかりだったということもあり、いろいろと話ができました。そして、入所して数カ月たった九月くらいにはみんなとも話せるようになりました。何よりも、年下の幼児さんや、小学生の子どもたちが声をかけてきてくれたことが嬉しかったし、楽しかったです。

施設で楽しかった点はほかにも日常的にありました。たとえば、学校から帰ってきてそのまま幼児室へ行き、幼児さんと一緒に遊んだことなどです。そのほかには、食事の時の話が盛り上がり、その延長で同年代の子とは夕食後に一緒にお風呂に入れたので、それもとても楽しかったです。行事では、海水浴場へ中高生だけで行き、みんなで泳いだり、海に飛び込んでみたりと、とても楽しかったです。施設の同年代のみんなは、男女問わず仲が良かったです。一方で施設のなかでは、ごく稀に自分のお金が盗られたり、喧嘩をすると暴力や暴言などがあり、いやな思いをしたこともありました。

施設で中学、高校に通っていた頃には、学校の友だちに自分が施設にいることを話していたので、周りの友だちはみんなそのことを知っていました。しかし、高校に通っていた時、一部の女子からは「悲劇のヒロイン」と陰口を言われました。私は、施設にいることは恥ずかしくないし、自分がいた家よりいい家だと思っていました。だから、普通に生活しているのにそのように言われるのはとても悔しいことでした。しかし、親友の一人は私の話を真剣に聞いてくれました。その子とは今も親しい間柄で、言うべきこともしっかり言い合える仲です。この友人がいたから、私は今までやってこられたと思います。

施設の職員とは、高校三年の進路の時期にこういう学校に行きたいという相談をして、自分で調べて進路を決めました。職員と話し合い、働きながら通学する三部の短大も考えましたが、三部に行くには週交代の変則で工場勤務などをしないとならないため、断念しました。しかし、夜間の専門学校なら昼間、保育現場で働きながら学校へ通うことができるため、夜間の専門学校へ進学することにしました。将来のお金のことも自分なりに計算して、自立することを目的に、自分なりに経済的に余裕のある生活をしていこうと考えました。

施設を卒園する高校三年生の時が、私のなかで一番楽しかったということもあり、まだ施設にいたいという思いが強くありました。それから、施設を出るという実感も私のなかでありませんでした。一日でも長く施設にいてみんなと関わっていたいという思いがあり、施設を出る直前まで幼児さんと遊んだり、調理の手伝いしたりして過ごしました。施設を出るときには、見送りに父が来てくれたため、泣くのを我慢することが大変でした。

学費や生活費、奨学金については、施設で一定以上の成績がないとアルバイトが禁止されていたため、アルバイトはしていませんでしたが、月三千円程度のお小遣いを貯めていたので、卒園時には六万円くらいは貯まっていました。しかし、その貯金は専門学校の受験料として使うことになり、卒園時に貯金は残っていませんでした。保証人は父に頼んで保証人になってもらい、入学金などのお金も借り、アパートを借りることができました。その後、服飾関係の会社で準社員として働き、父に借りたお金は全額返しました。そして次に借りたアパートは、保証人が不要のところにしました。それは親と一定の距離をおかないと、自分自身がもたないという思いがあったからです。専門学校では、奨学金は育英会の二種で月に五万円程を受けました。入学後、施設の方から施設独自の助成金があると連絡があり、申請したら六万円ほどが支給されました。

卒園後の生活

卒園後は、昼間は働いて学費と生活費を稼ぎ、夜間の保育専門学校へ通うという生活を送ることになりました。専門学校入学後の最初の職場は、服飾関係の準社員で一年、次の職場は保育所で朝の七時半から四時半まで、パートの保育助手の仕事をしました。保育所の仕事と学業の両立はなかなか大変でした。保育所は、いろんなクラスにフリーで入る予定だったのですが、実際には二才児のクラスしか関わっておらず、他の年齢の子どもの発達がよくわからない状態でした。保育所では、子どもたちから「斎藤先生がいるから好きだよ」と言ってくれることや、実際の現場で働き、それらを学校で学ぶことで、学習が翌日の仕事に活かされたり、反省したりすることができました。

友人関係は、施設にいた頃ははっきり物事を言い合っていました。しかし、今の友人には「はっきりと言いすぎだ」と言われ、お互いに傷ついてしまいます。自分の本当の顔を隠す仮面をつけていないと、今の友人と付き合っていくには難しいと感じることがあります。しかし、今のままでは自分も苦しい思いをするし、相手にとっても苦しいことだと思います。同い年の友人もいますが、なじめないところが多いし、よく周りから落ち着いていると言われることが多いです。

専門学校は働きながら通っていましたが、留年が決まったことや、実習で自信をなくしかけていたこともあり、それ以前からやめたいと施設職員に相談していましたが、実習だけはなんとかがんばってと言われ、実習は続けました。悩んでいる時は夜、施設へ電話をしたり、自信がないと施設へ行って相談することもありました。施設で担当職員と会って話し合い、学校を続けていくことになりましたが、それでも「やろう」という気持ちがなかなか湧きませんでした。

そんななか、九月の施設実習をすることになりました。そこでは、以前から知っている施設の職員が、いろいろと気を遣って話をしてくれました。しかし、逆にそれがプレッシャーとなり潰れそうになりました。そもそも、自分が知っている施設には行きたくなかったのですが、前にいた施設のことや、職員はどうだとか、いろいろなことを聞かれたり、施設にいた頃のつながりで、当時の口調で話してしまったりすることがいやでした。

実習は実習だと自分なりに割り切っていたのですが、プライベートの話などをされると戸惑ってしまうことが多くありました。そして、実習中に職員と話せても、子どもと話せないという状況に陥ってしまいました。つい肩に力がはいってしまって、自分の中では最悪の状態だったと思います。その以前から、保育園で働いていたときに施設にいる時のような冷たい言葉がでてしまったりということがあり、それを直そうと努力していましたが、なかなか難しい部分がありました。他の人にも指摘されることも多々あり、精神的にも追い込まれた状況で保育専門学校を最終学年の途中で退学しました。

現在の生活、親への思いと今後の展望

退学後は、アルバイトでデパートの店員として半年、派遣で工場作業員に半年、そして歯科医院の助手は正社員だったけれど数カ月で辞め、現在は施設の頃に出会った彼氏と同棲しながら求職中の身です。転職した職場では、つい保育の目線になってしまい、そのことで周りから注意をされたり、嫌な思いを溜め込んでしまうことがよくありました。これらの職場では、子どもと関わることはほとんどなく、そのことを物足りなく感じたことも辞めた原因のひとつだと思います。

それから自分が受けた虐待のせいか、人からきついことを言われたり、自分の体に急に触れられると、ビクッとしてしまったり、過呼吸になりそうなこともよくあります。勤め

てすぐに辞めたある職場では、上司はその事情を知っていましたが、逆にそのことで「悲劇のヒロイン」であるとか、「甘えるな」と説教され、つらい思いをしました。自分でも克服しないといけないと思ってはいますが、なかなか難しいところで、これも現在悩んでいることのひとつです。ただ、そんななかでも一人暮らしをしていた時、親代わりをしてくれた家族がいて、悩んだりした時にはいつも相談にのってもらっていました。その方には今でもお世話になっています。

現在は無職で、学校と相談して復学するのか、通信教育でやっていくかを模索している段階です。彼氏と同棲していることもあり、当面の暮らしにはそれほど困ることはありませんが、奨学金や車のローンなどの問題もあるため、早めに子どもと関われる職場を探したいと思っています。いずれは施設の職員になりたいという思いはあるものの、施設実習で自信がなくなったこともあり悩んでいますが、特に乳児が好きなので、乳児院も視野に入れながら、保育所での就職を考えているところです。いずれ、さまざまな経験を積み、自信を持てたら、施設にも就職したいと思っています。

今、改めて思う親への思いは、最近、実家に帰って父の寂しそうな顔を見たり、父と一緒にいると前よりも背中が小さくみえることがよくあります。電話だと、父も私も短気ですぐに怒ってしまうので、お互い言い合ってしまい、謝ることができないですが、いずれは喧嘩ばかりするのではなく、電話でも穏やかに接することができればいいなと思っています。母とは、「いまさら何」という感じで、会いたいとも思いません。やはり、自分を放置して出て行ったということもあり、許せないも思いが今も強くあります。成人式にも父が成人の祝いに着物を買うお金を半分出そうかと言い出したことがありましたが、母が断ったそうです。誕生日も、何も親らしいことはしてもらっていないので、今は母にはそのような思いにしかなれない状況です。

これまで述べたように、自分がいた施設は家庭よりいい場所でした。しかし、ルールが多く、やはり家庭と施設とでは違います。だから、自分は将来、施設の保育士として子どもの意見を取り入れて暮らしやすい施設作りをしていきたいと思いますし、何よりも施設にいたことを哀れむ人がいるということを悲しく思います。こうした偏見をなくしていきたいと思いますし、理解してほしいと思います。現在、施設にいる子にも、施設にいることを恥ずかしいと思ってほしくないですし、周りの人にももっと施設のことをわかってほしいという思いから、偏見をなくしていくための発言もしていきたいと思います。

夢をみつけてかなえるために

遠藤由美（日本福祉大学教員）

雪が舞い寒風吹きすさぶ今年の二月、前任校名古屋造形芸術大学の卒業制作展が行われました。学生たちが四年間身につけてきた「造形力」をもとに「表現者」として作り上げた作品が愛知県美術館に並びました。自分を表現するにふさわしい方法で作られた絵画や立体作品、デザイナーとしての作品など卒業後の生活につながる作品群のなかで、いくつかの作品が心に残りました。自分自身の現状をとらえ、もがき、新たな自分への飛翔を夢見る作品でした。学校教育を終える時期であるとともに、青年期でもある彼らの苦悩とそれがあるからこその希望を感じるものでした。今回私が読ませていただいた作文を書いた斎藤梨奈さんは二五歳。彼らより少しだけ先を進みながら同じ青年期を生きる女性です。

私自身の人生を振り返ってみても、二〇歳代の時期は疾風怒濤の時期で、いろいろな壁にぶつかり試行錯誤しながらその後の人生の柱を自分の中に築いてきた時期のように思います。そのような時期を生きる梨奈さんの作文を読む機会を与えられたことを感謝しながら、感じたことをいくつか書きたいと思います。

「家族はもっとも傷つけ合う関係の集団」だといわれます。きれいな部分だけではなく、すべてさらけだされる場であるがゆえに、納得できる指摘だと思います。梨奈さんの場合は、お父さんとお母さんの夫婦喧嘩が繰り返されるなかで施設入所までの時期を過ごされています。お兄さんは梨奈さんに対して、夫婦げんかを見せないようにしてくれますが、直接のきょうだい関係という点では、「冷たい仕打ち」をされたそうです。きょうだいは、家族外の人との関係や他の家族との関係（梨奈さんの場合は親との関係）では、手をつないで動きますが、当のきょうだい内部では対立することが多々あります。お母さんからの関わりもきょうだい間で差があれば、きょうだい同士の関係に影響を及ぼします。梨奈さんの場合と同じように、同じ親の子どもであるにもかかわらず、親の関わりが異なり、施設入所するかどうかも異なる時もあります。そして、家族という近い関係だからこそ、世話になりたくないこともあります。梨奈さんが施設を退所してアパートを探す時に、まずはお父さんに保証人になってもらいますが、その後保証人「不要」の場所を探しています。梨奈さんが「親と一定の距離をおかないと、自分自身がもたない」と言われたことが象徴的だと思いました。家族はもっとも近しい関係なので、いっそうその距離感の取り方が難しいものですが、家族に限らず、誰であっても自分とのちょうどいい距離感を見つけることが大切です。

梨奈さんの作文を読むと、施設入所前の一時保護所での経験がそれまでの生活を一変させその後の生活の準備段階として大きな区切りになっています。家庭から離れ、見知らぬ人たちに囲まれる第一の環境として、施設よりも前に一時保護所に入所し、そこで子どもたちは数週間過ごします。家庭の状態に一刻の猶予もない場合は、突然の保護になるでしょうし、施設への入所に際しても何の準備もなく次の施設に連れて行かれるというケースもあります。そうしたことの弊害を取り除くために、予め施設の職員が一時保護所を訪ね、子どもと面会し説明し納得してもらったうえで施設への入所が行われているところでは、スムーズに進んでいるようです。梨奈さんの場合はそのあたりの経緯が詳しく触れられていないのですが、「児童相談所に保護された時は、正直ほっとしました」ということばから、梨奈さんが家庭やいじめを受けていた学校でどれだけ辛い思いをしていたか、そこから解放されてどれだけ安心したかが、よくわかります。そして、解放による安心だけではなく、「大学のお兄さん」に「勉強をみてもらったり話をするのが楽しかった」といえる体験は、一時保護所にいることの安心感を表しています。このことから新たな環境が安心できる状態に整えられていれば、その環境に入る不安や苦痛が和らぐことがわかります。

梨奈さんは、施設を出た後の生活のなかで、その生活歴を反映した苦労や苦悩をもたれました。とくに人と人との関係です。高校のとき「一部の女子からは『悲劇のヒロイン』と陰口を言われ」、卒園後の友人には「はっきり物事を言い合」うと「言いすぎだといわれ、お互いに傷ついて」しまう。仮面をつけないと難しい。これでは自分も苦しいし相手も苦しいと思い、職場では「人からきついことを言われたり、自分の体に急に触れられると、ビクッとしてしまったり、過呼吸になりそうなこと」もあり、上司から「そのことで『悲劇のヒロイン』であるとか『甘えるな』と説教され、つらい思い」をされています。施設を卒園した当事者のみなさんが「職場、学校、地域での孤立」に辛い思いをされており、梨奈さんも人と人との関係では苦労されています。

しかし、それだけではない部分も感じられます。それは、それぞれのときに人間関係で悩むけれども「ひとりぼっち」で終わっていないところです。高校の時は一部の女子からは陰口を言われますが、「親友の一人は真剣に話を聞いてくれ」ており、「その子とは今も親しい」。保育専門学校時代に傷つけ合う関係があった時も、進路問題も含めて「悩んでいる時は夜、施設へ電話をしたり、自信がないと施設へ行って相談することもあ」り、それを受け止めてくれる職員の方がいたわけです。さらに一人暮らしをして働いているときも「親代わりをしてくれた家族がいて、悩んだりした時はいつも相談にのってもらっていた。その方には今でもお世話になっている」といいます。梨奈さんを支えるキーパーソンがそれぞれの時期にいて、それぞれの時期にいるだけではなくて、その後も相談できる関係が続いているのです。だから、梨奈さんの人生の積み重ねのなかで少しずつ着実に梨奈さんのキーパーソンが増えていることになります。誰であっても自分をささえてくれる人、認めてくれる人がいれば安心していられます。それが複数いれば、増えれば、なおさらです。それを可能にする梨奈さんに魅力を感じます。

そしてもうひとつ、梨奈さんの作文を貫いて私の心に残ることは、施設生活、生活集団が梨奈さんの人生に大きな影響を及ぼしていることです。梨奈さんは一時保護所での生活が楽しかったこともあって、施設に入所したとき、「一時保護所と雰囲気が違い、一時保護所の友だちとも離れて心細く戸惑いもあった」といいます。最初は一人で過ごしたり、部屋に閉じこもったりしていたようですが、同じ時期に入所した同い年の子といろいろな話をすることがきっかけとなって徐々に打ち解けていきました。お金を盗られたり暴力や暴言で嫌な思いもしますが、梨奈さんは年下の幼児さん、小学生が慕ってくれることを喜び、食事中や入浴時の会話を楽しむなど、施設での生活に自分の居場所をみつけます。それの経験が、高校三年で卒園間近な時期に、そのときを「一番楽しく」思い、「まだ施設にいたい」と強く願い、幼児さんの世話や調理の手伝いをすることで「一日でも長く施設にいてみんなと関わっていたいという思い」を育んだようです。施設で生活する子どもがそのように思える施設というのは、すてきな施設だと思います。そしてそれはとりもなおさず、毎日の食事をはじめとする生活を一緒にする共同の積み重ね、そこでのぶつかりあいや喜びのわかちあいも含めた関係の積み重ねがあったからこそだと思います。梨奈さんの暮らした施設では、どのような方針で子どもたちを育んできたのでしょうか。施設で働く人たちの並々ならぬ苦労や喜びの積み重ねの結晶でもあるでしょう。

また、梨奈さんは施設での生活のなかから、労働への見通しを培ってきました。入所当初の年下の幼児さんたちからの働きかけが最初のきっかけで、卒園間近な時期まで梨奈さんは幼児さんの世話をして関わります。それが保育専門学校への進学や保育所での保育助手の体験につながります。保育専門学校は悩みに悩んだ末に退学されますが、その後勤めた数々の職場で子どもと関わることがあまりできないことに「物足りなさ」を感じます。現在、保育士への夢を抱きながら、「求職中」とのことです。施設を卒園したみなさんが、職場になじめず職を転々とされることが多いのは、一九七〇年代からずっとあることで、それは職場の人間関係の悩みであったり、規則正しく通勤する習慣の難しさだったりすることが原因として指摘されます。梨奈さんの場合、人間関係も理由としてある一方で、施設で感じてきた子どもと関わりたいという希望が大きく影響しています。一般に「転職」を繰り返さざるを得ないことについて、就労に対する努力不足としてとらえる人もいますが、梨奈さんの場合、決して努力不足という表現ではすまなされない、自分の夢への誠実さからくる試行錯誤だと思えます。

梨奈さんは今、施設や乳児院の保育士を考えながら力を蓄えているとのことです。保育専門学校での実習のときのように難しさもあると思いますが、経験者でなければわからない、みえないこともたくさんあると思います。梨奈さん自身「自分がいた施設は家庭よりいい場所だった。しかし、ルールが多くて、やはり家庭とは違う」と感じ、「子どもの意見を取り入れて暮らしやすい施設作りをしていきたい」「偏見をなくしていきたい」し、「理解してほしい」。施設にいる子にも「施設にいることを恥ずかしいと思ってほしくない」し、「周りの人にももっと施設のことをわかってほしい」と述べています。梨奈さんの考えていらっしゃることは、施設や私たちが取り組まなくてはならない課題と一致していると、私は思います。これから一緒に考えあっていきたいと思いました。

施設での生活を振り返って

山口　剛（三三歳・男性）

剛は、飲み屋をやっている母子家庭に育った。母親や家庭に対して複雑な思いがあり、小学五年生の夏休み以降、登校を渋りだし、六年生から不登校となった。中学校進学を機に、学校を併設している虚弱児施設（平成一〇年より児童養護施設に名称変更）に入所することになった。

私は現在三三歳。自営で小さな飲食店をしながら、児童養護施設（以下、施設）でボランティアとして清掃活動をしたり、施設主催のさまざまな行事などで子どもたちと遊んだりしています。また、趣味で自分がバンドをしているために施設内の器楽演奏クラブの指導補助などをしながら、音楽の良さや、楽しさを伝えさせてもらっています。なぜこのような活動に参加するようになったかというと、自分が約二〇年前にこの施設で生活していたからです。私が施設に入った理由は不登校でしたが、当時は七割程が私のように不登校が理由で来ていた子どもが多かったように記憶しています。

家族

私は父と母、それと母方の祖父母という家族構成のもとで生まれました。しかし結婚当初からの父の不貞が原因で、祖父母との板挟みもあり、母は相当悩んだ末に、私が小学校に上がるのを待ち離婚しました。その後、現在の家に母、私、祖父母の四人で越してきたのです。見知らぬ土地で女独り、小学校に上がったばかりの私と祖父母の生活を支えるために、選んだのが自営の飲み屋だったそうです。

登校拒否児童

私が学校に行けなくなった当初は、実際、下痢、発熱、頭痛、嘔吐を繰り返し、体調不良で登校できず、欠席する日が重なっていったため、母はいろんな医者に私を連れて行き、改善策を探すのに大変苦労をしたようです。体調不良の私を心配していた家族も次第に「学校に行かないこと」の心配が強くなり、サボりや怠けの疑いが日に日に大きくなりました。次第に私もどうしても学校に「行けない」不安や悩みから「行きたくない」気持ちに変わり、「行かない」を主張をする……。「行かせたい」家族と「行きたくない」私の闘いが始まりました。眠れない夜にお店から僅かに聞こえてくるカラオケや楽しそうな店からの声……。「ぼくはこんなに苦しいのにお母さんはあんなに楽しんで……」。そんな子ども勝手な思いで母を責めたこともありました。母は私がこの年になるまでのなかで、最も辛い言葉だったといいます。

限界まで来た家族のバランス……。それと同時に卒業を控え出席日数の不足……。確か母に「このままじゃ中学校に入れてもらえないから、施設っていう所に行くの。そこはあなたと同じ気持ちの学校に行けない子たちが同じ場所にある学校に通うの。今みたいに学校が遠くないんだよ。そしてお母さん達と離れてそこで暮らすの」。そんなことを言われたように記憶しています。そして言われたばかりの頃は自分に〝先〟が見えてきたんだと漠然と思い、家族と離れて暮らすことの大きさには気づいていませんでした。

施設へ

初めて家族から離れて暮らす……。とんでもなく不安で怖かった……。しかし、それ以上に未知なる環境への怖さの方が強かった……。

そしていよいよ施設での生活が始まったのです。入園後数週間、寝る時は新入生全員と各部屋から一人、当番の先人の子どもが〝合宿〟と称し、講堂にタタミを敷き詰めた「合宿場」で就寝しました。夜通し夜勤の担当職員さんが毎日もち回りで朝まで、我々「合宿中」の子どもたちが不安になったり困らないよう待機し見守ってくれていました……。辛く寂しい夜が数日続きました……。家族と離れた事に慣れていったわけではありません……。それ以上に施設でのハードな毎日の生活に疲弊し布団に入ると知らぬ間に眠り、また朝が来る……。そんな一日の生活は「日課」にそって、起床から就寝まで流れるように過ぎて行きました。

逃げ場のないイジメ

厳しい規則や慣れない日課も時間が経てば次第に慣れてゆき、そんなに悪い物には感じなくなる……。しかし次第に「施設」で生きていく大変さに直面していく……。子どものなかの暗黙のルール……。それが施設での生活で一番厳しく遵守しないといけないことでした。そんな閉鎖的世界でのイジメはとても辛かったです……。

プロレスごっことは名ばかりで二年生の先輩から一方的に殴られ、技をかけられ、それをレフリー役の三年生が、私にできるだけダメージを与えるように仕向け、それをゲラゲラ笑いながら楽しむといったことが繰り返されました。私を標的にした三年生の先輩が直接私に手を出してくることは稀で、命令して二年生の先輩にやらせるだけでした。私がイジメにあっていることを知っている友だちも優しく声をかけて励ましてくれるが、そこまで……。一見冷たくも思えますが、私はそれが嬉しく心強く助けられました。それに私も友だちにそれ以上望めば、次は友だちが標的になる……。今はイジメてくる三年生と私だけの問題ですんでいるのだから……。それより今の状況の方がまだまし……。そんなイジメもある日、終わりがきた……。私をイジメていることが発覚し、しっかり指導を受け、状況は改善されました。

私が二年生になった時のイジメは、同室の二人の三年生に部屋の雑用を必要以上に全部やらされ、部屋内では私のことを名前では一切呼ばず、身体的悪口として「デブ」としか呼ばなかった。私物は勝手に荒らされ、使いっ走りや、自分たちがからかわれた腹いせに私を殴るよう仕向けたりと、とにかく陰湿なものでした。帰省で家に帰った時に「施設に戻りたくない」と、何度母に言おうかと思ったことか……。しかし、あの辛かった生活からようやく私も母もお互い落ち着き出した頃……、また母を悩ませたくない……と、いつしか、施設を出て家に早く戻りたいというより、施設でがんばっていきたい自分に変わっていました……。だから言えずにまた「施設に帰って」行きました。

二年生の時の担当職員は私の父親ぐらいと言っても過言ではない年の差の大柄な男性でした。しかも、私の人生を大きく変えた「音楽」を教えてくれた器楽演奏部の顧問でもありました。たまたま私もイジメをしてきた先輩も器楽演奏部員であったこともあり、音楽を絡めながら私と先輩にそれぞれ指導していただいたらしく、その後、突然の変化ではなく、さりげなく解決してくださいました。閉鎖的環境だから、追い込まれ苦しむこともあり、小さな世界だから生まれるルールや派閥……。そんな世界だから生まれる「意識」それを職員さんは上手に指導に変えていってくれてたように思います。

小さな世界の人間関係

知らぬ間になれてゆく施設での生活……　相変わらず苦手な朝や、学校の山走りの時間、いやな先輩……。しかし、家に居るときは経験できなかったいろいろな行事やレクリエーション。大相撲やプロ野球観戦など様々な招待行事。入園式で見た器楽演奏部でドラムをはじめたり、一人っ子のぼくには考えられなかった共同生活。いつも友だちがいて、一人じゃない環境。当然、家族と離れている淋しさやいやなこともあるけど、私は施設生活を楽しむ……。いや、当たり前の生活として受け入れていました。それも共同生活の仲間という存在が大きかったからでしょう。

仲間との絆は固く、時には厳しいルールや職員に背いてしまうこともありました。施設からの脱走……。私もイジメられていた時に考えたぐらい、ここにいるみんな誰しもが望んでいる場所ではありません。当然抜け出し家に帰ろうとした者もいました。職員の目を盗めても子どもたち全員にバレないで出て行くのはまず無理です。目撃者がいてもすぐには職員に伝えなかったり、見ていても止めずに、なかにはアリバイ工作を手伝う者もいました。別に彼が好かれていた訳じゃありません。ではなぜ助けるのか。直ぐ伝えなかったり、アリバイ工作など手伝ったら、その子どももしかられるのは当然のこと。でも、どこか出ていくことが理解できるし、施設内では重罪でも、何かそう受け止められないものが生活している者にはあったのかもしれません。

私が在園していた当時、職員さんは総勢二〇名弱で大半が「明るく優しく元気よく」がよく似合う二〇代の女性職員、あと数名の男性職員で、生活をみてくれていました。男性職員は良い意味で怖い存在で「背筋の伸びる存在」でした。多感な中学生、しかも皆訳あってここに身を寄せ、毎日厳しい規則と日課で生活するなか、子どもの主義主張を職員との話し合いでは解決できなくなることもありました。そんななか、自分たちの主義主張を通すために、職員に歯向かう者もいました。

もちろん職員と常に敵対していたわけではありません。「一番そばにいるおとな」として生活を支えてくれていました。中学生男子にとって女性職員は口うるさい母親のようであり、優しい年上のお姉さんであったり、一部の男子には憧れの女性でもあったようです。日課や規則は厳しくても、牢獄とは違い、常に職員さんとのコミュニケーションがあり「怖い存在」男性職員の方々でさえ、一緒に遊んでくれたり冗談交じりに話をしたりと、ある種ここで生活する私たちの潤滑油のような存在でした。

そんな風に感じ出した頃、ある職員さんは時に、私たちの自由時間にこっそり部屋で昼寝をしにサボりに来たり、他の職員さんや子どもたちには内緒で、ちょっとした規則破りな事も一緒に楽しんだり、個人的な趣味の話や、こっそり話すプライベートな話。ある時なんかは、他の職員と喧嘩をしたらしく泣きながら、「少し部屋にかくまってくれ」なんてこともありました。そんな断片を見た時「絶対的な偉大な先生」から「一番身近なおとなの人」に変わっていった覚えがあります。それと同時に「おとなに信頼されてる」って感じ、数々の秘密の共有などもしました。

また、ある職員さんに「厳しい規則や日課なども君達が来るずいぶん前からあるもの、今の時代に合わないこともあるだろうし、ただ従うだけでなく、自分たちで変えていくこともできるのでは？」と、生活している私たちのことをとても理解してくださっており、ただ不平不満を言うだけでなく、正式な手段で、変えていく方法をアドバイスしてくださった方もみえました。当時の男子居室は冬になるととても冷え込み、朝方、ガラスサッシのそばに敷いた布団とカーテンが凍りつく事もあったぐらいの環境で暖房器具はコタツだけ。そこに暖房をつけてもらい、雑誌や漫画の持ち込み数の再検討や、当時禁止されていた服装も、時代的には当たり前のものでそれを上役の職員さんに理解していただくための嘆願書作成など、今の生活にも役立つものの考え方や、人との接し方、正面突破だけでない、根回し、交渉なども教えてもらえました。

閉鎖された環境だからこそできる人間関係の中での挑戦や冒険もさせてもらいましたが、常に職員さんと私たち子どもの間に〝信頼関係〟というものが存在していました。ある職員さんが当時言ってくれた言葉で、とても記憶に残っているものがあります。悪さをした子たちに「悪いことはやってみて初めて悪いことと気づくんじゃないの？　やってもいない悪いことをやらないように注意したって何が悪いかわかんないよな？　だけどこれで悪いことって解ったらもう次はないよな!?」頭ごなしに「悪いことはいけない」って言うのがおとなの役目と思っていた私は驚きました。しかも赤の他人の私たちに多少の無茶をさせてでも見守り気付いてほしいと思ってくれること……。

またある職員さんは私たちが出来心でしてしまった悪さがとんでもない問題になっていたらしくその指導後、「今回の件で私はこの仕事をやめる覚悟で責任を取るつもりだった、君たちがしたことはルールを破った間違ったこと。しかしそのルールをちゃんと守らせられなかったのは私の責任だからね」。その方は本気でやめるつもりだったらしく、ご家族もいらっしゃりご自分の生活に影響が出るであろうとも、私たちのことを第一に考えてくださっていたこと。四六時中生活を共有しているからこその仲間とのトラブルや信頼関係……。そんな私たちの成長を見守ってくださってる職員さん方……。特別な経験や、楽しいこと、辛いこと……。いろんな経験をしましたが、今までの生活とはまったく違うものではあった施設での生活の中で私は〝人とふれあい、共に生きる〟人間関係を一番経験させてもらった気がします。

その後の世界

施設を出た時は自由になれることよりも、出て行く寂しさが日ごとに増し、卒園後も自由で一人の部屋にいるにもかかわらず、なんとも言えない寂しさと不安に胸が締めつけられました。まるで、母と別れ最初の夜をあの「合宿場」ですごした時のように……。新しく始まった生活で一番困ったのが友だちです。小学校卒業とともに地元を離れて施設に入ったため、地元の友だちは一人もいませんでした。高校進学後も自分から友だちを作ることが得意ではなかったり、自分のなかでは自然なこととして、施設での中学生活を話したら距離をとられたり……。一番戸惑ったのは、私が行ったのは進学校やできのいい学校ではなかったにしろ普通の高校で、入学当初、当たり前にみな改造制服で、私のみ標準制服でした。喫煙や飲酒、無免許でバイクに乗るなど当たり前の会話で、普通だと思っていた私はかなりの優等生。まじめ君になってしまうほどのギャップを感じ、厳しい規則の施設が、ある種の温室にいたのだと痛感しました。その後も必死でギャップを埋め、何とか学校生活に馴染みだしたものの、施設で生活した時の友人たちとは違い、どこか少し距離を感じる「違和感」を覚えました。今思えば当たり前の人付き合いの距離感ですが、施設内での「生活を共にしているゆえの距離感」とは違い、やたら冷たく、寂しく思ったことはあります。

確かに施設で生活しているうちに、職員の方から「社会はここの百倍厳しいところ」と、よく聞きましたが、当時は「ここより厳しい場所なんて、あとは刑務所ぐらいだよな」なんて、友だちと笑い話にしていたほどですが、その言葉を理解するには自分が経験するまで無理でした。いつも誰かが手を差し伸べ、見守ってくれ、自分を理解していてくれた場所だったんだと、その頃初めて気づいたのです。施設は受け入れてくれる場所である。だから、私たちのように何らかの理由で家族との生活をおくれない者が救われるのですが、反面そこを出た後の社会とのギャップで、最初は皆悩み苦しむようです。そして、なんら普通と変わらない生活どころか、より良い経験や環境があったとしても、一括りで「施設」としかまだ理解してもらえない社会では、私たち施設出身者への理解はこちらから歩み寄ってもまだ遠く、状況によっては隠すほうが円滑な人間関係を築けるかもしれません。

数年前、ボランティアで参加している時に仲良くなった少年も、今は立派に社会に出て責任ある職に就き、同じ年の子たちに負けないぐらいかそれ以上の収入と貯蓄をして生活をおくっていますが、未だに社会での友人関係の構築を苦手とし、現在もOBとして施設に顔を出し、施設に対し多少の依存感はあるものの、〝自分の社会〟を作ろうと努力しています。そんな彼が一番辛いのは、同じ年ぐらいの施設に来るボランティアの人たちに一個人として接してもらえず、卒園生の○○君としてしか接してもらえないことといっていました。

私がいた施設は数年前に全面改装し、ちょっとお洒落なマンションのような外観に変わりました。私が在園していた頃とは違い、二〇名前後の小グループで職員が以前より生活にもっと密着し、集団で規則や日課を重視する生活から、より個人を大切にする環境になり、ご飯も温かいご飯を食べ、より一般の家族的生活に変化している今でも、外に出た「施設出身者」にはまだまだその変化は遠いもののようです。

まだ私自身が感じる〝違和感〟のような疑問の答えは出ませんが、文章を書きながら考えてみると、学んだことより体験したことであり、考えたことより感じたことだと思います。結局は、施設で生活した者でしか解らないことは、その人たちにしか解らないのです。しかし特別なことは何もなく、そこで生活した者にとっては〝当たり前〟の出来事で、家族それぞれがすべて違うように、施設での生活だって、それに並ぶぐらいの程度の違いなんです。社会の皆さんが、いちいちすべての家族の内情を把握して比べたりしますか？施設内の生活だって一つの家族のようなもの。だったら特別視することはありませんよね。ですが、「施設」である以上、まだ、特別なものなのでしょうか？　いつか、街に学校や病院、スーパー、駅、家と違和感なく施設が特別なものでない存在になる日が来てくれることを願い、これからもそのお手伝いとして、「経験者」として、協力していきたいです。

最後に一言。私は、施設を卒園した後、施設で過ごした三年間より、楽しく貴重な時間を過ごしました。確かに世の中の不景気のあおりで経済的にも大変で、現在もさまざまな苦労はあり、悠々自適な生活ではありませんが、沢山の友人、知人、先輩、お店のお客さん、ボランティアの仲間と出会い、仕事に趣味に充実した生活をおくっています。しかし、あの三年間の生活があったから今の生活があると思えるし、仲間と過ごした日々や、辛いなかを生き延びた小さな処世術や、職員さんの生きた教え、そのどれが欠けても今の私は存在していないでしょう。

振り返りながら文章を書き、いろいろ思い出すにつれ、涙があふれ、時には嗚咽を催し、偏頭痛に悩まされたりと、自分の過去がまだ、現在の自分にこれほど重くのしかかっているとは気づきませんでしたが、すべて消せない過去であり、それを否定することなくその上に現在の自分がいるんだとも実感できました。

もし不登校になっていなかったら……、もし施設に入らず中学校に進学していたら……、また違う人生だったでしょうが、今の私も母も祖母もそれを悔いてはいません。私も家族も施設に入って良かったと思えるほどです。

作文を読んで思ったこと

吉村　譲（愛知東邦大学教員）

今、私の前には原稿用紙六〇枚あまりの彼が書いた作文があります。この本に掲載されているものはその膨大な作文の中の一部にすぎません。編集の都合上、全部を載せることができませんでした。掲載できなかった部分にも、施設に入るまでのさまざまな葛藤や悩み、そして施設での生活のたいへんさ、施設という世界の中で生きていくときに起きるさまざまなことが、たくさん書かれています。

この作文を読みながら、私自身もいろいろ思い出していました。私も二〇年程前、作者の施設とは違うのですが、施設のなかに学校に代わる場所があり、一日中、同じ仲間たちが小さな世界で暮らすという児童福祉施設で働いていました。この作文と同じように、施設内のイジメ、規則違反、脱走などが毎日のように起きていました。この作文を読みながら、その頃のさまざまな光景がよみがえってきました。私自身、楽しかったことばかりではなく、苦しく、ときには仕事に行くことを心も体も拒否しようとしていたことなど、いろんなことを思い出しました。そして職員として同じような施設にいた私は、この作文に登場する職員さんのような対応ができていたのだろうかと省みています。

この作文の作者は施設の生活の中で先に入所した〝先人〟や先輩たちからいくつものイ

ジメを受けました。そんな時施設から脱走したいという気持ちが彼の心の中に膨らんできたのですが、それを抑えて我慢しました。そのような気持ちで生活していることを、帰省したときに母親に伝えようとも考えました。けれども自分で抱えることにしました。それはそれまで不登校により負担をかけてきた母親を、これ以上悩ませないようにするためでした。母親に伝えずに頑張ろうと思えたのは、この問題を自分の器で抱えられると思ったからかもしれません。そのように思えるようになったのも、施設で生活するようになり、自分の容器が大きくなっていったからなのではないでしょうか。作文の中で職員を〝一番そばにいるおとな〟と表現しています。作者が施設では苦しいこともあるけれど頑張ろうと思えた理由のひとつに、自分だけでは解決できそうもない問題も、一緒に考え、解決してくれるおとなが施設にいてくれるという期待があったからかもしれません。私たちは困ったとき、苦しいとき、誰かに助けを求めることができます。誰も自分のことを考えてくれない、自分のことを見てくれている人なんていないと思っていたら、誰にも、何も期待しないのではないでしょうか。

小学校を卒業して、施設に入ることになったときにも、不安があったと思います。けれどもこれまでの辛かった毎日とは違う将来への小さな期待をもてたことが書かれてありました。そして作文の中に、自分のことを一生懸命に育ててくれた母親のこともたくさん書かれています。さらに母親のことを気遣う事柄もたくさん書かれてありました。作者の内的世界には、幼い頃からのお母さんとの育ちのなかで、この世界には何かよいものがあるという期待がもてるようになっていったのではないでしょうか。そして母親のようなよい対象が心のなかに存在していたから、自分とは別の存在として、母親のことを思いやれるようにもなったのだと思います。そして他者である職員にも期待できるようになったのではないかと思います。母親とのしっかりとしたつながりがあり、心のなかにお母さんがしっかりいてくれたからこそ、不安をもちながらも施設の生活を頑張れたのではないでしょうか。そのことが、今、頑張って生きている作者自身にもつながっているのだと思います。

作文には施設を出てからのたいへんさも書かれてありました。施設で生活しているときには、目の前の生活がすべてであるかのように思うものです。施設の生活は苦しく、嫌なことも多いため、自分の運命がどうしてこんなにも不幸なのだろうかと思いながら施設で生活している子どもたちもずいぶんいるのではないでしょうか。けれどもそのような気持ちになるのは施設の生活だけではないことを、作者は体験したのでしょう。私たちが日々、生きていくなかで、いつでもそのような気持ちになるものです。けれども作者は施設退所後の生活の体験から、苦しくていやな場所であった施設が、実は自分たちを守ってくれていた場でもあったということに気づいています。それは眼前の生活が本当はそんなに悪いものではなかったということなのではないでしょうか。これを読んでいて、私はチルチルとミチルの兄妹が幸せの青い鳥を求めて旅をし、最後に自分の家に幸せの青い鳥をみつけるという物語を思い出していました。このようなことは私たちがつい忘れてしまうことだと思います。毎日の生活のなかで不平不満はどうしても生まれてきます。作者は毎日の生活が本当はよいものであるかもしれないということに気づいたのではないでしょうか。だから今、多くの友人に囲まれ、仕事や趣味に充実した毎日を一生懸命に生きているといえるのではないかと思います。

今回、この作文を書いてもらえたことにとても感謝します。作文のなかに施設の生活を〝特別視することはありませんよね〟と書かれてありました。いろいろな家庭の生活があるのだから施設の生活はそれらのいろいろな生活のなかの一つにすぎず、特別なものと考えて欲しくないといった内容のことも書かれてありました。そのように思っている作者に施設での生活体験を作文にしてもらうということは、施設の生活が特別なことであるから書いてもらうということになっていたかもしれません。作者はこの作文を書き上げるまで、遠い過去のこととして、しまいこんでおいた辛いできごとを思い出したことでしょう。そんな思いをしながらも書いていただけたことにより、施設への理解が深まり、施設が特別ではなくなることを私も願っています。

施設での生活をバネに

仙田奈美（二四歳・女性）

奈美が生まれてから両親は離婚した。母親が仕事をしている間、奈美はパチンコ店の職員寮の部屋に閉じ込められていた。五歳になり、自分で鍵を開けてパチンコ店に母を探して現れるようになり、母親は仕事にならなくなった。

奈美は幼い頃から「ぜんそく」を患っており、五歳のときにぜんそくで入院したが、退院しても養育困難なため、病院から児童養護施設（以下、施設）に入所した。

私は、五歳のときに施設に入りました。私は、小さい時から「ぜんそく」で、病院から施設にきました。施設では、小さい子から大きい子までいて、初めてきた時は緊張しました。毎日すごくにぎやかで、本当に楽しく過ごせました。ときにはけんかをしたりとかもあったけど、施設にいると本当の家族って感じがしました。施設には一五年いましたが、そこの職員にいろいろ学ぶことができました。楽しいこともあったし、けんかもしたこともありましたが、施設に入って嬉しく思いました。思い出になりました。

小学校の時、私はいじめにあったことがあります。四年生の時、飼育当番があり、その時に悪口を言われたり、一人で「やれ」とか、一人にさせられたり、そういうことがありました。特に、飼育当番の時、自分がいなかったり、いやになったからといって、「やれ」と言われました。一人にさせられたのは、給食の時。食べるのが遅くて、一人で「食べろ」と、一人にさせられました。一人でいるのもすごくいやだったし、中学に行きたくなかったです。その時は本当に泣けてきました。それから、私は中学を卒業しました。

夢に向かって

私は、約三年前、通勤寮に入りました。通勤寮に入った理由は、施設を出ていきなり一人暮らしをするのは不安だったからです。施設の職員に相談し、話し合って、やっぱり寮に入って貯金をして一人暮らしできるように、寮でいろんなことを勉強しようと思いました。たとえば、お金の使い方や自炊のための料理を学びました。通勤寮では、寮の子と楽しく仲良く生活できました。でも、私にとって寮生活は楽しいことばかりではありませんでした。お金の使い方でもめたこともありました。給料をもらい、その収入で毎月計画を立てます。好きなものや好きなところに行ったりもあまりできなかったし、本当に辛かったです。でも、そういうお金の使い方を寮で教えてもらったおかげで、今、アパート生活をしています。

アパートには、二〇〇六年三月から入りました。今まで集団生活をしていたので、いきなり一人っていうのは寂しく思いました。でも、一人暮らしは寮と違って自由です。好きな時にテレビを見れるし、好きな時間に好きなところに行けるからです。でも、一人で生活するとやらなくてはいけないこともあります。洗濯や料理は本当に大変です。私は、毎日仕事に行く時、弁当を作っています。

今、気をつけていることは、お金の使い方です。給料が入っても、光熱費と家賃を払うので精一杯です。でも、今は仕事をがんばり、生活もがんばっています。仕事をしないと給料は入らないし、生活もできないからです。仕事は、ファッションセンターに勤めています。洋服のハンガーかけをしたり、掃除をしたりして、接客しています。あと、私は、今、自動車学校にも行っています。仕事をしながら自動車学校に通うのは本当に大変です。でも、これからがんばりたいと思っています。

私の夢は、結婚することです。私は、今、付き合っている人がいて、その人と本気で結婚を考えています。仕事をがんばりながら恋愛はもちろん、自分の幸せを保てるようにがんばっていきたいと思っています。

言葉を教えるところから

鈴木和夫（職員）

この原稿は、ある「人権問題研修会」で発表されたもので、本人の了解を得ています。

奈美さんが、大勢の人の前の壇上で体験談を話している。会場にいた私の頭の中に、入所日の彼女の姿が鮮明に浮かび上がりました。体格のよい肌黒い五歳の女の子が、キャラクターの枕を片手に持ち、もう一方の手に哺乳瓶を持ち、紙おむつをしてだまっている姿です。一言も声を出さず、母親と児童相談所の方と現れました。

キャラクターの枕が唯一の遊び相手であったようで、片時も離すことができませんでした。排便、排尿はおむつの中。人と接したことがなかったので、欲しいものは取り上げ、プッシュして押し倒し、泣かしてしまい、叱られることも多々ありました。幼稚園に入れてもらい、毎日、保育士付きで午前中だけとか。子どもたちのなかに入れず、保育士が付けないときは、園長先生の横に机をおいてみてもらっていました。

入所から一カ月が過ぎた頃、母親が面会にきて、「この子しゃべれるの？」と発したのには驚きました。ぜんそくの発作を繰り返し、そのたびに入院、付き添いと、大変手がかかりました。入院のたびに一対一の対応ができ、絵本の読み聞かせ、折り紙など、いっぱい遊んだことを思い出します。

その後、母親が行方不明になり、入学式前後に服が送られてきたこともありました。普通学級に入れてもらい、子どもたちのシビアな付き合いの中で人間関係を学んでもらいました。言葉を教えるのが非常に大変でした。「あ」という字には、「あ」という音があること、「い」という音には、「い」という字があること。積み木や部屋の壁に「あいうえお」の一覧表を貼って、保育士が悪戦苦闘しました。どこかの野生児を育てることの大変さを実感したものです。小学校四年生から、特別支援学級に籍を移し、少人数の中で先生の助手的役割をもたしてもらい、自信をつけていったと思います。根が素直でまじめな性格をもっていた努力家の彼女の姿は、私たちにいっぱい感動を与えてくれました。

「話せた」「おむつとれた」「運動会で走った」「一円玉を百枚集めて、お金の計算練習をした」。私たちに、いっぱい考えさせる機会、挑戦する機会を与えてくれました。「手紙を書いてくれた」「友だちをつれてきた」「仕事を頑張った」。

中学校を卒業して、縫製会社に就職しましたが、会社が倒産して仕事を変わらざるを得なかったこともありました。二〇歳までは私たちの元から通勤し、それから通勤寮に入りました。夕食の一品は必ず、彼女に作ってもらうようにした時期もありました。

素敵な女性に成長しました。今年のクリスマスも彼と一緒に訪ねてきてくれました。本当に幸せになってほしいです。

必ずしもすべてを一人で抱え込まなくてもいい

吉田祐一郎（足利短期大学教員）

奈美さんの作文を拝見し、率直に感じたのは奈美さんの芯の強さです。五歳の頃に病弱なからだで施設に入所して後、さまざまなことがありましたね。学校での辛い思い出、いじめられた経験、そうして何よりも本当の家族であるお母さんとの別れなど、一般的に考えてみるだけでも辛い経験であったことが推測できます。でもそこで挫《くじ》けず、これまで歩んでこれたのは、奈美さんの前向きな性格と合わせて、私はもう一つ、施設の存在の大きさを感じました。それは奈美さんも書いていましたが、施設は大きな家族です。施設で生活する子どもたち（幅広い〝きょうだい〟）と、その子どもたちを育て、また見守ってきた施設の職員の方々がいなければ、成り立ち得なかったのではないかということです。施設の中での多くの楽しい思い出や、また逆に苦い思い出も、今は奈美さんにとってかけがえのない財産にもなっているようですが、そこには言葉では表現することのできない、施設で生活する仲間との多くのつながり、いわゆる〝絆〟があったのではないでしょうか。

施設での生活は、他の子どもたちと施設という同じ場所で生活し、苦楽を共にし、また、数え切れない程の思い出を築いてきたことでしょう。そこでのさまざまな人との出会いは、お金では買うことができない貴重なものであると感じました。奈美さんが得たこれらの財産は、これから奈美さん自身が人一倍幸せに暮らしていくために、絶対になくてはならないものであると思います。

また、施設の担当職員のコメントからも、親のように、いや実の親以上に奈美さんの成長を喜び、そして励ましてこられた努力が伝わってきました。奈美さん自身は、施設で生活をしているなかではなかなか感じる機会が少なかったかもしれませんが、奈美さんが施設を一歩出て、一人暮らしをしていくなかで、これまでの施設の職員や関係者から受けた愛情を思い出し、改めて感じることがあったのではないでしょうか？　施設の生活では職員の方々などが、奈美さんをはじめ施設で暮らす子どもたちをさまざまな角度から支えてきてくれましたが、施設を出ると、すべてを自らの手で作り上げていかなければなりません。一人暮らしは完全に自由である反面、自らの生活は自らで責任をもつ、別の言い方をすると自分の身を守るのは第一には自分しかいないということであると思います。一人暮らしには快適さと不便さの両面があります。でも、これらの課題を自らの足（経験）で乗り越えていくところに、また、今後の奈美さんの幸せが待っているのではないでしょうか。

しかし、これからの奈美さんの人生の中で忘れてはならないのは、これからの自立した生活を、必ずしもすべてを一人で抱え込まなくてもいいということです。嬉しい時、また困った時など、いつでもこれまで施設で支えてきてくれた職員や仲間に繋がっているということを忘れないでほしいと思います。仮にこれから精神的に辛くなる時がきたとしても、これまでの仲間がいてくれれば、笑顔に戻れる力を必ず与えてくれると思います。また、奈美さんが心を開いてこれからも何でも話してくれることを、仲間たちも待っているでしょう。それぞれの励みになっていくと思います。実際、奈美さんが恋愛中の彼を施設に連れて行った時の職員のコメントに、奈美さんの幸せを願う職員の気持ちが表れていることにも感動しました。

今回の奈美さんの作文全体と、担当職員のコメントを通して感じたのは、施設で暮らす子どもたちはその子どもたちなりに、一歩ずつ成長し、幸せな生活に向かって歩んでいるということです。そうして、今回の作文を読み、私自身、改めて奈美さんから施設で暮らす子どもたち一人ひとりを受け止めていく必要性や関わりの原点を教えてもらったような気がしています。たくさんのことを教えてもらい、また勇気づけられました。ありがとうございました。　私もこれからの奈美さんのご活躍を応援しています。

子どもが生まれて、母の言葉を優しい気持ちで聞けるように

鈴木あゆみ（二三歳・女性）

父親が行方不明、母親が精神病院に入院したため、母方の伯母に預けられたが、養育者不在という理由で、一歳三カ月の時に乳児院に措置された。その後、年齢超過により児童養護施設（以下、施設）へ措置変更された。
兄の就学を機に、母親は、関係者の反対をよそに施設から子どもたちを引き取ったが、一カ月も経たぬうちに母親は再び入院した。あゆみは、その時のことを、「伯母さんに勝手に一時保護所に連れていかれ、施設に入所することになった」と振り返っている。

母のことは、物心ついたときから嫌いでした。なぜ嫌いだったのか分かりません。母の顔を見ると、憂鬱な気分になったことを覚えています。当時、小さかったのであまり詳し

くは覚えていないのですが、いつも家に母方の伯母が来ていて、身の回りのことをやってくれていたと思います。母がわざと味噌汁を絨毯《じゅうたん》にこぼしたり、私と兄が見ていたテレビをいきなり切ったことを覚えています。その度に母と伯母は喧嘩し、物を投げ合ったり、取っ組み合いをしていました。

父親に対しての思い出は、全くありません。小学校三年生になるまで顔も見たこともなく、一度も会ったことがありませんでした。私が小学校三年生の頃に突然現れ、園長先生に「お父さんだよ」と言われたことを覚えています。私は嬉しいという気持ちはなく、知らないおじさんが来たとしか思いませんでした。

施設の思い出

乳児院から施設に入り、その施設で三歳から退所するまで生活しました。小さい頃、寂しいと感じてもだれにも言えなかったことや、夜、みんなが寝た頃に布団にもぐって泣いていたことを思い出します。

私は小学校三年まで京子先生に担当してもらっていたのですが、その先生が結婚して退職してしまいました。その時は何ともいえない寂しさと不安でいっぱいになり、先生の結婚相手に先生をとられた気がして仕方がありませんでした。

四年生から六年生までは地獄でした。大きい子にいつも理不尽なことを要求され、叩かれたり、使い走りをさせられていたからです。私は学校が嫌いでしたが、学校に行っている間はいじめられなくてすむので、その時は学校が天国みたいに思えました。

中学校に入学してからは、今まで我慢してきた反動からか悪いことに興味がいき、髪を染めたり、目立つようなことをするようになりました。二、三日外泊しては施設に帰るという生活を繰り返し、そのうち警察にもお世話になるようになりました。本当は施設に帰って暖かい布団で寝たいと思っていましたが、施設の先生に叱られるのがいやでしたし、一人で浮きすぎて周りの人に白い目で見られているような気がして帰れませんでした。この頃からだんだん施設に自分の居場所がないような気がして、悪い友だちのなかに自分の居場所を作るようになりました。今思えば、私を白い目で見ていた人もいただろうけど、心配してくれていた人もいたのかなと思います。

職員との思い出

本当に子どものことを考えてくれる先生もいれば、自分の好き嫌いで判断する人もいましたし、子どもとあまり変わらない考えをもっているような無責任な先生もいました。私が担当してもらった先生はうっとうしい人が多かったし、口うるさかったけど、熱心に関わってくれたと思います。学校と同じようなもので熱心に関わってくれる人もいれば、自分の気分で子どもに八つ当たりするような人もいました。施設に勤めている人の中には理解のない人もいますし、親身になってくれる人ばかりではないと思います。

将来の夢

小さい頃、おとなになるのが不安で怖くてたまりませんでした。大きくなったらどうやって生活していくのかすごく不安でした。小学生の頃はアイドルになりたいと思い、オーディションを受けたりしましたが、お金がない私には無理なことだと思って諦めました。心の中ではいろんな夢を思い描いているけれど、自分の弱さや目の前の辛いことから逃げてしまい、結局、高校も中退してしまいました。今はアイドルになるわけでもなく、普通に生活しています。

施設を卒業した時の思い出

何となく高校に行って、悪さをして退学になり、その後、美容室で住み込みで働くことになり、施設を退所しました。当時は自分の城を構えた気分でだれにも干渉されない生活ができることが嬉しかったのを覚えています。

社会に出てみて、施設の暮らしの有難さを実感しました。暖かい布団、ご飯の大切さがよく分かりました。悪いことをしていてもだれも止めてくれない生活。歯止めがきかず、毎日薬物に手を出す日々。本当に悪循環で、抜け出したい気持ちはあるのに、自分でコントロールできなくて、どうすれば良いのか分かりませんでした。そのうち覚せい剤にも手を出すようになり、心身ともにぼろぼろになりました。だれかにどうにかしてほしくて、だけど、そんな風に悩みたくなくて、現実から逃げたくて、毎日覚せい剤に溺れていきました。

未成年で風俗店で働き、覚せい剤で警察に捕まりました。少年院に入ることになりましたが、そこでの生活に不安はなく、安心して生活できました。その頃の私は自分のことを分かってほしくて、施設にいたことを隠さず話していましたが、今はあまり言わないようにしています。世間では施設に対する偏見もありますし、そのことで人間性まで図られるような気もするので……。

今、改めて親を思う気持ち

友だちの紹介がきっかけで、現在の夫と知り合いました。結婚して子どもを産むまで、母親のことが大嫌いでした。母は私が物心ついた時には精神病院に入院していました。たまに私たちに会いに来たり電話をしてくるのですが、みっともなくて、うっとうしいとしか思えず、母親に会いたいと思ったことはありませんでした。母に対して無関心だったと思います。

今一歳になる子ども(※長男)がいるのですが、生まれた時から感じたどうしようもない愛おしさは今も変わらず、いつも全身で守ってあげたいと思っています。きっと母も私たちのことをそんな風に思っていたんだろうなぁと思います。

今は母に対して苛立った感情はありません。今なら子どもと病院にお見舞いに行っても、母が話す言葉を優しい気持ちで聞けるような気がします。なぜこんな気持ちになったのか分からないけど、多分、今なら私の母も私と兄を手放す時、すごく辛い気持ちだったのだろうなと共感できるからだと思います。

現在の施設職員に一言

子どもの話を親身になって聞いてあげてください。ひいきするのではなく、皆に同じように接してあげてください。

私にはどうすることもできませんが、施設で働く職員の人間性は大事だと思います。施設はその人の人間性をしっかりみて採用したほうがいいと思います。

聴くことの大切さ・難しさ

村山明日香（職員）

私は、彼女が慕ってやまなかった京子先生の後任として、彼女の担当となった。幼い彼女からしてみれば寿退職とはいえ、幼児期から寝食を共にしてきた職員との別れはとても寂しく悲しい出来事だったのではないかと思う。彼女も述懐しているように、何もかも一からのスタートは不安を増幅させたことだろう。

気持ちの整理もつかないうちに、新しいグループでは年長者からのいじめ。職員の目の届かぬところで意に沿わない行動の強要や、暴力といった受け入れたくない現実が彼女の身に起こっていた。それが原因で日頃の鬱憤《うっぷん》をはらすべく、周囲に当り散らすような言動や行動が多くなっていったが、彼女の気持ちを確認する前に注意をしてしまうこちらの対応のまずさも加わり、信頼関係とは程遠い対立関係を生んでしまった。彼女の行動のなかに隠れていた思いにもっと早くに気づき、対応できていれば、彼女の心に不信を抱かせずにすんだのかもしれない。辛い気持ちに共感できていれば、その後の関わりももっと楽になったかも知れない。そう思うと、今さらながらに申し訳なさが募るのである。

非行の道から高校進学へ

小学校高学年から非行の兆候が現れていたが、中学に入学してからそれは一気に加速した。髪を金色に染め、眉をそり落とし、小さかった頃の愛くるしい顔からは想像もつかないような鋭い目つきへと変貌していった。何を言っても聞き入れず、周りの子ども達からも浮いた状態となり、孤立感を深めていった。最初はちょっとした好奇心からはじまった無断外泊が常習化し、その先で覚えたシンナー遊びは、施設を退所した後も彼女の生活には切っても切り離せないものとなってしまった。学校や警察から何度となく呼び出されては注意を受け、ひたすら頭を下げ日々の繰り返し。この凄まじいエネルギーを他に向けてくれればいいのにと、何度思ったかしれない。

中三になり、受験シーズンが到来し、進路選択を迫られる時期を迎えた。相変わらずやんちゃはしながらも、高校進学を希望した彼女は、今までのような生活態度では受験資格さえ得られず（※職員の理解も含む）、当然勉強をしなければ合格できないという現実に直面する。不合格は就職・退園を意味し、本人にとっては進退がかかった一大事。そのストレスからか、職員や他の子どもに対してのあたりもきつく、いさかいがあちこちで発生した。

幸いにも学習指導の学生さんの支援や本人の努力もあり、学習面においてはかなりの上り調子で成績が上昇。一般入試で試験に臨み、無事に専門学校に合格することができた。入学してしばらくは良い状態が続いていたのだが、段々と素行が悪化するようになり、たった三カ月で退学となってしまった。せっかく入学した学校だったのに、本人はもとより、我々職員も残念な気持ちでいっぱいだった。

薬物依存の末の逮捕

退学後、美容関係の仕事に就くため施設を退園した彼女。住み込みとはいえ、一人暮らしをすることに不安も感じていたと思うのだが、そんな素振りを見せずに最後まで悪態をついて去っていった。時々、アフターケアも兼ねながら彼女が勤める美容室に出かけ、仕事振りを見に行ったりもした。しかし、この職は長く続かず、今度は風俗嬢へ転身してしまう。再三職を変えるよう話もしたが、彼女の耳には届かなかった。「給料がいいから」というのが理由だった。

その後、覚醒剤使用で逮捕され、少年院に入院する。時々一緒に食事に行き、シンナーや覚せい剤を使用していないか声をかけたが、そのたび「そんなことしてないよ」が彼女の常套句だった。今、あの頃を振り返ってみると、本人の意思とは裏腹に薬物依存がはじまっていたのか……。彼女のコメントにも自分の力ではどうすることもできなかった窮状が記されているが、逮捕されなければ、今頃彼女の体はぼろぼろになっていたことだろう……。逮捕されて本当に良かったと、心から思った。

あゆみさんへの思い

生まれてから高校中退までの一〇数年を施設で過ごし、親の愛というものを知らないまま育ったあゆみさん。高校中退後も生活は落ち着かず、夜の商売に身を投じ、果ては薬物使用で少年院に送致され入院と、修羅場のような一〇代を過ごしもしたが、現在は結婚し一男にも恵まれ、子育てに奮闘した日々を過ごしている。今年の夏には第二子誕生の予定で、新しい家族の誕生を心待ちにしているあゆみさん。彼女たち一家が家族仲良く幸せに暮らしてくれることが、私の一番の願いであり、喜びである。

子どもの話を聞くことの意味

越後美由紀（名古屋文化学園保育専門学校教員）

「子どもの話を親身になって聞いてあげてください」

これはあゆみさんが語った施設の職員に望むことの一つです。

施設の職員は、日々子どもたちと顔を合わせ、声かけをし、子どもたちと生活を共にしています。二四時間三六五日、職員はローテーションなどで交替しながら子どもたちの成長を支えようとさまざまな関わりをしています。しかし、かつて私が施設の職員だった頃を思い出すと、一人ひとりの子どもと心をつき合わせて話をきき、きちんと向き合っている時間は本当にどれだけもつことができていただろうか、と思われます。

そもそも、「子どもの話をきく」ということは、どういうことなのでしょうか。おとなが思う、「きいてあげている」ことと、子どもが感じる「きいてもらった」という実感との間に違いやズレが生じていることがないだろうか。そういったことについて少し考えていきながら、あゆみさんと担当職員の作文をみていきたいと思います。

親のこと、入所のこと

あゆみさんは施設入所の理由について、母の病気入院後、伯母さんに「勝手に一時保護所に連れて行かれ、施設に入所することとなった」と述べています。また、父の思い出などはなく、初対面したときに「知らないおじさんが来た」とのみ思ったとのことです。そして、母については「嫌い」という感情を抱いています。こうした表現から、あゆみさんは両親のこと、入所の理由などが、どこか不明瞭なままで、整理がつけられず育ってきたというふうにとれます。また、親に対しての否定的感情を抱き続けていたようです。

施設に入所している子どもの場合はそのような思いを直接親にぶつけることは難しく、どこにぶつけたらいいのか、どう整理をつけていったらよいかわからない状態であることがほとんどです。また、一人だけで背負って整理していけるものでもありません。まずは、気持ちをきいてくれるおとなや仲間の存在が必要だと思われます。それから子どもの理解や成長に歩調を合わせながら、その都度適切に親のことについての説明をしていくことが大切になるかもしれません。そのような説明について、何をどのように伝えるべきかを考える時には、子どもの思いをきき、まずは受けとめて理解し、心の葛藤を共に感じることが不可欠であると思われます。

寂しいけれど誰にも言えない

入所してからのさまざまに揺れ動く思い―あゆみさんは「寂しいと感じてもだれにも言えなかった」こと、「夜、みんなが寝た頃に布団にもぐって泣いていた」ことを回想しています。また、慕っていた京子先生が結婚退職したとき、何とも言えない寂しさと不安でいっぱいの思いがありました。これについて、新しい後任の担当職員が、その寂しさを理解しようと心がけたと思われます。しかし、気持ちの整理をしていくためには時間が必要です。そんななか、あゆみさん自身はすぐさま施設内での職員の目の届かない所でのいじめにあい、そのことを、信頼関係を築きはじめるところだった後任の職員にあゆみさんからつらいいじめのことや気持ちの葛藤などをうまく伝えられない状況にあったかもしれません。

本当は児童養護施設の暖かい布団で寝たい……

あゆみさんは施設内でのいじめに我慢し続けた後に、髪を染め、数日の外泊を繰り返し反抗的な言動が増えるようになります。そのような時について担当職員は「行動のなかに隠れていた思いにもっと早くに気づき、対応できていれば」と、後から述べています。しかし当時思春期のあゆみさんの目立つ行動、反抗的な態度を目の当たりにしている時には、職員として善悪の判断をわかってもらおうと、叱り、やめさせようとすることに気持ちが注がれてしまい、職員側もゆとりがなくやり場のない思いにかられていたことが感じとれます。お互いのゆとりのなさ、葛藤状態にある時、あゆみさんは本当は変わりたいともがいていたように思われます。これまでの自分から脱したいと思っていたかもしれません。

一方の職員はあゆみさんへの対応、学校や警察への謝罪の日々。あゆみさんの本心には、「本当は施設に帰って暖かい布団の中で寝たい」のに帰れない、自分の居場所がないと感じ、寂しくてたまらなかったようです。しかし職員には素直にうちあけられない心境がありました。

だれにも干渉されない嬉しさ―誰もとめてくれないつらさ

職員はあゆみさんになんとか高校入学してもらい施設でもう少し生活できるようにと願って高校進学に励むあゆみさんを支え、ようやく合格するに至りました。しかし、あゆみさんはなんとなく高校に入ったと述べています。そしてその後、生活が崩れていき退学となりましたが、そのあとに住み込みの美容師の就職が決まります。その時の気持ちとして、自分の城をかまえた嬉しさと誰にも干渉されない嬉しさを語っています。このことからあゆみさんのなかに自分の自由な空間や時間がある生活への憧れが強くあったことがわかります。

社会にでて自由な時間を得るのですが、どう過ごしていけばいいのか、寂しさを紛らわすことや現実逃避するように薬物依存の道に入り込んでいきました。「抜け出したい気持ちはあるのに」とあゆみさんが思っていたように気持ちとは裏腹な行動となっていました。そうした時に職員があゆみさんに会い、心配して声かけしていましたが、あゆみさんは本心が言えませんでした。この時点ではそうした関わりだけではもはや止められなかった状況がみられます。その後に少年院での生活が始まります。そこではあゆみさんは安堵感を覚えています。もう一度守られた生活を体験し、そばにだれかがいて見ていてくれる、人のぬくもりを感じたのかもしれません。

子どもの話をきくということ

子ども自身も何が本当の気持ちか自分でも整理がついていないことも多いです。また子どもが自分から語れないことも少なくありません。安心して語れるようにするための職員側からの何らかのアプローチが求められると思います。その子の本当の思いは何だろうと、子どもと一緒に探り、見つけていくことからはじめる姿勢が必要なのだと思われます。言葉だけではなく、語ること以外の表情や、しぐさなどからも心を理解するための子どもからのサインがたくさんあります。そこを深く感じとり、じっくりつき合いながら「子どもの気持ちに自分の気持ちを重ね合わせてみる」ことが子どもの話をきくことなのではないでしょうか。こうしてみると、本当の意味での子どもの心の声の話をきくことは意外に難しく、忙しい日常生活の中では置き去りにされやすいことでもあります。

あゆみさんは家庭を築き、子どもを出産し、今あらためて親の気持ちをわかるようになることで、これまで抱いていた母親への否定的な想いが少しずつときほぐされてきているようです。こうしてあゆみさんは親の思いに近づくことでその時の辛さを想像し、母親の気持ちに共感的な理解をもてるようになりました。あゆみさんも相手（※母親）の気持ちに自分の気持ちを重ね合わせてみることで、母を受け入れることができるようになったのかもしれません。

私と児童養護施設

深津俊哉（四二歳・男性）

二歳の頃、児童養護施設（以下、施設）に入所したが、入所理由は定かではない。

俊哉は小学生の頃は野球少年だった。高等技能専門校を卒業後、建具屋に就職してからこれまでの二五年間、建具屋の社長夫妻、入所していた施設の職員等にも支えられながら、地域の一員として、充実した生活を送っている。


私がこの作文集の話を引き受けたのは、一昨年行なわれたある研修会での報告がきっかけとなっています。

「施設を出てからこれまでの生活について、研修会で話してもらえないだろうか」

退所した施設の指導員からかかってきた突然の電話に驚いて、少し待ってほしいと答えたのですが、私が話をすることで、今、施設で生活している子どもたちのために何か少しでも役に立つことがあるのならと考え、この話を引き受けました。

私がK県のある施設を退所して、すでに二〇年以上が過ぎました。施設から高等技能専門校に通い、卒業後は施設に近い建具屋に就職。現在もずっとお世話になっています。

職場の作業場からは、毎日登下校で行き交う大勢の小中学生を見ることができます。かつて自分も通った道であり、外を何となく眺めていると、施設にいた時のことが思い出され、懐かしい気持ちになる時があります。でもそんな思い出と同時に、別の感情が湧いてきます。「みんながんばっているのかな」。今も施設で生活している子どもたちのことを考えると、以前の自分と重ねながら、そこで生活する子どもたちしかわからない施設生活の大変さを考えてしまいます。

退所後は差別や偏見の目で見られることも少なからずあります。社会に出てからもいろいろな場面で苦労している施設を出た子どもたちへの理解が進んでほしいと考え、私が生活していた当時の生活の様子についてお話させていただきます。私の話を読んで、施設で生活する子どもたちの生活について、少しでも理解していただければと思います。

施設での生活について

私は、二歳でここの施設に入りました。一九六四（昭和三九）年の新潟大地震の被害に遭い、母親はK県に移ってきたらしいということ、祖母もいるらしいということを、当時の施設の職員からは聞かされましたが、そのこと以外、自分の生まれについては一切情報がありませんでした。そんな理由から、未だに家族については何も知りませんし、当時の記憶も全くないまま現在に至っています。

小学生の時は地域の野球スポーツ少年団に入りました。施設の中にもソフトボールクラブがあったので、年がら年中グラウンドで白いボールを追いかけていた記憶がしっかりと残っています。もちろん野球は大好きでした。五、六年生ではレギュラーになったので、土日と祝日はほとんど施設にいることもありませんでした。しかし、実はスポーツ少年団に入団したもう一つの大きな理由があったんです。今改めて考えてみると、その頃は本当にひどい生活だったなぁと思ってしまいますが、当時はその生活が当たり前だと思っていましたし、私は少年団に行っている時は、ほとんどの時間を施設から離れていることができましたので、休みの日に施設に残っていた他の子どもたちはもっといろんな大変さを経験していたのかもしれません。

昔は施設の下級生が上級生に従うことは当然のことでした。境遇も皆それぞれ違っていたとは思いますが、施設は何か独特の雰囲気があって、良く言えば大家族的な部分があり、悪く言えば変に強制的なまとまりが感じられた場所でした。嫉妬心だったとは思いますが、甘えるのが上手な子どもが職員にべったりとくっついている姿を見ただけで、「その職員を無視しろ」なんていう命令も上級生からあって、（力関係で強い者の）言うことを聞かなかったり、もし断ったりした時には、万引きやけんかに誘われたりします。断ると、さらに後からひどい仕打ちをされることが分かっていたので従うしかありませんでした。だから、野球少年団に入ることで少しでも施設を離れる時間をもとうと考えたのでしょう。

少年団に入っていなければ、施設内ソフトボールクラブの練習がありました。土曜日は昼から練習。日曜日は午前中から練習という名の地獄の特訓（※しごき）が待ち構えていたのです。中学で部活動に入る事についても、力関係で優位に立つ施設の先輩たちからの圧力もあったので、あまり自分のやりたい部活動に入ることはできませんでした。入って一生懸命取り組んでいる姿を見ることが一部の施設の子どもたちにはしゃくに障《さわ》ったのかもしれません。

私と同年代の子どもの多くがそんな状況でした。ただし、すべてが辛いことばかりではありませんでした。私たちの生活していた頃の施設職員のお兄さん、お姉さんたちは私たちの若いお父さんやお母さん代わりであり、本当のお兄ちゃん、お姉ちゃんの様な感じがすることもありました。朝起きてから晩寝るまでずっと一緒でした。朝送り出してもらい、学校から帰ってきては勉強をみてもらい、一緒にお風呂に入って寝る時は布団の中で絵本を読んでもらいながら隣で寝てもらう。そんな毎日の生活でしたが、施設の中で一緒に生活している安心感や一体感がありました。夜になると、よく自分たちの部屋の窓から職員の部屋をのぞいていました。電気がついていれば、こっそりと部屋に遊びに行ったりすることも結構ありました。部屋でお菓子を一緒に食べたり、漫画を読んだり、テレビを見たり、相談を聞いてもらったり、そんなことがごく当たり前に行なわれていたことを、今でも懐かしく思い出したりもします。

楽しかった専門学校時代と就職してからのこと

中三のある日、園長から呼ばれました。

「専門学校に行く気があるんやったら行ってみないか」

私は勉強はあまり得意ではありませんでしたが、手先が器用だったから声がかかったのかなぁと思っています。あと中学校の時には先ほど話しましたが、施設の先輩からの圧力で野球部には入れませんでしたが、施設内のソフトボールクラブの選抜メンバーとして、近くのもう一つの施設の選抜メンバーと一緒になったソフトボールチームを結成していました。そのチームで職業訓練校の方たちと定期的に練習試合を行なっていたことが、懐かしく思い出されます。

中学卒業後は、施設から職業訓練校の木工科に入学しました。勉強の方はそんなに熱中したとはいえませんが、放課後は仲間たちと一緒に近くの球場に野球の練習を見に行ったり、当時は訓練校でも課外クラブが盛んでしたので、そこのソフトボールクラブに入り県内の他の訓練校とも対抗戦が行なわれるなど、楽しい学校生活を送ることができました。

卒業した後は、私の退所した施設の近くにある建具屋に就職しました。就職してから施設の職員に誘われ、地域のソフトボールチームに入りました。今までずっと続けてきましたので、途中でいろんな方から声をかけていただきました。運よく国体予選、東海大会出場の機会もいただきました。

よく施設を卒業した子どもたちは、保証人になってもらう人がいない。頼める人がいないなどと聞きますが、私は車を購入する時も、アパートに入る時も職場の親方になってもらえました。就職してから数年間は、お金の管理や食事の世話も社長の奥さんによくしていただきました。施設の職員とのつながりも続いていますので、相談事がある時なども家に行ったりなど、お世話になることもよくあります。

これまでの自分を振り返って

自分でこんなことを言うのも何ですが、要はすべて自分しだい。必要最低限のことをまじめにやっていれば、周りからの信用もついてきます。仕事についても、今までとても厳しかったなぁとは思いますが、私は同じところで二五年間一生懸命に働いてきましたので、周りも認めてくれたんだと感じます。ただし、今まで施設を出た多くの仲間たちが苦労している現状を度々見てきました。就職しても親がお金を求めてきたり、自分の生活状態が良くなかった時に付き合っていた仲間との関係が、なかなか切れずに流された生活が続いたり、交際している女性の相手の親のところに結婚のお願いに行った時も、親がいないからなのですが、信頼している先輩に一緒に付いて行ってもらったにもかかわらず、「親を連れてきてほしい」と断られた話も聞いています。

私は自分の生い立ちについて気にはなっていません。自分は自分という気持ちでした。でもやはり親がわからないということはいつも心のどこかにあった気はします。施設から逃げたいと思ったことはありませんでしたが、あらためて振り返ってみると、施設以外の友だちと遊びたかった。早く自立したい、施設を出たいとは思っていた自分がいたような気がします。

差別については実際あったとは思いますが、自分は本当に一人っきりでしたので、これまでも「負けてたまるか」の気持ちで生きてきました。それと周りの人との関係を大切にしてきました。つまりは自分がされて辛い思いをしたことは他人には絶対にしないようにしていました。今までの自分を支えてくれたのは、そんな気持ちだったのではないかと思います。

出会いから二〇年、改めて考える機会に

木股　聡（職員）

一昨年、私からのお願いして、俊哉さんにK県のある団体が主催する研修会でのパネリストとして登壇していただきました。

俊哉さんとの付き合いは、すでに二〇年となります。私が職員として施設に就職したのが二〇年前。当時子どもたちが生活していたのは、まだ改築前の古い建物でした。児童の居室、その他の設備全体の老朽化も進み、あちこちの建物は順番にリフォームしていきましたが、全体の雰囲気も暗く、生活にも不便な印象でした。

その当時の社会的な背景や、その背景に影響を受けた入所児童の抱える複雑な問題。まだまだ現在のように専門分化された施設の職員体制や施設内の権利擁護システムも整っていないことに加え、先に述べましたが、かなり老朽化した建物設備でもあり、当時の子どもたちは決して落着いた生活が送れている環境にあったとはいえませんでした。施設のなかだけでなく地域、学校でも何人かの子どもたちは不適応行動を頻繁に起こしていました。子どもたちの見せるさまざまな行動への対応に一日中追われ、職員はへとへとになっているようなそんな時期でもありました。

そんな毎日の状況のなか、私が苦労し悩み続けた問題の一つに、施設を退所した卒業生との関わり方がありました。私が勤め始めた頃には、すでに大勢の卒業生が土曜日の午後、日曜日の午前中になると施設にやってきていました。ある時は施設内ソフトボールの練習に加わったり、夕方になると庭でバレーボールを始めたり、入所児童を誘って買い物に出かけたり、夜事務所に入り浸り職員と喋ったりと、なかには自分本位で入所児童の生活を考えていない、限度をわきまえていない行動も結構あったことを憶えています。その度に注意もかさみ、トラブルになったことも多くありました。年齢も大体が一六歳から二〇歳前後くらい。私とほぼ同年齢の彼らたちと一体どうやって付き合えばよいのだろうかと、ずいぶん悩んだものでした。そのなかの一人に俊哉さんがいました。

その後の俊哉さんと私の関係については秘密にしておきます。研修会のお願いも、「もしかしたら断られるかもなぁ」と心配もありました。私と俊哉さんのこれまでの関わりが決して良いことばかりだったとは言えず、そんな昔の感情が脳裏をよぎったことも確かでした。ただ一昨年の研修会での話、この手記の文章を読みながら、退所後に彼の歩んできた道が決して楽な道ではなかったということ、施設で生活する事の大変さを改めて考え直す良い機会にもなりました。

彼と出会ってから、早いもので二〇年が過ぎようとしています。すでに社会的養護の考え方が一般的になっても、措置費制度で保障される施設には、まだまだ多くの果たすべき役割が課せられています。俊哉さんたちのように施設で生活しなくてはならなくなった大勢の子どもたちの願いを漏らさず受け止めて、今後の取り組みにしっかりと生かしたいと思っています。

周りのおとな・仲間に支えられて

神戸賢次（愛知東邦大学教員）

深津俊哉さんは、二歳で親・親戚との関係性が薄く、生まれも、家族についても情報や記憶がないままに現在に至っている。その意味で、家族関係の薄い、長期在籍が予測される子どもたちの自立支援（施設養護）の成功例でもある。今日では、里親委託あるいは、小規模模児童養護施設での社会的養護対象と考えられるが、俊哉さんは、上級生からの圧力、地域のある一部からの偏見・差別からの目、家族からの支援が期待できない逆境の中でも、施設職員をはじめ、施設の仲間たち・野球などを中心とした地域の人たちとの関わりを通して、成長・社会的自立を果たしてきたことが窺われる。とくに、職親的存在の建具職人の存在は大きかったと推察できる。

なお、俊哉さんが生活していた昭和四五年ころの社会的養護水準についても述べておく必要があると考え、若干補足しておきたい。

実は、私が、大学四年の時、自主的な施設実習（ボランティア）を四施設で実施させていただいた折、ある施設で暮らす俊哉さんは五歳であった。登園・降園の際に二〇分ほどの道のりを一緒に歩いたことを覚えている。人なつっこい、やさしい性格で、道端に咲く草花にも目を留めながらの登園であった。少し泣き虫のところもあったが、職員からもかわいがられ、甘えん坊の印象が残っている。

俊哉さんは、家族という拠り所を持たないままの施設生活であるがゆえの生きる知恵だったのかもしれない。だからこそ、施設で生活する子どもたちの生活について、地域の人や社会に施設の理解を強く求める思いが強かったと推察される。

俊哉さんの育った施設は、男子棟・女子棟・幼児棟の三つの生活グループからなり、当時は、学童九対一、幼児六対一程度の職員配置で、住み込み職員体制が主流の時代であった。その意味で、その当時の施設の実状（社会的養護水準）についても述べておきたい。

昭和四五年当時の施設

俊哉さんが職員との思い出を語っているように、当時の施設職員をお兄さん、お姉さん、施設長をお父さんと呼ぶことが多かった。その意味で、擬似大家族的生活の場であったともいえる。俊哉君の表現では、施設職員の多くが住み込んでおり、「朝起きてから晩寝るまでずっと一緒でした」「施設の中で一緒に生活している安心感や一体感がありました」。時には、「夜になると、よく、自分たちの部屋の窓から職員の部屋をのぞいて」、「電気がついていれば、こっそりと部屋に遊びに行ったりすることも結構ありました」と語っているように、現在では、問題行動として扱われかねないことも、職員は子どもの相談などに真摯に向き合い、勤務明けであろうがなかろうが、当たり前に受け止める職員個々及び、チーム力量の高さに驚かされる。

昭和四五年当時の施設には、前述のごとく、職員配置基準が低いことはもちろん、今のように家庭支援専門相談員・個別対応職員・心理療法担当職員といった加配職員も不在で、まさに、職員のボランティア労働に支えられた社会的養護水準（養護内容）であった。とくに、当時の職員給与も低く、職員のなり手が少ない時代であったことからも、職員の多くは「この子らのために、誰かがやらねば……」といった思いを強くもって施設職員に飛び込んだ者が多かったことからも窺い知れよう。だからこそ、職員不足の穴埋めは、俊哉君が述べているように、「昔は施設の下級生が上級生に従うことは当然のことでした。……良く言えば大家族的な部分があり、悪く言えば変に強制的なまとまりが感じられた場所でした」に見られるごとく、年長の子どもによる強制的なまとまり（集団自治）に頼らざるを得なかったのも確かである。

スポーツで培った自己肯定感（自尊感情）

俊哉さんは、野球少年団に入ることで、上級生からの誘い・命令に服従させられる機会から結果的に逃れることができたと述懐している。しかし、俊哉さんの育った施設は、伝統的に施設対抗ソフトボール大会や卓球大会でも上位の成績を残すチームで、練習だけでなく、大会時も卒園生が駆けつけての応援は伝統になっていた。それだけに、卒園生同士の絆も強固であつた。職員も地域でのソフトボール、バレーボールで活躍し、地域の人たちとの交わりも子どもに好影響を与えていたと考えられる。

しかし、小学時代の少年野球で得た人間関係や技術を中学校で活かすことができなかったことに悔いを残している。俊哉さんが希望しても「施設の先輩からの圧力で野球部には入れませんでした」との厳しい現実があったが、園内のソフトボールクラブの選抜メンバーとして、近くのもう一つの施設の選抜メンバーと一緒になったソフトボールチームを結成し、職業訓練校の方たちと定期的に練習試合の機会を得るなど、野球・ソフトボールなどのスポーツに自信をもって生活できたことは、俊哉さんの自己肯定感を形成するバックボーンになるとともに、施設生活での良きリーダーにも育ったと考えられる。

また、高等技能専門学校木工科入学後もスポーツ（ソフトボールなど）で培った自信で、そこで出会った仲間と放課後野球の練習を見に行ったり、課外クラブ（ソフトボールクラブ）に入るなど、楽しい学校生活を送ることができたと述べているように、社会生活自立に向けた良き「人との出会い」を体験することで、精神的なたくましさを獲得したと考えられる。

職業里親的存在の建具職人に支えられて

その後の職親（※）となる建具職人との出会いが、更なる木工技術を高めるだけでなく、生きる上でのさまざまな苦難を乗り越える手助けとなった。また、地域生活をする上で、職場と同じ地域のある施設の職員との継続的な関わりが心強かったことは言うまでもない。それは、職員の木股さんのコメントでも読み取れる。

※職親（職業里親の略で旧保護受託者制度）：義務教育を終了した要保護児童を職親（保護受託者）の家庭に預かり、または通わせて、独立自活に必要な職業指導および生活指導を行うもので、俊哉さんが就職した建具職人の方が職業里親（保護受託者）申請をしていたかは不明であるが、施設退所者の自立支援には欠かせない存在であった。現在では、自

立援助ホーム（児童自立生活援助事業）でこの制度が活用される程度となっている。

俊哉さんが「よく施設を卒業した子どもたちは、保証人になってもらう人がいない。頼める人がいないなどと聞きますが、私は車を購入するときも、アパートに入るときも職場の親方になってもらえました。就職してから数年間は、お金の管理や食事の世話も社長の奥さんによくしていただきました」と述べているように、まさに職親（社長夫妻）が俊哉さんの自立サポーターの役割を担っていただいたと感謝したい。

自分づくり「負けてたまるか」

俊哉さんが「今まで施設を出た多くの仲間たちが苦労している現状を度々見てきました。就職しても親がお金を求めてきたり、自分の生活状態が良くなかった時に付き合っていた仲間との関係が、なかなか切れずに流された生活が続いたり、交際している女性の相手の親のところに結婚のお願いに行った時も、親がいないからなのですが、信頼している先輩に一緒に付いて行ってもらったにもかかわらず、『親を連れてきてほしい』と断られた話も聞いています」と述べているように、施設退所後の生活と仕事の両立において、親や家族からの支援が乏しい施設出身者にとっては計り知れない苦労があると推察できる。

地域社会の人からの偏見・差別に対して、施設生活のなかでは「同じ釜の飯を食らう」仲間や職員が寄り添い、辛さを軽減してもらえた。しかし、退所後までは難しい。俊哉さんが言うように、「要はすべて自分しだい」「負けてたまるか」の精神的自立が重要となる。そして、「必要最低限のことをまじめにやっていれば、周りからの信用もついてきます。仕事についても、今までとても厳しかったなぁとは思いますが、私は同じところで二五年間一生懸命に働いてきましたので、周りも認めてくれたんだと感じます」と締めくくっているように、これからも、「周りの人との関係を大切にし」、自分づくりに励んでいただきたいとのエールを送りたい。

最後に、施設における子どもたちへの自立支援は、職員と子どもの基本的信頼関係をベースとした営みのなかで、子どもたちに「社会人として自立していくための『総合的な生活力』を身につけさせていく取り組み」である。その延長線上に、施設におけるアフターケアがあるわけで、継続的・永続的なアフターケア支援体制の確保を施設や職員に期待したい。

解説

■乳児院

乳児院は、乳児（保健上、安定した生活環境の確保その他の理由により、特に必要のある場合には幼児を含む）を入院させて、これを養育し、あわせて退院した者について相談、その他の援助を行うことを目的とする施設である（児童福祉法第3章第37条より）。二〇〇四年度には全国で二八六二人の乳児が乳児院で生活していた。

乳児に関しては健康管理上の視点から、戦後、看護師が配置された乳児院が整備され、今日に至っている。最近まで、乳児院に生活する子どもたちは二歳になると児童養護施設などに移されていたが、最近は弾力的に運用されるようになっている。

■児童養護施設

児童養護施設は、保護者のない児童（乳児を除く。ただし、安定した生活環境の確保その他の理由により、特に必要のある場合には、乳児を含む）、虐待されている児童、その他、環境上養護を要する児童を入所させてこれを養護し、あわせて退所した者に対する相談、その他の自立のための援助を行うことを目的とする施設である（児童福祉法第3章第41条より）。全国の大舎制、中舎制、小舎制、地域小規模、グループホーム等の形態がある。厚生労働省の調査によると、二〇〇六年三月三一日現在、全国で五五八の施設があり、約二万九八〇〇人の児童が入所している。

■地域小規模児童養護施設

現に児童養護施設を運営している法人の支援のもと、地域社会の民間住宅を活用して近隣住民との適切な関係を保持しつつ子ども六人と職員（二・五人）が生活を共にし、家庭的な環境のなかで養護を実施することにより、児童の社会的自立の促進に寄与することを目的とする。

おわりに

この作文集は、乳児院・児童養護施設で生活している子どもたちおよび卒園生の手記です。乳児院の子どもたちについては、担当の職員が乳児の生活を通して乳児の気持ちに寄り添い書いていただきました。児童養護施設の子どもと卒園生に書いていただいた作文には、担当職員にコメントをいただきました。本来ならばこれで十分生活の様子が理解できますが、更に研究者の方に、子どもの作文と職員のコメントを読んでいただき、そこから読み取れる施設の生活を通した子どもたちの成長の姿をコメントしていただいています。

このようなスタイルの作文集は、本著が初めてです。また、同じ子どもたちに三年後、六年後に引き続き書いていただき、子どもたちの成長を追跡していくことも考えており、これもまた実現すれば初めての試みとなります。長期的、継続的な取り組みとなるので、施設職員の協力が何よりも成否の鍵となります。作文を書いてくれた子どもたちがどんな人生を歩み、成長していくか、その姿を確かめることも、施設職員として、あるいはこれから施設職員となる学生にとっても貴重な取り組みであると期待しています。今まで誰も取り組んでこなかったことにあえて挑戦することでご協力をお願いしましたら、二三名の皆さんにご協力いただくことができ、作文集を発行するメドがたちました。ご協力いただきましたすべての皆様に、心から感謝いたします。

作文集を読んでいると、年代・背景は若干違いますが、夏目漱石に勧められて書いた長塚節《ながつかたかし》の小説『土』の序文が思い浮かびます。そこには、「東京をさること十数里の田舎（茨城県結城郡）に、いまなお、このように貧しく悲惨な生活に耐えて生きている人びとがいる。それらの生きざまを是非、私の娘にも知らせたい。読ませたい」と書かれていますが、同じような思い、気持ちが、この作文集を通して強く私の心をとらえています。決して楽しい本というわけではなく、むしろ、二三名の子どもたちが、親もとを離れて施設生活を余儀なくさせられ、苦難のなかで前向きに生きていることが、作文の端々から読み取れます。こうした生きざまを直視することから逃れたいという思いは誰しもあると思いますが、それが現実である限り、私たちの人生にとって貴重であり、大切な意味をもっているように思われます。だから読んでほしいのです。

二三名の作文には職員、研究者からの丁寧なコメントが付けられているので、ここでは触れることはしませんが、今回の作文集を作ることになったきっかけは、二二年間、児童養護施設で仕事をさせていただき、研究者になって二〇年目を迎え、未だに児童養護施設に拘《こだわ》り続けてきた私の、最後の拘りかもしれません。長期的、継続的な作文集を前々から作りたいと温めていた気持ちをゼミ学生に話したところ、一六名全員が協力したいとの心強い返事が返ってきて、それが出版に踏み出す気持ちにさせてくれました。この気持ちを福村出版にお話しましたら、即、出版を引き受けてくださり、三カ月という短期間で、施設の子どもたちや職員、研究者、それをまとめたゼミ学生と多くのみなさんのご協力をいただき、読み応えのある、読んでみたい作文集としてまとめることができました。これもみなさまのおかげだと感謝しています。三年後、六年後の刊行を実現するには、二三名の子どもたちと、子どもたちを支えている施設職員の皆様のご協力なくしてはできませんので、今後ともよろしくお願いします。

この作文集が子育てに悩んでいる親御さんや子をもつ親のみなさんに、さらに、現代社会で悩んでいる若者たちに読んでいただき、少しでも生き方に役立つものとなれば幸いです。

最後になりましたが、私の思いを全面的に受入れ、施設児童の作文集出版の意義を評価していただき、出版の労をとっていただきました福村出版の西野瑠美子さんに厚くお礼を申し上げます。

二〇〇八年六月

長谷川眞人

特定非営利活動法人「こどもサポートネットあいち」のご案内

「こどもサポートネットあいち」は、できたてほやほやの特定非営利活動法人(NPO法人)です。日本福祉大学長谷川ゼミナールの卒業生、在学生が中心となり、児童福祉現場で活動されている方、児童福祉現場を経験されて研究者となられた方々のご協力を得て、日本の子どもたちが未来への希望をもつことができる社会の実現をめざして、支援していこうと集まった仲間たちです。

特定非営利活動法人「こどもサポートネットあいち」は今後、下記の事業を進めていきます。
①相談事業 ②おやこふれ合い事業 ③療育教室事業 ④野外体験活動事業 ⑤研修事業 ⑥講演会事業 ⑦自立援助事業 ⑧出版事業 ⑨ボランティア養成事業 ⑩国際交流事業 ⑪施設入所児童支援事業 ⑫発達支援事業 ⑬児童福祉施設卒園児支援事業 ⑭子どもの権利擁護事業 ⑮書籍販売事業 ⑯教材研究事業

このような趣旨にご賛同くださる方は、事務局へご連絡下さい。当ＮＰＯ法人の活動にご賛同いただき、会員としてあるいは賛助会員としてご支援、ご協力をお願い致します。

ＮＰＯ法人「こどもサポートネットあいち」
事務所：〒462-0058
愛知県名古屋市北区西志賀町５丁目13番地１
tel/fax：052-912-7101
e-mail：kosunetaichi@ninus.ocn.ne.jp
http://www.14.ocn.ne.jp/~kosune/

〔編者・執筆者〕

● 監修　長谷川眞人（前日本福祉大学教授・ＮＰＯ法人「こどもサポートネットあいち」理事長）

● 編集委員
日本福祉大学長谷川ゼミナール：後藤真理子（編集代表）・金井亮（編集代表）・縣望実・飯尾浩子・石黒元子・伊藤賀宣・市野修平・蛯沢光・小俣徹哉・兼子はるか・河村真希・夏目真澄・二神奈津子・水口望・三村知美・横山真悠子
ＮＰＯ法人「こどもサポートネットあいち」：千坂克馬（副理事長）・中村國之（副理事長/日本児童育成園）・堀場純矢（理事/中京女子大学）・本間瑞穂（理事/日本児童育成園）・小塚光夫（監事）・伊藤貴啓（名古屋芸術大学）・岩田正人（名古屋文化キンダーホルト）

● コメント執筆者
谷口篤（名古屋学院大学）・貴田美鈴（岡崎女子短期大学）・伊藤龍仁（名古屋保育福祉専門学校）・木全和巳（日本福祉大学）・加藤暢夫（名古屋芸術大学）・加藤俊二（日本福祉大学）・小川英彦（愛知教育大学）・渡辺顕一郎（日本福祉大学）・伊藤貴啓（名古屋芸術大学）・笛木俊一（日本福祉大学）・柿本誠（日本福祉大学）・浅倉恵一（名古屋学院大学）・高橋正教（中京女子大学）・遠藤由美（日本福祉大学）・吉村譲（愛知東邦大学）・吉田祐一郎（足利短期大学）・越後美由紀（名古屋文化学園保育専門学校）・神戸賢次（愛知東邦大学）

● カバー・本文イラスト　しのはずり

しあわせな明日を信じて
―作文集　乳児院・児童養護施設の子どもたち

2008年７月１日　初版第１刷発行
2017年９月15日　　　第６刷発行

監　修　長谷川眞人
編　集　日本福祉大学長谷川ゼミナール
　　　　© NPO 法人「こどもサポートネットあいち」
発行者　石井昭男
発行所　福村出版株式会社
　　　　〒113-0034 東京都文京区湯島２丁目14番11号
　　　　電話 03-5812-9702　FAX 03-5812-9705
モリモト印刷・協栄製本

ISBN 978-4-571-42017-7　C3036